Samenkorn

„Freiheit in euch, der da ist die Hoffnung
der Herrlichkeit"

Johann G. Kargel

Zwischen den Enden der Erde

Johann G. Kargel

Zwischen den Enden der Erde

Erstmal erschienen bei Verlag „Licht im Osten",

Wernigorode am Harz, 1928

Bearbeitet und illustriert
von Benno und Helmut Matthies

Neudruck 2020 bei:

Christlicher Schriften und Liederverlag
Samenkorn e. V.
Liebigstr. 8
33803 Steinhagen, Germany

www.samenkorn.shop.de

ISBN 978-3-86203-242-6

Inhalt

6

Nach dem entlegenen Cherson

Nach Transkaukasien

Der achtzigjährige Verfasser

Zur Einführung

Es gibt in der Geschichte unzählige Namen, die im Reiche Gottes nur das waren, was ihre Zeit und ihre Umgebung aus ihnen machte. Aber es gab auch je und je Persönlichkeiten, die in ihrem Leben und Dienst das waren, was sie aus ihrer Umgebung machten. Sie wurden nicht gestaltet, sondern sie gestalteten und gaben ihrer Zeit und ihrer Umgebung den Stempel der Ewigkeit. Ihr Gott hingegebenes Leben und ihr Dienst unter ihren Brüdern waren wie ein Evangelium und ein Programm, durch das sich viele aus der Gebundenheit in die Freiheit, aus dem Tode ins Leben, aus der Nichtigkeit in die Fülle und in die Kraft unvergänglicher Güter geführt sahen. Ihre Kraftquellen lagen in der Ewigkeit, daher kündeten sie Ewiges und trugen Gottes Gegenwart und Herrschaft in die Sünden, Leiden und Knechtschaft der Zeit. In ihrer Botschaft sprach Empfangenes, in ihrem Dienst lag Kraft, in ihren Erwartungen loderte das Feuer einer lebendigen Hoffnung.

Zu dieser Persönlichkeit gehört auch der Achtzigjährige Verfasser des vorliegenden Buches. Wohl haben die schweren Stürme des Lebens seine Locken gebleicht, aber nicht seine Kraft gebrochen. Wohl haben manche Leiden der Zeit ihm große Schwachheiten gebracht, aber ihm nicht seine

Sendung und den Dienst genommen. Wohl teilte auch er alle Gerichtskatastrophen und Schrecknisse der letzten Jahrzehnte, aber sein Leben blieb ohne Brandgeruch und wurde nur gelöster für den Dienst am Evangelium Jesu Christi. Wenigstens fünfzig Prozent der großen evangelischen Erweckungsbewegung innerhalb des russischen Volkes, Stundismus genannt, lebt von der geistlichen Frucht, die Gott durch den Dienst dieses Ihm hingegebenen Knechtes seit dem Jahre 1884 wirken konnte.

Die ersten Anfänge seiner göttlichen Berufung und Sendung liegen zwar noch weiter zurück. Er selbst schreibt mir darüber folgendes: „Ich wurde 1869 in Tiflis bekehrt, und im Jahre 1873 war ich im Klippenfeld (Molotschna[1]) auf einer Konferenz, von woher ich meinen Dienst am Wort datiere, der in Wolhynien begann. Von dort ging ich im Januar 1875 nach Petersburg, um eine Mission unter den Deutschen zu beginnen. Oberst Paschkoff[2] war ungefähr ein halbes Jahr vorher bekehrt worden. Obwohl er sofort zu zeugen begann, so geschah das vorerst nur im engsten Kreis, so dass nur sehr wenig an die Öffentlichkeit gelangte.

Erst im Jahre 1877 wurde ich mit dem Kreis der russischen Gläubigen näher bekannt. Ein Umstand wurde die Veranlassung, dass alle irgendwie den Herrn suchenden und liebenden Seelen in nähere Beziehung zu den Lieben traten. Die Türken verheerten nämlich das kleine Serbien und

---

1   Die große Mutterkolonie der Mennoniten im Gouvernement Taurien, die seit den sechziger Jahren des vorigen Jahrhunderts eines der größten Zentren des christlichen Lebens in Südrussland war.

2   Oberst Paschkoff gehörte zu den führenden Persönlichkeiten des Petersburger Hochadels. Nach seiner Bekehrung durch den Dienst Lord Radstoks aus England, übernahm er als ein selten treuer Diener seines himmlischen Königs die geistliche Führung der Erweckten innerhalb des Petersburger Adels. Zu diesem Kreis gehörten damals manche der höchsten Gesellschaft.

schlachteten Zehntausende Bulgaren kaltblütig ab. Russland erhob sich und drohte. Da suchte England, das damals die Unteilbarkeit der Türkei garantierte, gegen Russland eine Koalition zusammenzubringen. Das bewog Paschkoff alle, die beten konnten, einzuladen, um den Herrn anzugehen, Er möge ein solches Blutbad verhüten. Russen, Deutsche, Letten, Schweden, Esten, Finnen und Engländer fanden sich zusammen in Paschkoffs Hause zu diesem Zweck. Wir blieben stundenlang beisammen, beteten nicht nur, sondern wurden mit dem teuren russischen Kreis untereinander äußerlich und innerlich bekannt.

Hier und da besuchte ich dann Paschkoffs Versammlungen, sprach auch gelegentlich in den Zusammenkünften der Gläubigen. Meine erste Ansprache übersetzte ins Russische der ehemalige Minister des Innern Graf Bobrinsky[3]. Obwohl ich Russisch einigermaßen sprach, konnte ich doch nicht wagen, einen Vortrag zu halten. Als jedoch der Herr mir eine Gehilfin aus dem russischen Kreis der Gläubigen anwies, wurde das Band bald enger, aber nur für eine ganz kurze Zeit. Es war 1880, dem Jahr meiner Verehelichung, als ich einem Ruf nach Bulgarien folgte und vier Jahre hindurch von Petersburg abwesend war. Dort gefiel es dem Herrn, den Grund für eine Missionsarbeit zu legen, die noch im Segen fortgesetzt wird.

Von den russischen Brüdern gerufen und andererseits vom Herrn gezwungen, kehrte ich 1884 nach Petersburg zurück. Es war um die Osterzeit, als Paschkoff alle Gläubigen im ganzen Lande, welcher Benennung sie auch angehörten, eingeladen hatte zu einer Konferenz. Diese schloss mit einer großen Verfolgung von Seiten der Regierung. Viele Gäste wurden arretiert und gezwungen, in ihre Heimat zurückzukehren. Nach 3 - 4 Wochen wurde auch Oberst Paschkoff

---

3   Man lese über diese ersten Anfänge das wertvolle Büchlein: „Am Zarenhof" von Graf M. M. Korff; Verlag „Licht im Osten", Wernigerode.

und Graf Korff des Landes verwiesen. Meine Hoffnung, mit diesen feurigen Dienern des Herrn zu arbeiten, war dahin. Von nun an stand ich allein auf diesem herrlichen, aber auch aufs äußerste bedrohtem Arbeitsfeld. Jeden Tag konnte mich dasselbe Los treffen. Der aber, der gesagt hatte: „Ich habe vor dir gegeben eine offene Tür", ließ es nicht zu. Bis 1917 durften wir das Werk unter vielen Stürmen im Segen fortsetzen. Einesteils der Krieg und die großen Schwierigkeiten bezüglich Lebensmittel und Heizung zwangen viele der Gläubigen, die Stadt zu verlassen, so dass von nahezu 1500 Gliedern nur eine winzige Zahl zurückblieb. Nach und nach – in den zwanziger Jahren – kehrte eine Anzahl zurück, aber die meisten von den ersten sind in der oberen Heimat angelangt."

Welch ein weitragenden Einfluss auf das Werden und Wachsen des geistlichen Lebens innerhalb der russischen Brüderkreise und darüber hinaus J. G. Kargel durch seinen hingebenden Dienst ausgeübt hat, wird nur die Ewigkeit zu offenbaren vermögen. Seine Stärke lag in seiner Hingabe an Gott und in seiner Liebe zum Nächsten. Er sagte mir einmal in den Jahren unserer Bekanntschaft, als wir uns über die tiefsten Fragen der Heiligungsbewegung unterhielten: „Es kommt weniger darauf an, ob wir den heiligen Geist haben, sondern es kommt darauf an, dass der Heilige Geist uns hat." Für mich in meinem innerlichen Ringen war es damals ein lösendes Wort. Ich wurde auf eine ganz neue Fährte im Blick auf das Kommen und den Charakter des Reiches Gottes geführt. Wie so manche auch heute noch, so hatte auch ich den Schwerpunkt des Reiches Gottes weit mehr in unserem Tun für Gott als in Gottes Tun in uns gesehen. Jetzt, nach einem mehr als dreißigjährigen reichen Dienst, vermag ich die Wahrheit noch viel tiefer zu erfassen als ich es damals vermochte.

Nächst Dr. F. W. Baedeker[4] hat kaum ein zweites Leben einen so entscheidenden Einfluss auf mein innerliches Werden und meine geistliche Wirksamkeit ausgeübt, wie das des Verfassers dieses Buches. Wir haben vor dem Kriege manchen sehr köstlichen Dienst in den Salons der Fürstin Gagarina, der Fürstin Lieven, der Madame Tscherkoff während meiner Besuche in Petersburg tun dürfen. Vielleicht gehören diese zum Tiefsten und Köstlichsten, was ich auf geistlichem Gebiet überhaupt erlebt hatte. Auch auf so manchen Konferenzen und Bibelkursen in den anderen Gouvernements durften wir gemeinsam dienen und teilten wir den Segen, den Gott gab.

Man wird verstehen, dass auch unser Missionswerk „Licht im Osten", das ganz auf die evangelische Bewegung in Russland eingestellt ist, sehr stark unter den segensvollen Nachwirkungen jener Persönlichkeit steht, die Gott in so besonderer Weise zum Segen Russlands setzen konnte. Als mein Kollege Pastor Jack und ich nach dem Zusammenbruch des Weltkrieges uns vom Herrn so geführt sahen, das Glaubenswerk „Licht im Osten", Missionsbund zur Ausbreitung des Evangeliums unter den Völkern des Ostens, zu begründen, da haben wir mit innerlicher Notwendigkeit in dem Werk so manches zum Ausdruck gebracht, was uns als geistliches Erbe aus der Geistesgemeinschaft mit Dr. Baedeker und J. G. Kargel geworden war. Vor allen Dingen haben wir sowohl in der Zusammenfassung der Arbeitskräfte als auch in unserem persönlichen Dienst zu verwirklichen gesucht, dass die Kirche Jesu Christi ihrem tiefsten Wesen nach keine konfessionellen und nationalen Schranken kennt, sondern jene Einheit im Geiste und in der Liebe ist, die Gottes

---

4   Weit mehr als nur eine Ergänzung zu den vorliegenden Reiseerinnerungen J.G. Kargels bildet das so inhaltsreiche Werk: „Ein Bote des Königs, Dr. F.W. Baedekers Leben und Wirken" von R.S. Latimer, Emil Müllers Verlag, Barmen. Dritte Auflage. Auf dasselbe sei hier besonders aufmerksam gemacht.

Kraft zu allen Zeiten in allen Gliedern des Leibes Christi wirken konnte. Wir haben es in dem zehnjährigen Bestehen unseres Werkes erlebt, dass es wirklich möglich ist, die Einheit im Geiste auf Grund von Ev. Joh. 17 auch in einem gemeinsamen Missionswerk zu bewähren, wenn Gott das Primäre in demselben ist und nicht der Mensch.

Leider gestattet es der Raum in dieser Einleitung nicht mehr, auch das selten warme Schreiben Herrn W. Odinzows, des Vorsitzenden des Gesamtbundes der russischen Baptisten in Moskau, über das Leben und Wirken J. G. Kargels zu veröffentlichen. Er wendet am Schluss seines Berichts auf den Verfasser das Wort des Apostels an: „Er hat mehr gearbeitet als wir alle." Er hat auch das Fundament zu den beiden Bibelschulen gelegt, die seit einiger Zeit in Leningrad von den Evangeliumschristen und in Moskau von den Baptisten eröffnet werden konnten. In der Leningrader ist er als achtzigjähriger bisher die tragende und leitende Kraft gewesen. Es erfüllt sich auch an unserem teuren Freunde J. G. Kargel das wunderbare Psalmwort: „Der Gerechte wird grünen wie ein Palmbaum, er wird wachsen wie eine Zeder auf dem Libanon; die gepflanzt sind im Hause des Herrn, werden in den Vorhöfen unseres Gottes grünen; noch im Alter tragen sie Frucht, sind saftig und frisch, zu verkündigen, dass treu (d.h. gerade in seinem wunderbaren Walten) Jehova ist, mein Fels, und dass nichts Verkehrtes an Ihm sei."[5]

Die im vorliegenden Buche nun mitgeteilten Erlebnisse liegen bereits über zwei Jahrzehnte zurück. Es haben sich seit der Zeit Erschütterungen und Umwälzungen von solcher Tragweite auch in Russland vollzogen, wie sie kaum jemand voraussehen konnte. Dieselben haben dem Leben fast auf allen Gebieten ein völlig neues Angesicht gegeben. Auch das Verhältnis der orthodoxen Kirche zu der Erweckungsbewegung ist seitdem vielfach ein ganz anderes geworden. Seitdem auch sie vom Staate dieselben Leiden zu erdulden hat-

---

5   Psalm 92, 12 f.

te, wie sie auch über die Evangeliumschristen und Baptisten und die anderen fremdländischen Konfessionen ergingen, ist ihr Verhalten zu den Kreisen der Stundistenbrüder vielfach ein brüderliches geworden. Im Kampf gegen den vom Sowjetstaat gestützten und gepflegten Atheismus geht die orthodoxe Geistlichkeit Hand in Hand mit den Brüdern. Auch die orthodoxe Kirche hat manche Märtyrer zu verzeichnen, die nicht etwa nur um ihre politische reaktionäre Gesinnung willen, sondern vielmehr wegen ihres freimütigen, offenen Bekenntnisses zu Christus den Tod erlitten haben. Die großen Leiden der Zeit haben mitwirken müssen, dass die Feindschaft der orthodoxen Kirche einerseits und die Engherzigkeit der Gläubigen anderseits zurücktreten mussten gegenüber dem Wirken und der Kraft Gottes, die sich sowohl dort als auch hier in vielen offenbarten.

Am brüderlichsten hat sich das Verhältnis zwischen den Stundisten und den reformierten Gemeinden gestaltet. Da vielfach die reformierten Gemeinden verwaist oder so klein an Zahl ihrer Mitglieder geworden sind, dass sie ihre schönen, großen Kirchen nicht selbst unterhalten können, da hat man diese den russischen Brüdern zur Verfügung gestellt. In Leningrad sammeln sich gegenwärtig in der wunderschönen Kirche, in der einst Dr. Dalton und später Dr. Gelderblom ihren gesegneten Dienst taten, die Evangeliumschristen. In Moskau feiern bei Pastor Beckemann in der Kirche die russischen Baptisten, Evangeliumschristen und die reformierte Gemeinde gemeinsame Gesanggottesdienste und gelegentliche Konferenzen.

Diese auf so manchen Gebieten des geistlichen Lebens erfolgte Umstellung darf nicht vergessen werden beim Lesen der Erinnerungen J. G. Kargels. Er beschreibt in seinen Reiseschilderungen die Zustände auch im kirchlichen Leben, wie sie damals vorherrschend waren. Auch in Japan und in China haben sich ja seit der Zeit ganz gewaltige Dinge vollzogen, die auch dort in mancher Hinsicht zu einer Neuorientierung geführt haben. Vergisst man das, dann überträgt man leicht das Bild der Vergangenheit auf die Gegenwart und man gewinnt einen falschen Eindruck.

Möchte nun das so reiche und gesegnete Leben J. G. Kargels, das innerhalb der russischen Kreise in seltener Weise befruchtend und stärkend gewirkt hat, durch die vorliegende Erinnerungen auch bei uns im Westen ein lebendiges Zeugnis davon ablegen, dass die Kraft Gottes, geoffenbart in Christus Jesus, sich auch heute noch ungebrochen denen zum Heile offenbart, die sich ihr erschließen.

Wernigerode a. Harz, im September 1928

Jakob Kroeker

Die große Reise durch Sibirien

Meine mannigfaltige Arbeit im Weinberge des Herrn, speziell in St. Petersburg, nachdem Oberst W. Paschkoff und Graf M. Korff 1884 ihres Glaubens wegen des Landes verwiesen worden waren, sowie die vielen Evangelisationsreisen in verschiedenen Teilen des Landes erlaubten mir nicht, Dr. Baedeker auf allen seinen Gefängnisbesuchen zu begleiten. So stand ich ihm zum Beispiel im Jahre 1888 überhaupt nicht zur Verfügung. Im folgenden Jahre besuchten wir nur die Gefängnisse Moskaus und einige an der Wolga bis Saratow. Außerdem machte er in diesem Jahre seine erste Reise nach Sibirien, aber nur bis Tobolsk. Auf dieser durfte ich ihn ebenfalls begleiten. Um den Leser nicht durch wiederholte Wegbeschreibungen zu ermüden, übergehe ich diese Reisen und versuche nur die große Reise durch ganz Asien bis Sachalin, soweit meine Erinnerungen reichen, im Folgenden darzustellen.

Der Chef der Obergefängnisverwaltung, Galkin-Wrosski, hatte Dr. Baedeker gegenüber dem Wunsch ausgesprochen, dass es ihm besonders angenehm wäre, wenn das Evangelium in die Gefängnisse Sibiriens gebracht würde. In den europäischen Gefängnissen säßen meist nur solche Verbrecher, die höchstens zu vier bis sechs Jahren Zuchthaus verurteilt wurden. In Sibirien dagegen befänden sich alle zur Zwangsarbeit Verurteilten, alle Vagabunden und Verbrecher jeder Art, außerdem die große Schar der zur Ansiedlung dorthin Verschickten. Für alle diese Unglücklichen geschah nicht das Geringste, um irgendwie einen Tropfen göttlichen Trostes in den unsäglichen bitteren Kelch, den diese schmeckten, zu träufeln.

Was Galkin-Wrosski anregte, war längst ein stiller Wunsch im Herzen Baedekers gewesen. Es zog ihn zu diesen Ausgestoßenen und Verworfenen unseres Landes mit Macht und großem Verlangen. Aber eine solche Reise in jenen Tagen zu machen, war in vieler Hinsicht ein riesiges Unternehmen.

Über zehntausend Kilometer Wegs mussten überwunden werden. Nicht etwa mit der Eisenbahn, im Schlafwagen, wie in unseren Tagen. Heute ist eine Reise nach Wladiwostok buchstäblich ein Kinderspiel im Vergleich mit einer Reise im Jahre 1890. Nur etwa ein Fünftel dieser enormen Strecke, nämlich von St. Petersburg bis Tjumen, konnte auf europäischen Wegen und Verkehrsmitteln zurückgelegt werden. Die anderen vier Fünftel ging es durch ungebahnte Wildnisse, sowohl auf gewaltigen Wassersystemen Sibiriens als auch auf dem Lande.

Wohl führte ein großer Weg von Tomsk bis Ssrétensk, den man Trakt nannte. Aber man stelle sich nicht eine Chaussee vor oder wenigstens einen sorgfältig gebahnten und in Ordnung gehaltenen Landweg. Auf dem Erdboden, ganz so, wie er sich vorfindet, ob Sand oder Sumpf, ob hügelig oder eben, durch Urwälder und baumlose Steppen läuft er vom Westen nach dem Osten. Seine Geleise gehen oft so tief, dass die Räder fast bis an die Achsen einsinken. An vielen Stellen stößt man sogar auf Löcher, die für Menschen und Pferde geradezu katastrophal wirken. Dieser Trakt hatte nur immer das Glück, in Ordnung gebracht zu werden, wenn ein neuer Gouverneur ins Land kam oder ein anderer hoher Beamter ihn passieren musste. Die Ausbesserung bestand gewöhnlich darin, dass die tiefen Löcher mit loser Erde angefüllt, die sumpfigen Strecken mit Strauch und jungen Baumstämmen querüber belegt und mit Sand zugedeckt wurden. Das Glätten und Ebnen des so verbesserten Weges hatten die zuerst daherkommenden Wagen zu übernehmen. Brücken über die Flüsse gab es fast keine, höchsten in den großen Städten. Gott sei Dank, dass wir von den Schwierigkeiten des Weges vorher nichts wussten.

Wenn man weiter an die spärliche Bevölkerung denkt, die sich den Trakt entlang angesiedelt hatte, so hätte einem auch ganz angst und bange werden können. Fünfzehn, zwanzig, ja dreißig Kilometer lagen die Dörfer voneinander, während dazwischen weder rechts noch links des Weges irgendeine menschliche Siedlung vorhanden war. Städte an diesem Wege konnten von Tjumén bis Sachalín etwa zwölf bis fünfzehn gezählt werden, darunter einige, die nichts als ein bloßer Weiler waren. Und wer waren die Bewohner dieser Dörfer und Städte? Die meisten entstammen den hier verbannten und zur Ansiedlung verurteilten Leuten. Wenn diese auch lange nicht alle Verbrecher und Übeltäter waren, wenn manche sogar von intelligenten und achtbaren Familien herstammten, so hatte doch die öffentliche Meinung ihnen ihr unangenehmes Siegel aufgedrückt. Zwar zogen schon damals jährlich sechzig- bis hunderttausend neue Ansiedler aus dem europäischen Russland nach Sibirien. Aber sie verschwanden auf dem unermesslichen Gebiet wie ein Tropfen in einem See. So unternahm man, wenn man nach Sibirien ging, eine Reise, die einen zwang von der Zivilisation Abschied zu nehmen.

Noch andere Schwierigkeiten waren bei dem Unternehmen einer solchen Reise zu berücksichtigen. Dr. Baedeker zählte bereits siebenundsechzig Jahre und, wie er mir mitteilte, hatten ihm die Ärzte gesagt, dass er nur noch einen Lungenflügel habe. War es da von bloß menschlichem Standpunkt vernünftig, solch ein Unternehmen zu wagen? Dazu kam noch, dass wir, ob wir wollten oder nicht, den Weg schwer beladen machen mussten. Wir hatten Kleider für die Kälte und für die Hitze mitzuführen und außerdem wenigstens tausend Kilogramm heilige Schriften. Diese waren die Hauptsache. Wenn wir noch die großen Kosten einer solchen Reise erwähnen, dann bekommen wir wohl eine kleine Vorstellung davon, wie es nur der Herr sein konnte, der den Doktor und auch meine Wenigkeit dahin brachte, im Hinblick auf das alles dennoch mit Freuden zu sagen: „Ja, Herr, wir gehen, solches alles überwinden wir weit um deswillen, der uns geliebt hat." So wurde beschlossen: „Wir reisen 1890 durch Sibirien."

Einige Vorbereitungen für diese Reise mussten noch 1889 getroffen werden. So mussten zum Beispiel alle heiligen Schriften für uns aus der St. Petersburger Agentur der Britischen und Ausländischen Bibelgesellschaft in die Jekaterinburger Agentur überführt werden, damit letztere sie rechtzeitig an die sibirischen Orte befördern konnte. Im Winter, wenn die Flüsse in Eis gebannt waren, ruhte damals fast jeder Transport. Die Beförderung unserer Bücher konnte nur mit dem Auftauen der Flüsse beginnen. Als dann der Doktor Ende April 1890 nach St. Petersburg kam, wurden nur noch die Vorbereitungen getroffen, die unmittelbar uns persönlich angingen. Unsere lieben Brüder und Schwestern im Herrn überboten einander in der Bereitschaft, das herrliche Werk zu fördern. Sie kauften allerlei ein für den Weg und sorgten für Sachen, die uns zur Bequemlichkeit dienen sollten, wenn wir letztere Tag und Nacht würden entbehren müssen. Die beste Vorbereitung jedoch war die Einmütigkeit der Kinder Gottes, in welcher sie uns, unsere Reise und unsere Arbeit an den Seelen im Gebet dem Herrn empfahlen.

Unser Weilen in Moskau

Nachdem wir am 8. Mai abends unsere Abschiedsversammlung mit den Kindern Gottes in St. Petersburg gehabt hatten, reiste ich nach Moskau voraus, da der Doktor vor Antritt der Reise noch einige Briefe beantworten musste, und in Moskau Vorbereitungen waren, die ich sehr gut ohne ihn treffen konnte. So gewann er etliche Tage der Stille.

Am 10. Mai früh traf der Doktor in Moskau ein. Wir fuhren sofort in das große Zentralgefängnis auf Buttyrki. Alle

Kreml in Moskau um die 1890. (Gemälde)

zur Verbannung nach Sibirien Verurteilten wurden von hier aus dorthin verschickt. Wir fanden zu manchen Zeiten hinter den Mauern dieses Gefängnisses fünftausend Personen, die hier ihre Deportation abwarteten. Diesmal waren es aber nur dreitausend.

Der Chef, Oberst Krawtschenko, empfing uns mit besonderer Zuvorkommenheit.

„Man kann kommen, wann man will", sagte Dr. Baedeker zu ihm, „man findet Sie immer auf Ihrem Posten." „Ich kann nicht anders", erwiderte er, „wenn man einen verantwortlichen Posten hat, muss man ihn ausfüllen. Manchmal hat man eine andere Pflicht zu erfüllen, und siehe, hier wird gleich alles verkehrt gemacht. Dem wird Unrecht getan, jener zurückgesetzt und des Murrens und Klagens ist das ganze Personal und die Gefangenen voll. Ich habe schon so über mich entschieden: Du bist der Arrestant der Arrestanten, musst immer hier sein. Denken Sie, ich bin schon zwölf Jahre Gefängnischef und kenne keinen Sonntag, keinen Feiertag, keinen dienstfreien Tag, habe nie Urlaub gehabt und bin in dieser Zeit nie in der Sommerfrische gewesen."

„So werden Sie aber aufgerieben werden", erwiderte der Doktor.

„Das liegt in Gottes Hand", gab er zur Antwort, „ich bin froh in der Erfüllung meiner Pflicht vor Gott und Menschen. Wenn ich da in der Sommerfrische wäre, dabei aber besorgt und in Unruhe, das würde mich aufreiben. Darf ich aber auf meinen Posten sehen, wie alles in Stille und Zufriedenheit getan wird, das erhält mich in Frische nach Leib und Seele."

Das sagte der Mann ohne jegliches Selbstgefühl, so dass man es ihm abfühlen konnte, es ist so, wie er sagt.

„Ich wünsche auf jedem Platz Männer, die ihre Aufgabe gewissenhaft erfüllen, aber ganz besonders sind diese den armen Arrestanten gegenüber nötig," sagte der Doktor, „doch wir haben Sie wohl unterbrochen durch unser Kommen, bitte, vollenden Sie erst ruhig ihre Sache, dann können wir an unsere Angelegenheit gehen."

Wir hatten bei unserem Eintritt gesehen, wie er eifrig in seinen Papieren suchte. Nun war er sichtlich froh und bat um einen Augenblick Zeit. Dann suchte er weiter und fand auch sein Papier.

„Sehen Sie", wandte er sich hierauf wieder an den Doktor, „wir fertigen morgen eine Partie von vierhundert Mann mit einer Anzahl von Frauen und Kindern nach Sibirien ab. Diese sind eben im Gefängnis aufgestellt, weil einer unserer Kaufleute ihnen ein Geschenk machen möchte. Das wird ein feierlicher Augenblick sein und an dem sollte ich nicht fehlen."

„Dürfen wir nicht mit Ihnen diesen feierlichen Augenblick genießen?" – fragte der Doktor.

„Ja, gerade das ist es, was ich sehr wünsche", sagte der Chef.

Damit standen wir auf und gingen ins Gefängnis. Hier fanden wir wirklich in einem halbdunkeln Raum die vierhundert Mann aufgestellt und auf den Chef wartend. Auch eine Schar von Frauen mit ihren Kindern, kleinen und größeren, war dort, einige Kinder noch auf den Armen der Mütter. Die Frauen folgten ihren verurteilten Männern freiwillig in die Verbahnung. Ihnen allen wurde jetzt bekannt gegeben, ein Moskauer Kaufmann namens N. fühle mit ihnen und ihrem schweren Lose und sende einem jeden dieser Partie, sowie den Frauen und Kindern, die Säuglinge nicht ausgeschlossen, einen Rubel. Es machte einen guten Eindruck, dieses Tröpflein erwiesenen Mitgefühls gegen die Untröstlichen. Diesem Geschenk folgte eine kleine Gabe. Ein Priester verteilte an jeden noch zehn Kopeken. Ob er das im Auftrage eines freiwilligen Spenders tat oder von dem Seinen, konnten wir nicht erfahren. Schließlich folgte noch von

dem damals in Moskau und Petersburg allbekannten Bä-
cker Philipoff eine große Semmel für jeden. Hierauf wurde
die ganze Partie wieder in ihre Kammern abkommandiert.
Wir gaben ihnen noch nicht unsere Testamente und sagten
ihnen noch kein Wort. Der Leiter wünschte, dass wir das
am nächsten Tage täten, wenn sie ihre schwere Reise antreten müssten.

„Jetzt, meine Herren", wandte sich der Leiter an uns, „stehe
ich zu Ihren Diensten. Ihre Absicht ist, allen Gefangenen
das Evangelium mündlich und schriftlich zu bringen. Ich
bin mit Ihnen mit meiner ganzen Seele, wäre auch sehr gern
persönlich dabei, bin aber soeben für ein paar Stunden ab-
berufen worden. Aber darf ich Ihnen meinen Assistenten
zur Verfügung stellen?"

Hierauf stellte er uns denselben vor und bat ihn, alles zu
tun, was wir für unsere Arbeit für gut befänden. Dann verabschiedete er sich, und wir stiegen mit dem Assistenten in
die oberen Stockwerke. Der Doktor verabredete mit ihm,
die dreitausend Mann auf drei bis vier Tage zu verteilen,
damit wir sie in kleine Gruppen vor uns haben könnten, da
nur so die nötige Stille und Ordnung gesichert sei.

„Gut", sagte der Assistent, „wir geben Ihnen also vier Tage
nacheinander je sieben- bis achthundert Mann, und diese
in Gruppen von je zweihundert."

Das war, was wir nötig hatten. Er führte uns dann in einen
langen und breiten Korridor, hoch und licht, und sagte:

„Hierher werden wir Ihnen also achthundert Mann zustellen."

Schon als wir vorhin uns aus dem unteren in die oberen
Stockwerke begeben hatten, zog dieses Gefängnis meine besondere Aufmerksamkeit auf sich. Alles ist hier groß und
kolossal angelegt. Die oberen Stockwerke ruhen auf mächtigen Gewölben und Pfeilern, und der Fußboden ist durch-
weg mit starkem Eisen belegt, das von hunderttausenden,

die darauf umhergingen, an manchen Stellen blank getreten worden war, so dass man vorsichtig sein muss, um nicht auszugleiten. Hier dürfte es wohl kaum gelingen, durch den Fußboden zu dringen, um flüchtig zu werden. Für den Sommer mag die Eisendecke eine angenehme Kühle abge-

Gefängnis „Buttyrki" in Moskau zu der Zeit

ben und die Vermehrung des vielen Ungeziefers verhindern, aber im Winter muss ihre Kälte unerträglich sein. In derselben Weise wie der Fußboden sind auch die Fenster und Türen stark mit Eisen befestigt, und auch die Treppen sind aus dem gleichen Material.

Als wir dann mit unserer Arbeit begannen, wurde der Befehl an die Aufseher, uns zweihundert Mann in dem bestimmten Korridor aufzustellen, schon gegeben, bevor wir die letzte Treppe zu demselben erreicht hatten. Nun geschah etwas, was ich mein Leben lang nicht vergessen kann. Irgendwo, weit hinter uns, begann ein schauerliches Getöse und Geklirr, ein Klingen von Ketten und ein hundertfaches Anschlagen von Eisen auf Eisen, das immer betäubender wurde. Wir schauten uns um und sahen, wie die gefesselten Arrestanten daher stürmten, uns ein- und überholten und fünf, sechs, sieben nebeneinander die eiserne Treppe erstiegen, wobei sich das Geklirr noch verstärkte. Das alles dauerte ungefähr acht bis zehn Minuten, aber ich konnte mich nach dem empfangenen Eindruck lange nicht zurechtfinden. Mir war, als befände ich mich in der Unterwelt, wo die Fesseln, welche die Sünde dem Sünder hier auf Erden angelegt hat, nie, nie abgenommen werden und ihm auf ewig bleiben. Was sollten wir doch alles tun, so hieß es in mir, um diese an Leib und Seele zugrunde gerichteten Mitmenschen zu retten!

Oben im Korridor standen sie bereits alle in Reih und Glied, als wir die Treppe erstiegen hatten. Welch ein Anblick! Alles hochgewachsene Männer, und es schien, als mache keiner den Eindruck eines Verbrechers, und doch waren sie alle zur Zwangsarbeit verurteilt. Die eine Seite des Kopfes bis zur Mitte war geschoren, ja, sogar abrasiert, und in der Mitte der grauen Jacke war auf dem Rücken ein gelber Tuchfleck eingesetzt. Das waren die untrüglichen Kennzeichen eines Zwangsarbeiters. So verunstaltet hatte er die Jahre seiner Zwangsarbeit zu durchleben.

Dr. Baedeker sprach zu ihnen von dem schauerlichen Weg des Sünders, und zwar wie die Sünde zuerst ganz unschuldig und schön erscheint als Genuss, mit dem man es noch nicht probiert hat. Man fängt an, an sie zu denken. Das Denken, redet uns der Teufel ein, kann ja nicht schaden, und zur Tat braucht und wird es ja bei dir nicht kommen. Und so spinnt der arme Sünder den Faden weiter, bis er Lust zu der vorgehaltenen Sünde bekommt. Er beschaut sie in Gedanken immer wieder, und je länger er das tut, desto stärker zieht es ihn zu ihr hin, bis er eines Tages vor der Gelegenheit steht, sie zu tun. Ist es einmal geschehen, so ist der Damm, der bis dahin aufgehalten hat, durchbrochen. Nach dem ersten Mal folgt das zweite Mal, dann das dritte Mal, und der arme

Mensch ist zum Sklaven geworden. Er muss jetzt schon, ob er will oder nicht. Und so ist es mit jedem unter euch gegangen. Hunderte sind erst in Gedanken zum Trinker geworden, andere zum Dieb, zum Betrüger, zum Schläger und Totschläger, bis die Gelegenheit kam, dann wurden sie durch die Tat, was sie heute sind. Doch niemand wusste es, und das war gerade die größte Sorge, dass es niemand erführe. Man hielt es sogar für ein Glück, wenn die Sünde unentdeckt blieb. Aber es kam Tat auf Tat, dann kamen der Verdacht, dann die Hand der menschlichen Gerechtigkeit und schließlich die drohende Strafe des Gesetzes. Gott, den der Sünder in seinem Herzen ganz beseitigt hatte, an den er nicht denken wollte, gebot eines Tages Stillstand. Die Gefängnistüren öffneten sich und die Freiheit, in seiner Lieblingssünde fortzufahren, wurde genommen, ihr sind nun Schloss und Riegel vorgeschoben.

„Nun sagt selbst", fuhr der Doktor in seiner Rede fort, „ist die Sünde so schön, wie sie aussah? Hat sie gehalten, was sie versprochen? Könnte auch nur einer von euch sagen, sie hätte ihn glücklich gemacht, könnte einer sagen: Mir ist wohl durch sie? Keiner, keiner kann das! Ihr seid unglücklich und Elend, wenn ihr zurückschaut, ihr seid es, wenn ihr an euer heutiges Los denkt, und wie erst, wenn ihr in die vor euch liegende Zukunft seht. Niemand möchte an eurer Stelle sein.

Aber das ist noch nicht alles. Seht, der Gott, den ihr vielleicht schon in eurer Jugend aus euren Gedanken zu verbannen gesucht, an den ihr später nie gedacht habt, Er hat alles gesehen, alles aufgezeichnet, nicht so, wie ihr es darstellt, sondern so, wie es ist. Heute oder morgen kann Er Rechenschaft von euch fordern. Nichts ist in Ordnung gebracht, alle Schuld schreit vor Ihm um gerechte Strafe. Könnt ihr froh in Gottes Gegenwart treten? Wie unglücklich hat doch die Sünde euer Leben gemacht. Darum rufe ich euch zu: Steht stille, schlagt in euch, kehrt heute um, heute könnt ihr's noch! Die Sündenketten, mit denen ihr vor Gott gebunden seid, sind viel stärker als die eisernen Ketten an euren Füßen, und wenn ihr in ihnen bleibt, werdet ihr mit ihnen in die ewige Verbannung vom Angesichte Gottes hinweggehen müssen.

Aber Gott will nicht den Tod des Sünders. Er hat es bewiesen, indem Er Seinen eingeborenen Sohn an den Sünder statt in den Tod gab. Als Er starb auf Golgatha, starb Er auch für einen jeden von euch. Wenn ihr nun euren ewigen Tod nicht wollt, so gibt es nur diesen einen Weg, durch Christum, den Gekreuzigten, zu Gott, zur Vergebung und zum Frieden mit Ihm zu kommen. Wenn ihr doch heute euch zu den Füßen Gottes niederwerfen würdet, ehe ihr von Moskau geht. Er wird euch annehmen, alle Schuld vergeben und euch rein machen von aller Sünde. Und nicht nur das, sondern Er gibt euch dann auch ein neues Herz, dass ihr andere Menschen werdet und mit Lust Seine Wege geht. Gott ist bereit, das zu tun, ja, Er wartet eurer."

Es war nicht nötig, sie zur Aufmerksamkeit aufzufordern. Die kurzen Sätze wirkten Sündenerkenntnis, und die Erinnerung an das, was ihnen die Sünde gebracht, presste ihnen tiefe Seufzer aus. Und doch zeigten die ernsten Gesichter, sie möchten noch mehr hören.

Als wir dann während der Verteilung der Testamente noch hier und da mit einzelnen sprachen, die Rührung oder Zerknirschung zeigten, war eine große Stille, denn es war ihnen darum zu tun, jedes Wort aufzufangen, das noch gesagt wurde.

Noch drei ähnliche Versammlungen hatten wir am gleichen Tage auf diesem Korridor.

Am nächsten Tage, einem Sonntag, sollte im Zentralgefängnis von zwei Uhr ab die Abfertigung der vierhundert Mann nach Sibirien beginnen. Zur rechten Zeit begaben wir uns dorthin.

Sechsmal monatlich, angefangen im Mai, wurden den ganzen Sommer hindurch, solange die Schifffahrt auf den sibirischen Flüssen währte, von diesem Gefängnis aus Partien von vier- bis sechshundert Mann mit ihren sie begleitenden Frauen und Kindern abgefertigt. Obgleich sich dies schauerliche Schauspiel so oft wiederholte, sammelte sich doch jedes Mal eine große Menschenmenge an, wenn ein Abschub bevorstand. So auch an diesem Tage, und das umso mehr, als es ein Sonntag war und wir außerdem schönes Wetter hatten.

Punkt zwei Uhr wurden zunächst die vierhundert Zwangsarbeiter und eine Anzahl anderer zur Ansiedlung in Sibirien Verurteilter aus dem Gefängnis entlassen. Auf dem freien Platz vor dem Gefängnis wurden sie von dem Konvoi (militärische Begleitung) empfangen und in Reih und Glied formiert. Hier wurden die mitfolgenden Frauen und Kinder herausgeführt. Für diese selbst und vor allem für das Gepäck standen eine Anzahl Wagen bereit, die sie bis zu Nishegorodschen Bahnstation fahren sollten. Gewöhnlich wurden, sobald der ganze Zug formiert war, auf Befehl des Offiziers des Konvois, die Säbel blankgezogen, und bei dem darauffolgenden „Vorwärts!" setzte sich der ganze Zug in Bewegung. Heute jedoch wurde eine Ausnahme gemacht. Wir kamen an die Reihe.

Dr. Baedeker hatte noch ein kräftiges Wort vom Herrn für diese in Nacht und Grauen Dahinziehenden. Darauf verteilten wir noch die bereitliegenden Testamente.

Außerdem hatte der Gefängnisleiter noch für eine Anzahl Verwandte der Arrestanten die Erlaubnis erwirkt, Abschied von denselben nehmen zu dürfen. Sie wurden namentlich aufgerufen und durch die Kette der Wache gelassen. Es lässt sich nicht beschreiben, welche Szenen sich da zwischen den Bleibenden und den auf Nimmerwiedersehen Dahinziehenden abspielten. Mit Weinen, Schluchzen, Stöhnen und lautem Aufschrei fielen Frauen ihren manchmal treulosen

Männern um den Hals, von denen sie sich schon im nächsten Augenblick losreißen mussten. Eltern standen stumm und sprachlos vor ihren Söhnen, die den Lasterweg gewählt hatten und nun die Frucht ihrer Werke genießen mussten. Die Bande zwischen Braut und Bräutigam wurden hier für immer zerrissen. Schon an diesen Szenen konnte man sehen, wie bitter die Sünde ist. Manche von den Zurückbleibenden wünschten an diesem Tage, sie hätten die Ihren lieber ins frische Grab legen können, als dass sie sie jetzt lebendig begraben mussten. Denn es gab wohl einen Weg nach Sibirien für alle diese Verbannten, aber keinen zurück.

Das traurigste Los jedoch von allen hatten die ihren Männern in die Verbannung folgenden Frauen. Sie hatten hier nicht die geringste Ahnung, was sie unterwegs in den unzähligen Gefängnissen an Unbill und übermenschlichen Strapazen durchzukosten haben würden. Und es war ihnen nichts bekannt von den auf sie wartenden Nöten, die viele der Frauen nach der Ankunft am Ort der Verbannung entweder in Verzweiflung oder auf den Weg des Lasters getrieben haben. Von den Kindern aber konnte man im Voraus sagen, dass sie kaum zum Ende der Reise gelangen würden, da von Tomsk aus allem Weg zu Fuß zurückgelegt wurden.

Die Abschiedsszenen schloss der Konvoi-Offizier, indem er allen Begleitern gebot, sich wieder hinter die Postenkette zurückzuziehen. Das Signal zum Aufbruch wurde gegeben, und der Zug bewegte sich unter gezogenem Säbel von dannen.

Der Chef sowie der Gefängnispriester, der auch diesem Abschied beigewohnt hatte, und noch eine Anzahl Beamter drückten uns dankend die Hand für das, was wir unsererseits für die Partie hatten tun dürfen.

„Von allem, was die Unglücklichen in diesen Tagen empfangen haben", sagte der Priester, „war das, was Sie ihnen heute auf den Weg mitgegeben haben, das Beste."

Über Nishnij-Nowgorod nach Perm

Am Dienstag fuhren wir abends um 6 Uhr von Moskau ab. Wir hatten eine bequeme Fahrt und kamen gut ausgeruht in Nishnij-Nowgorod an.

Nachdem wir unser Reisegepäck in die Aufbewahrung abgegeben hatten, nahmen wir unsere hier bei der Bahn liegenden Kisten mit Testamenten und begaben uns nach dem hiesigen Gefängnis. Dies ist für eine Gouvernementsstadt verhältnismäßig groß. Da aber die Transporte nach Sibirien damals unbedingt über Nishnij gingen, musste es stets im Stande sein, größere Posten Gefangener zu beherbergen. Diesmal war es sehr besetzt, gegen achthundert Mann waren darin. Ein großer Prozentsatz der Insassen war des Lesens kundig, und wir verteilten hier fünfhundert Testamente, die sie dankbar in Empfang nahmen.

Dann beeilten wir uns, zum Landungsplatz der Wolgadampfer zu kommen, erfuhren dort jedoch, dass heute kein Dampfer abgehe, sondern erst am nächsten Morgen. Man riet, es uns im Wartezimmer bequem zu machen und die Nacht über dort zu schlafen, was wir nach einigem Überlegen auch taten.

Unser Dampfer, der uns geraden Weges nach Perm bringen sollte, kam am nächsten Morgen, so dass wir am 15. Mai Nishnij verließen. Wie alle Wolgadampfer gut und komfortabel eingerichtet sind, so ließ auch dieser nichts zu wünschen übrig. Aber er war, wie im Frühling immer, stark besetzt. Besonders gefüllt waren Deck und Zwischendeck. Außer anderen Mitreisenden hatten wir fünfhundert Über-

Nishnij-Nowgorod an der Wolga mit seinen vielen
Anlegestellen um 1900

siedler an Bord, die sich Sibirien als ihr künftiges Heimatland ausersehen hatten. Sie kamen, wie wir erfuhren, aus dem Kurskschem Gouvernement.

Dr. Baedeker, der noch nicht Gelegenheit gehabt hatte, den armen russischen Bauer aus der Nähe zu sehen, konnte jetzt seine Beobachtung machen.

„Welch einen Nutzen können diese Übersiedler dem großen, menschenleeren und wilden Sibirien bringen?", so fragte er immer wieder.

In der Tat waren sie nie mit höherer Kultur in Berührung gekommen, die große Mehrzahl war Analphabeten und keiner von ihnen hatte auch nur die geringsten Kenntnisse von dem Lande, wohin er ging. Dazu schaute die Not aus allen Poren. So fuhren sie, auf dem Boden des Decks kauernd, dort drei, dort fünf, dort acht, je nach der Größe der Familie, ernst schauend dahin.

„Wovon mögen sie sich doch nähren, das möchte ich gern wissen", fragte der Doktor.

„Sehen Sie die einzelnen Säcke bei jeder Gruppe?", – fragte ich, ihm dieselben zeigend, „das ist ihr Proviant für den ganzen Weg."

„Ja, was haben sie denn da drin?", – fragte er.

„Das sind alles gefüllte Säcke mit Zwieback", war meine Antwort.

„Nicht doch", – rief er, „das sind doch nicht Leute, die sich von Biskuit nähren."

„Natürlich sind das Biskuit aus schwarzem Roggenbrot, eigentlich gedörrte Brotkrusten", erläuterte ich.

„Die sind doch hart und scharf, wie können die Leute sie essen, und vor allem die Kinder?", – fragte er weiter.

„O", sagte ich, „das ist sehr einfach, dort neben der Schiffsküche ragt der Messinghahn hervor, der mit einem großen Kessel heißen Wassers in Verbindung steht. Sobald der Vater oder die Mutter die Brotkrusten in ein hierfür bestimmtes Gefäß gebracht hat, bringt er es unter jenen Wasserhahn, lässt siedend Wasser darauf fließen und das Mittag- oder Abendessen ist fertig."

Das war für Dr. Baedeker genug. Offenbar beobachtete er jetzt diese lieben Leute, und nachdem wir fast anderthalb Tage mit ihnen gereist waren, sagte er, nahe beim Eingang unseres Dampfers in die Kama:

„Ich sehe, es ist, wie Sie sagten, die Leute haben nichts anderes als ihre gedörrten schwarzen Brotkrusten. Könnte ihnen nicht eine gute Suppe gegeben werden?"

„Wenn sie nur die Mittel dazu haben", erwiderte ich, „würde sich die Sache schon machen lassen."

„Was würde denn wohl solch ein Mittag kosten?", – fragte er.

Das konnte ich allerdings nicht wissen, aber auf meinen Vorschlag gingen wir zum Schiffsökonom mit der Frage, ob er es übernehmen könne, für die fünfhundert Auswanderer eine echte russische Sauerkohlsuppe mit Fleisch zuzubereiten, und was die Sache kosten würde. Nachdem er hin und her gerechnet hatte, verlangte er 125 Rubel. Das war allerdings viel zu viel gerechnet, und nachdem ich mich mit dem Doktor verständigt hatte, bot ich ihm 75 Rubel. Nach meiner ungefähren Berechnung verdiente er dabei noch die Hälfte dieser Summe bar. Wir sagten ihm, er möchte darüber nachdenken, und gingen.

Gegen Abend suchte er uns auf und sagte:

„Ich habe es mir überlegt, dass ich ja den Leuten kein Brot zu der Suppe geben brauche, denn das haben sie ja selbst. Wenn sie es also wünschen, so telegraphiere ich von der nächsten Haltestelle nach Tschistopol, wo man mir zu diesem Zweck einen halben Ochsen und den nötigen Sauerkohl aufs Schiff zustellen wird, so dass wir in der Nacht alles zubereiten können. Im Übrigen", fügte er hinzu, „sympathisiere ich selbst von Herzen mit solch einem schönen Unternehmen."

Am nächsten Morgen waren wir kaum aus unserer Kabine getreten, als uns der Ökonom die Kunde brachte, es sei alles bereit und wir möchten kommen, um die Suppe in Augenschein zu nehmen. Da standen wirklich drei gewaltige hölzerne Fässer, mit reinen Holzdeckeln zugedeckt. Er hob diese auf, und in der Tat, der Inhalt sah sehr appetitlich aus. Das Fleisch war ganz fein gehakt worden und unter das ganze gemengt, so dass bei der Verteilung niemand zu kurz kommen konnte.

Unterdes erschienen etliche Soldaten bei uns, mit der Bitte, sie doch auch an dem bevorstehenden Mittagsmahl teilnehmen zu lassen. Sie kamen im Namen von 110 Mann mit der Bitte. Sie hatten, wie sie sagten, im vergangenen Spätherbst ihren Militärdienst beendet, konnten aber Turkestan nicht verlassen, weil der frühe Winter die Wolga und Kama in Eis bannte. Sie berichteten, dass sie nur mit Mühe den Winter hindurch ihr Leben gefristet und schon lange nichts Warmes gegessen hätten.

Anlegestelle bei Tschistopol; Fluss Kama

Jetzt war guter Rat teuer. Für 500 Personen war bestellt und gekocht worden. Es könnte diese wirklich beeinträchtigen, wenn ihnen nun noch 110 Mann hinzugestellt würden. Während wir noch hierüber unterhandelten, kam eine Abordnung von den Übersiedlern, die ebenso inständig bat, das, was wir für sie bestimmt hätten, doch nicht den Soldaten zu geben. Der Ökonom hatte die Unvorsichtigkeit begangen, unsere Absicht auszuposaunen. Er war es denn aber auch, der uns jetzt half.

„Schließen sie keinen aus, lassen Sie alle diesen Festtag haben, ich garantiere Ihnen, es langt für alle, und alle sollen satt werden", so munterte er uns auf, und so wurde denn auch entschieden.

Zu unserer Freude konnten wir nachher, als die einzelnen Gruppen zufrieden und froh ihre Mahlzeit einnahmen, sehen, dass die Portionen für alle sehr reichlich ausgefallen waren.

Wir zogen uns nun zurück, um unser Frühstück einzunehmen und hatten bereits alles vergessen, als wir nach einer guten Weile im Begriff waren, ein wenig auf Deck an die frische Luft zu gehen. Da wurden wir, aus dem Speisesaal tretend, ganz unverhofft wieder an alles erinnert. Sechs oder sieben Mann, die offenbar auf uns gewartet hatten, kamen uns entgegen und warfen sich zu unseren Füßen nieder. Das war der Dank im Namen aller Übersiedler. Ich kann nicht sagen, dass mir das angenehm war, und ebenso ging es dem Doktor. Er ergriff einen der Bauern, um ihn aufzurichten und ich einen andern. Die übrigen bat er, sie sollten alle aufstehen. Er empfahl ihnen, Gott ihren Dank zu Füßen zu legen, denn was er ihnen gegeben, sei nicht sein, sondern des Herrn, und Ihm allein gebühre der Dank.

Nachdem wir noch in den einzelnen Gruppen den lesenden Männern Neue Testamente gegeben hatten, kam in den darauffolgenden Tagen noch mancher mit ernsten Fragen. Sie wurden wunderbar vertraulich, und sobald mit irgendjemand angeknüpft war, kam einer nach dem andern, um zuzuhören. Es war ihnen darum zu tun, kein Wort zu verlieren. Die Herzen aller schienen weit aufgeschlossener zu sein durch das Wenige, was sie an irdischen Gaben empfangen hatten.

Über das Uralgebirge nach Jekaterinburg und Tjumėn

Montag, den 19. Mai, kamen wir in Perm an, wo wir sofort das Gefängnis besuchten, das weit überfüllt war. Infolge neuerdings wieder eingetretenen Frostes war nämlich die schon eröffnete sibirische Flussschifffahrt wiedereingestellt worden. Der Weitertransport der Gefangenen von Tjumėn aus hatte daher aufgehört, während von Moskau jedoch noch immer neue Parteien eintrafen. So kam es, dass alle Gefängnisse überfüllt waren.

Am nächsten Tage waren wir frei bis zum Abend. Wir besuchten die hier angehäuften Übersiedler, die unter freiem Himmel vor der Stadt lagen. Sie hatten es für das Beste gehalten, diesseits des Ural abzuwarten, bis sie von Tjumėn aus würden weiterkommen. Es waren ihrer bereits über zweitausend. Hier und da konnten wir mit einigen über das Heil der Seele sprechen und sie auf eine bessere, ewige Heimat hinweisen.

Am 20. Mai, abends, bestiegen wir den Zug, der uns von Europa nach Asien bringen sollte. Das war damals der einzige Eisenbahnzug, mit dem man aus einem Erdteil in den anderen fahren konnte. Selbstverständlich verschliefen wir, wie ein Jahr vorher, unseren Aufstieg zum Kamm des Gebirges, da wir des Nachts doch nichts hätten sehen können. Übrigens gelangten wir erst am hellen Morgen des anderen

Tages bis zur Wasserscheide. Die drei geographisch merkwürdigen Eisenbahnstationen erinnerten uns durch ihre
Namen daran, wo wir uns befanden.

Die „Europäische" liegt noch oben auf der westlichen Seite
des Ural, die „Uralische" auf dem Kamme desselben und
die nächste danach, die „Asiatische", auf der östlichen Seite,
von welcher man weit ins Land schauen kann. Wer jedoch
hier eine Szenerie zu finden hofft, wie sie die Fahrt über das
kaukasische Gebirge oder über den St. Gotthard oder Sim-
plon bietet, wird sehr enttäuscht werden. Die Abfahrt nach
Jekaterinburg gibt auch nichts Sehenswürdiges. Nichts von

Eine Szene auf dem Bahnhof (Fragment, Gemälde v. Sawitzky)

grotesken Felsengruppen, nichts von schwindelnden Abgründen, nichts von Wasserfällen und wilden Bergströmen zieht uns hier an. Nur hier und da sieht man in der Ferne einige aufeinander geworfene Felsblöcke. Wir fahren daher auch viel schneller hinab, als wir hinaufsteigen. Wohlbehalten kamen wir am 21. Mai, nachmittags um 3 Uhr nach Jekaterinburg (jetzt Swerdlowsk).

Es war nicht unsere Absicht, hier lange zu bleiben, sondern am 23. Mai sollte es weiter nach Tjumèn gehen. Jedoch die Nachrichten, die wir hier von letzterer Stadt erhielten, zeigten uns, dass unser Weilen dort gänzlich nutzlos wäre.

Die Flüsse Tura und Tobol, auf welchen wir von Tjumèn Tobolsk erreichen konnten, waren, nachdem sie ihre Eisdecke abgeworfen hatten, von neuem zugefroren. Der Frost war dort so plötzlich und mit solcher Schärfe aufgetreten, dass ihm mehrere Menschen zum Opfer fielen. Da es hier in Jekaterinburg viel wirtschaftlicher ist, als in Tjumèn, zogen wir es vor, einige Tage abzuwarten.

Jekaterinburg ist eine schöne Stadt im Vergleich mit all den Städten, die wir von da ab noch zu passieren hatten. Sie ist das Zentrum der ganzen Bergwerksindustrie auf dem Ural, der in dieser Gegend eine Anzahl von Fabriken sowie die weltberühmten Malachitlager Demidoffs aufzuweisen hat.

Eisenbahnwagen der Zeit.

38

Da wir Zeit hatten, besuchten wir die hiesige Kronsschleife-rei. Wir trauten unseren Augen nicht, als uns die prachtvollen Sachen aus allerlei Edelsteinen gezeigt wurden, die man hier verfertigt.

Chabarowsk. Avenue. Blick aufs Kloster

Höchst interessant war die Bearbeitung der verschiedenen weichen, harten und härtesten Steine. Welcher Kunst, Mühe, Geduld und Ausdauer bedurfte es doch, aus einem rohen und unansehnlichen Stein oder einem Bruchstück desselben, das sich dem Auge in nichts von den umherliegenden Feldsteinen unterschied, ein kostbares Kleinod und zierlichen Schmuckgegenstand zu verfertigen. Ein Bruchstück des uralischen Orletz von ungefähr vier Zoll im Quadrat lag schon seit drei Monaten unter der Tag und Nacht sich langsam bewegenden Säge, und man sagte uns, es werde eben so viel Zeit brauchen, um ihn zu zersägen. Eine prachtvolle Vase aus dem Stein wurde geschliffen, an der man bereits drei Jahre gearbeitet hatte.

Seit wir St. Petersburg verlassen hatten, war der Winter schon zweimal zurückgekehrt. Hier angekommen, freuten wir uns schon des schönen Frühlings, wenn auch noch kein Bäumlein zu grünen begonnen hatte. Doch unsere Freude sollte von kurzer Dauer sein. Plötzlich kam der raue sibirische Ostwind, und am zweiten Morgen unseres Weilens in Jekaterinburg lag eine Schneedecke von sechs bis sieben Zoll (15 – 18 cm) auf den Straßen und Plätzen der Stadt.

In Jekaterinburg wohnte auch Herr Davidsohn, der Agent der Britischen und Ausländischen Bibelgesellschaft für ganz Sibirien. Der Doktor und ich kannten ihn und seine Familie schon seit Jahren aus Petersburg her, und sie freuten sich jedes Mal, wenn wir zu ihnen kamen. Davidson beschloss, mit uns bis Irkutsk zu reisen. Er wollte seine Kolporteure besuchen, um in ihre Arbeit und ihre Schwierigkeiten an Ort und Stelle Einblick zu empfangen. Auch wollte er zusehen, ob er uns überall mit Testamenten, versorgen könnte, da ihm die für uns bestimmten von Petersburg zur Weiterbeförderung zu spät zugegangen waren. Wir waren herzlich froh, ihn auf diesem Wege als Begleiter zu haben und einer großen Sorge entledigt zu sein.

Am 24. Mai wandte sich das Wetter schnell zum Besseren. Die Sonne schmolz die Schneemassen bald hinweg, doch beschlossen wir, erst am 25. Mai am Abend abzufahren.

Der Aufenthalt in Tjumėn

Als wir am nächsten Morgen in Tjumėn ankamen, fuhren wir von der Bahn direkt zu Herrn Wardroper, der uns bereits im Jahre vorher, als wir seine Gäste waren, eingeladen hatte, stets in seinem Hause einzukehren. Da er selbst einen Dampfer auf dem Ob hatte, konnten wir von ihm die genauesten Nachrichten über alle Schifffahrtsverhältnisse erhalten, da er immer auf dem Laufenden gehalten wurde.

Unsere erste Sorge war, uns mit Fahrkarten für den ersten Dampfer nach Tobolsk zu versehen, denn dieser würde wie kein anderer besetzt sein. Auf der Schiffsagentur erkannte man uns sofort wieder. Ein Jahr vorher war der Besitzer der Dampfer selbst in Tjumėn und gerade im Kontor gewesen, als wir dort erschienen. Als er erfuhr, wir führen nach Tobolsk mit Testamenten, um den Arrestanten Gottes Wort zu bringen, wurde der Mann ganz hingerissen.

Tjumen am Fluß Tura

„Jedes Buch, das Sie nach Sibirien bringen, ist ein Kulturträger", sagte er, „das Evangelium aber ist außerdem ein Bahnbrecher zu den finsteren Herzen für Gott."

Wir mussten ihm dann allerlei Mitteilungen über unsere Gefängnisbesuche machen, und er konnte sich nicht genug wundern, wie wir auf den Gedanken gekommen waren, eine Mission unter diesen von den Menschen vergessenen und verworfenen Mitmenschen zu beginnen. Er ließ es sich damals nicht nehmen, uns die beste Kabine auf dem abgehenden Dampfer zu geben, sowie uns samt unseren Büchern und unserem Gepäck freie Fahrt zu gewähren.

„Erlauben Sie mir", so schloss er, „Ihnen wenigstens in dieser Weise meine Sympathie für Ihr schönes Werk zu bezeugen."

Diesmal waren nur die Beamten gegenwärtig, doch erklärten sie uns, dass sie unserem Werk nicht weniger zugetan wären als ihr Prinzipal. Es war schwer, für uns Plätze auf dem ersten abgehenden Dampfer zu finden, da alle längst bestellt und vergeben waren. Als sie aber hörten, Tobolsk sei diesmal nicht das Endziel unserer Reise, sondern Sachalin, sagten sie, es müsste auf jeden Fall unsere Mitfahrt auf diesem Dampfer ermöglicht werden. Sie berieten miteinander und gaben uns dann die Fahrkarten bis Tobolsk. Gern würden sie uns wieder freie Fahrt geben, erklärten sie, aber ohne den Prinzipal könnten sie das nicht entscheiden. Für die Kisten mit den Testamenten und für unser Reisegepäck sei jedoch ein für alle Mal festgelegt, dafür keine Zahlung von uns zu nehmen. So waren wir denn, wenn immer auch unser Dampfer abgehen würde, unserer Mitfahrt sicher.

Jetzt fuhren wir nach dem Gefängnis. Was wir dort vorfanden, lässt sich nicht beschreiben. Man denke, das Gefängnis für 400 Mann und eine Baracke auf dem inneren Hof für 120 Mann beherbergte an diesem Tage 1930 Gefangene. Wir konnten nicht begreifen, wie es nur möglich war, dass diese unglücklichen Menschen noch existierten. Auf allen unseren Reisen hatten wir bis dahin noch kein Gefängnis gesehen, das in jeder Hinsicht so gesundheitsschädlich, so voller Ungeziefer, so schmutzig und baulich so verfallen war. Selbst ein auf der niedrigsten Stufe der Kultur stehender Mensch könnte kaum einige Tage unter diesen Lebensbedingungen, wie sie hier vorlagen, bestehen. Wie musste es erst solchen gehen, die von zu Hause aus an Reinlichkeit und frische Luft gewöhnt waren. Nur eine halbe Stunde Aufenthalt in diesen Räumen genügte, ihre Eingeweide zu vergiften. Und wie viele, sogar zum Teil Unschuldige, gingen durch eine Anzahl ähnlicher Gefängnisse, ja, viele verlebten in ihnen Jahrzehnte.

Unser Besuch war den Arrestanten ganz besonders angenehm. Es war ihnen eine Art Trost, dass es noch jemand gab, der ein Herz voll Mitleid für sie hatte. Es schien ihnen, als milderte das ihre schreiende Not. Der Doktor bestand darauf, dass die vernagelten Fenster geöffnet wurden und dass, während wir da wären und zu den einzelnen Partien auf dem Hofe sprechen würden, die Fenster und Türen geöffnet blieben, damit frische Luft Eingang finde.

Als dann den Unglücklichen von dem Zustand ihrer Seele gesprochen wurde, da kam Seufzen und tiefe Zerknirschung. Doch dann kam die frohe Botschaft von der vollbrachten Erlösung auf Golgatha. Man sah, wie ihnen das zu Herzen ging, denn viele wischten sich immer wieder die Tränen aus den Augen. Mit Begierde nahmen sie dann die Testamente entgegen, und es sah aus, als bekämen sie einen großen Schatz. Da die Türen und Fenster überall offen standen, hörten die anderen zum Teil alles, was gesagt wurde.

In ähnlicher Weise arbeiteten wir noch am 27. und 28. Mai. Die Gefangenen waren sehr froh, wenn wir wieder und wieder erschienen.

„Wir haben Festtage, wir bekommen Hoffnung, es wird nicht immer so mit uns bleiben", äußerten sie sich.

Mittlerweile war es wärmer geworden. Die Sonne löste bald die Eisdecke, und der Eisgang auf der Tura begann.

Verurteilter vor dem Gerichtsgebäude (Maler Makowskij)

Da wir noch einen freien Tag hatten, gingen wir hinaus vor die Stadt, um zu sehen, wie es den Übersiedlern ergangen sei. Man stelle sich vor, draußen unter freiem Himmel lagerten vor uns über 9000 Seelen. Manche hatten sich geradezu Erdhöhlen ausgegraben, andere wieder lagen auf Reisig, dass sie irgendwie zusammengebracht hatten. Viele aber lagen nur auf ihren Kleidern und manche sogar auf bloßer Erde. Hier und da loderte ein kleines Feuer, über dem ein Kessel hing, in dem man Wasser zum Sieden brachte. Hunderte standen und warteten schon auf dasselbe. Unter den Kindern waren die Masern und Pocken ausgebrochen, und viele starben. Selbst, wenn auch jemand von diesen Leuten die Mittel gehabt hätte, sich eine Wohnung in der Stadt zu nehmen, sobald man erfuhr, er sei Übersiedler, wurde ihm abgesagt. So waren die Menschen sich und ihrem Schicksal überlassen.

Als der Doktor einen laut klagenden Mann fragte, was die Ursache seiner Klage sei, hob er seinen Teetopf auf, goss das letzte Wasser aus demselben und sagte:

„Das ist alles, was ich noch habe, mein Ende und das meines Weibes und Kindes ist gekommen. Ich weiß nicht, was ich anfangen soll."

Die Verzweiflung sprach aus allen Zügen seines Gesichts. Dr. Baedeker gab ihm eine Banknote, er nahm sie schaute dankbar auf gen Himmel. Es dauerte gar nicht lange, da waren wir von einer Anzahl dieser unglücklichen Männer umringt und der Haufen wuchs immer mehr. Der Doktor fragte sie:

„Wisst ihr auch, wohin ihr geht?"

„Wir gehen alle nach Sibirien" – war die Antwort.

„Dass ihr das wisst, glaube ich schon", sagte der Doktor, – „aber Sibirien ist groß, habt ihr einen bestimmten Ort, wohin ihr wollt?"

„Ja, wir gehen alle ins Tomsksche Gouvernement", sagten sie.

„Aber wisst ihr, wohin ihr da geht, habt ihr da wirklich Land, und was für Land? Habt ihr jemand vorausgeschickt, der es besehen und euch Kunde gebracht hat?", fragte Dr. Baedeker weiter.

„Nein", war die Antwort, „nichts von alledem ist geschehen, wir wissen nur aus Briefen unserer Bekannten, dass sie dort Land bekommen haben, sie haben es sich einfach genommen, denn es gehört niemand. Und so leben sie, und es geht ihnen gut."

„Ihr geht also aufs Geratewohl, wie aber, wenn euch kein Land gegeben wird?", fragte der Doktor.

„O ja, Land bekommen wir schon", sagten sie ganz zuversichtlich, „unser Väterchen, der Kaiser, wird schon für uns sorgen."

Der Doktor meinte schließlich, am Ende stehe die Übersiedlung doch unter obrigkeitlicher Leitung, und er wunderte sich umso mehr, dass gar keine Fürsorge für sie getroffen sei, so dass sie hier unter freiem Himmel Schnee, Regen und Frost durchmachen mussten, wobei sie umkommen könnten.

„Warum sorgt denn euer Väterchen jetzt gar nicht, seht doch, wie es euch geht. Ich denke, er weiß gar nicht einmal von euch."

Sie sagten darauf kein Wort. Da fragte der Doktor:

„Warum seid ihr überhaupt so früh von zu Hause aufgebrochen, hat man euch benachrichtigt, dass es schon Zeit sei?"

„O nein", sagten sie, „wer soll uns benachrichtigen, der Frühling brach an, und da erhob sich einer und der andere, und wir sind wie die Schaffe, wenn eines läuft, dann laufen wir alle, und so ist es gekommen, dass wir jetzt im großen Elend sind."

Nun war es uns völlig klar, diese armen, unwissenden Leute waren sich völlig selbst überlassen, und da war auch nicht einer unter ihnen, der da wusste, was er tat. Bei manchem war schon jetzt die letzte Kopeke ausgegeben, und wie weit waren sie noch vom Ziele. Wir konnten nicht begreifen, warum obrigkeitlicherseits nicht die geringste Maßnahme für die ganze Bewegung getroffen wurde, obwohl sich die jährliche Übersiedlung nach den Zeitungsberichten bereits auf 70.000 bis 100.000 Seelen belief. Der liebe Baedeker meinte, den Arrestanten gehe es doch noch besser, denn sie hätten, wie es auch sei, doch immer Brot und Obdach.

Der 30. Mai hielt uns noch in Tjumen fest, und da wir noch Zeit hatten, besuchten wir die erste Partie Arrestanten, die von hier nach dem Innern Sibiriens abgehen sollte. Sie machten die Reise nach Tomsk auf dieselben Wasserwege wie wir, nämlich auf den Flüssen Tura, Tobol, Irtysch, Ob und Tom.

Große Barken, die im Innern 400 bis 600 Mann aufnehmen können, sind speziell zur Beförderung der Gefangenen erbaut worden. Die Wände im Innern sind rundum mit Pritschen versehen, deren Kopfende höher als das Fußende liegt, um ein Kissen zu ersetzen. Kleine Fensterluken, die rundum angebracht sind, erleuchten den ganzen Raum. Außerdem sind hier noch kleine Gemächer für die militärische Bewachung, die hier viel strengere Ordnung hält als in den Gefängnissen. Das Deck dieser Barken ist in seiner ganzen Länge und Breite von einem starken eisernen Gitter überbaut, sodass man einen gewaltigen schwimmenden Käfig vor sich hat, wenn man ihrer ansichtig wird.

Von Nishnij-Nowgorod bis Perm und von Tjumėn bis Tomsk wurden die Gefangenen, solange es noch keine sibirische Bahn gab, auf solchen Barken befördert. Auf den sibirischen Wasserwegen wurde eine solche einfach dem Passagierdampfer angehängt, der sie im Schlepptau bis an den Ort seiner Bestimmung mitnahm.

Nach und in Tobolsk

Unser Dampfer verließ Tjumėn am 31. Mai. Es war derselbe, auf dem wir im Jahre vorher gefahren waren. Der Kapitän erkannte uns und begrüßte uns aufs Freundlichste. Schon auf der Wolga und Kama waren die Dampfer stark besetzt gewesen, dieser aber war brechend voll. Selbst in den Gängen und auf dem Deck war jeder Winkel von den Übersiedlern eingenommen. Man konnte nur schwer seinen Fuß weiter setzen. Nur vor der Kommandobrücke des Kapitäns war ein schmaler Gang freigeblieben.

Auch unser Schiff zog die obligatorische Barke im Schlepptau hinter sich her, nur war es eine mit Waren und Gütern beladene. Da wir stromab fuhren, bildete sie kein allzu großes Hindernis.

Bei hochflutendem Wasser ging unsere Fahrt sehr gut vonstatten. An mehreren Stellen sahen wir weder ein Dorf noch eine menschliche Wohnstätte und legten ohne Landungsbrücke einfach am Ufer an, wo es dem Kapitän am günstigsten schien. Einige Bretter, vom Schiff ans Ufer gelegt, vermittelten die Verbindung mit demselben. Menschen stiegen aus, andere ein, und auch Waren wurden aus- und eingeladen. Die Ortschaften solcher Haltestellen lagen hinter den Wäldern, an denen es in diesem Lande nicht mangelt.

Am Montag, den 2. Juni kamen wir in Tobolsk an. Wie im Jahre vorher so statteten wir auch jetzt zunächst dem Gouverneur unseren Besuch ab. Dann versuchten wir, uns ein wenig mit der Stadt bekannt zu machen. Wir konnten nämlich nicht mit unserer Arbeit beginnen, bevor der Dampfer ausgeladen war, denn unsere Bibelkisten waren mit demselben angekommen.

Von unserem Rundgang in unser Hotel zurückgekehrt, erfuhren wir, dass der Gouverneur dagewesen war und seine Visitenkarte zurückgelassen hatte. Er war schon bei unserem früheren Hiersein sehr zuvorkommend gewesen, und es schien ihm Vergnügen zu machen, uns für Sibirien zu interessieren. Unter anderem teilte er uns damals Folgendes mit:

Als er vor einigen Jahren hierherkam, konnte er es nicht begreifen, wie es möglich wäre, dass man bisher noch keine Sammlung der Altertümer in diesem merkwürdigen Lande begonnen hätte. Er ruhte nicht, bis man die Mittel zusammenbrachte, ein kleines Museum für die sibirischen Sehenswürdigkeiten zu bauen.

„Es ist noch sehr wenig, kaum der Rede wert, was wir haben, aber es ist doch ein Anfang, und ich möchte Sie einladen, mein kleines Museum zu besuchen“, schloss er.

Auf die Frage, was für Sehenswürdigkeiten sich von den verschiedenen Volksstämmen auf so niedriger Kulturstufe und überhaupt im unwirtschaftlichen Sibirien sammeln ließen, gab er zur Antwort:

„Gehen sie einmal hin und besehen Sie, wie der Mensch, auf so niedriger Stufe stehend, sich doch zu helfen wusste, um sein Leben zu erhalten. Da finden Sie den primitiven Bogen, das Wild zu erlegen, Fallen, um Füchse und andere Tiere zu fangen, Netze, um Enten und andere Vögel zu umgarnen und die verschiedenen Schlingen, die wilden Gänse und Schwäne zu fangen. Sie finden ihre Hausgeräte, die erbärmlichen Werkzeuge zur Verarbeitung des Holzes, ihre Kleidung und sogar ihre Götzen. Und wie reich wir sind an

Mammutknochen, Mammutzähnen. Dass es Überbleibsel eines vorsintflutlichen Tieres sind, ist Ihnen jedenfalls sehr gut bekannt. Denken Sie nur, wir finden ganze Mammuts selbst, noch mit Haut und Fleisch bedeckt, und die sibirischen Hunde fressen es mit großem Appetit, denn es ist wirklich ausgezeichnet erhalten.

Leider lässt man uns solchen Fund nicht für unser Museum. Sobald die Eingeborenen irgendwo einen Teil des Mammuts entdecken, geben sie uns Nachricht und wir telegraphieren an die Akademie in Petersburg. Diese sendet dann zur Ausgrabung Sachverständige, weil man ohne sie schon ganze schöne Exemplare verstummelt hat. Natürlich gräbt die Akademie für sich aus. Trotzdem haben wir in unserem Museum enorm große Zähne, Knochen und Teile derselben."

Da ich gerne wissen wollte, bei welchen Gelegenheiten man überhaupt auf die versunkenen Mammuts und deren Teile stößt, fragte ich den Gouverneur danach.

„Das geschieht sehr einfach", sagte er bereitwillig, „jedes Jahr überschwemmt der Ob hunderttausende Quadratwerst mit seinen enormen Hochwassern – fast von Tomsk bis ans Karische Meer in unabsehbarer Breite. Die Flut wird so gewaltig, dass sie ganz neue Wasserbetten schafft und viele sumpfige Gegenden durchwühlt und durchfurcht. Fließt nachher das Hochwasser ab und tritt der Strom in sein natürliches Flussbett zurück, dann liegen die ausgewühlten Stellen offen vor den Augen. Und die Ostjaken, die mit ihren Kähnen jede Bucht, jeden alten und neuen Nebenarm befahren, finden sofort einen Überrest, oder was es auch sei, von einem ausgewachsenen Mammut auf, und sie geben uns gern die Nachricht, weil sie hierfür gut belohnt werden."

Ich dankte ihm für diese Erklärung, bat jedoch noch um die Erlaubnis, noch etwas zu fragen.

„Gibt es eine befriedigende Erklärung dafür, wie es möglich ist, dass diese seit Jahrtausenden versunkenen und jetzt wiedergefundenen Tiere so gut erhalten sind, dass sogar ihr Fleisch unverwest und essbar ist?"

„Auch das ist sehr einfach", sagte der Gouverneur, – „Wollen Sie sich verewigen? Dann brauchen sie nur bei uns zu sterben und uns ein Testament zurücklassen, in welchem Sie wünschen, sieben Fuß tief beerdigt zu werden. Wir lassen Ihnen solch ein Grab graben und beerdigen Sie darin, und wenn Sie nach ein- bis zweitausend Jahren oder noch später gefunden werden sollten, würden sie ganz unversehrt und intakt aus ihrem Grabe hervorgehen, wie man sie in dasselbe gelegt hat. – Unser Boden taut nie bis vier Fuß auf, selbst im heißesten Sommer nicht, unser Frost konserviert alles. Man kann nur annehmen, unsere Mammuts versanken plötzlich durch eine Katastrophe, der ebenso plötzlich unsere sibirische Kälte folgte, die sie bis heute so frisch in ihrem Bestande erhalten hat. Das ist alles."

Wir dankten verbindlich für die Erklärungen und besuchten gelegentlich gern das Museum, wo wir auch einige Kleinigkeiten aus Mammutzähnen und Mammutknochen kauften.

Bevor wir an unsere Arbeit gingen, war uns besonders wichtig, Klarheit über unsere Weiterreise zu haben und demgemäß dieselbe einzuteilen. Auf der Schiffagentur erfuhren wir, dass es ganz unmöglich sei, uns mit dem ersten nach Tomsk abgehenden Dampfer zu befördern. Wenn uns nicht der Besitzer und die ganze Direktion so gewogen gewesen wären, hätte es auch noch nicht mit dem zweiten geschehen können, weil auch auf diesem alle Plätze ausverkauft waren. Sie verschafften uns indes nicht nur Plätze, sondern gaben uns auch freie Fahrt bis Tomsk.

Mit genügender Zeit vor uns gingen wir am 3. Juni in das erste Gefängnis für Zwangsarbeiter. Hier waren über 300

Mann beisammen. Eine große Veränderung war seit dem vorigen Jahr vorgegangen. Man hatte verordnet, in ganz Russland die Arrestanten zur Arbeit heranzuziehen. In den meisten Städten war allerdings wenig Ernst mit der Verwirklichung gemacht worden. Hier in Tobolsk jedoch war es anders. Wir fanden sie alle in ihren Werkstätten, und schon das Äußere zeigte, wie segensreich die Arbeit für sie war. Sie sahen gerade zufrieden drein. Da waren Tischler, Schlosser, Schneider und Schuhmacher. So wurden allerlei Arbeiten verfertigt. Auf dem Stadtmarktplatze befand sich ein Verkaufsladen, wo ihre Sachen zu haben waren. Es war ein primitiver Anfang, doch der Chef sagte:

Gefängniskomplex in Tobolsk heute

„Wenn es so weiter geht, ist große Hoffnung, wir kommen nicht nur gut durch, sondern wir werden noch ein gut Stück Geld verdienen. Schon jetzt können wir nicht aller Nachfrage genügen, unser Verkaufsladen ist fast immer leer. Als es hieß, alles müsste an die Arbeit, da waren die Zwangsarbeiter sehr bange, sie würden mit schweren Arbeiten abgequält werden.

Als sie aber zur Verwendung in ihren eigenen Handwerken herangezogen wurden, waren sie froh, an ihre altgewohnte Beschäftigung zu gehen. Nun sind ja nicht alle Handwerker, aber viele, die gar nichts verstanden, haben angefangen zu lernen und machen Fortschritte. Seit wir arbeiten, ist eine viel bessere Ordnung bei uns eingezogen."

Nach unserem ersten Rundgang durch die Werkstätten, welche sich in größeren und kleineren Kammern befanden, erfolgte unser zweiter Rundgang mit dem Evangelium, für welches sie beim ersten vorbereitet waren. Es war eine Freude, zu sehen, wie bereitwillig und schnell sie sich formierten, um dem Worte zuzuhören.

Bei der Verteilung der Testamente fanden sich einige, die da klagten, dass ihre Augen abgestumpft wären. Sie baten, der Doktor möchte ihnen doch Brillen schenken. Wenn sie durch ihre Arbeit erst so viel verdienen würden, dass auch für sie etwas abfiele, so klagten sie, würden sie nicht bitten, so aber könnten sie jetzt nicht lesen. Hier und da bat einer, der Doktor möchte ihm doch zu einer Tasse Tee verhelfen, und so mancher erhielt 15 bis 20 Kopeken. So geschah es schon in verschiedenen Gefängnissen jenseits des Ural. Während der Mittagszeit gingen wir hin und kauften eine Anzahl Brillen, das Stück zu 50 Kopeken, wie sie für den Anfang nötig sind. Die Freude war groß, als jeder der Bittenden eine solche empfing und alsdann fand, er könnte gut damit sehen und lesen.

Noch zwei Tage hindurch hatten wir reichgesegnete Arbeit in den übrigen Gefängnissen.

Auf dem Irtysch und Ob nach Tomsk

Am Sonnabend, den 7. Juni, durften wir Tobolsk verlassen. Mit vielem Dank gegen den Herrn konnten wir auf die hier verbrachten fünf Tage zurückblicken, und mit Zuversicht schauten wir vorwärts. Bevor unser Dampfer abging, hatten wir noch einmal das Vergnügen, den Gouverneur zu sehen. Obwohl wir ihn nach Schluss unserer Arbeit im Gefängnis gesehen hatten, war er noch gekommen, sich von uns zu verabschieden. Bei der Gelegenheit stellte er uns einen Tjumēner Kaufmann vor, der auf demselben Schiff mit uns nach Tomsk fuhr. Von diesem erfuhren wir viel Wissenswertes über unsere Reise durch Sibirien.

Jetzt erst sahen wir, wie es die Direktion möglich gemacht hatte, dass wir mit diesem Schiff reisen konnten. Sie hatten uns Schlafstätten in der Gesellschaftskajüte erster Klasse zubereitet. Sonst war jede Koje eingenommen. Es gab kein freies Plätzchen weder auf dem Deck noch auf dem Zwischendeck. Auf dem letzteren befanden sich wieder die armen Umsiedler. Wir wurden schnell auf dem ganzen Schiff bekannt und lernten auch alle unsere Mitreisenden ein wenig näher kennen. Ein finnländischer Professor, der zu archäologischen Studien nach der Mongolei reiste, interessierte sich auf dieser ganzen Fahrt für die hiesigen Eingeborenen. Er saß oft stundenlang, ihre Sprache mit der finnischen vergleichend, und es machte ihm sichtlich Vergnügen, wenn er herausfand, wie die verschiedenen Namen

Der Fluss Irtysch im Morgennebel

für Gegenstände bei den Ostjaken und Finnen die gleichen Grundwurzeln hatten. Folglich gehörten jene zu dem finnischen Volksstamm.

Zunächst fuhren wir auf dem Irtysch nach dem Norden zu. Soweit das Auge über die Ebene zu beiden Seiten reichte, erblickte es nirgends eine menschliche Wohnstätte, nichts als eine graudunkle Wüste. Anfangs fehlten sogar Sträucher und Bäume. Von Wäldern war nichts zu sehen. Erst späterhin zeigte sich einige Vegetation, die aber kaum ein Zeichen vom nahenden Frühling aufwies. Und doch wohnten auch hier noch Menschen.

Die 600 Kilometer bis an den Ob hätte unser Dampfer, trotz der obligatorischen Barke, die er schleppte, in zwei Tagen zurücklegen können, und doch brauchte er stattdessen fünf. Der Kapitän wollte nämlich nicht eher in den Ob einfahren, als bis der von Tomsk kommende Dampfer die Nachricht brachte, der Eisgang sei vorüber.

An einer Stelle machten wir Halt, denn an unserem Dampfkessel war etwas nicht in Ordnung. In weiter Ferne sahen wir ein Dorf, dahin zog es Dr. Baedeker. Der Kapitän sagte, wir könnten fünf bis sechs Stunden fortbleiben, eher würde die Reparatur nicht fertig sein. So gingen wir denn. Der Doktor meinte, wir könnten den Priester besuchen. Im Dorf gingen wir denn auch geradeswegs zur Kirche. Wir erfuhren jedoch, dass der Priester nicht zu Hause sei. Wir ließen uns daher die Wohnung des Lehrers zeigen, von dem uns gesagt wurde, er sei daheim.

Als wir, ihn grüßend, in seine offene Tür eintraten, stand er mit aufgekrempelten Hemdärmeln und flocht fleißig an einem großen Fischernetz. Er war sehr überrascht, solche Gäste bei sich zu sehen, und er entschuldigte sich, dass wir ihn so anträfen.

„Es sind Ferien", sagte er, „meine Schulkinder sind entlassen, und so arbeite ich, denn man muss ja sein Brot verdienen."

„So hat es Gott befohlen", – sagte der Doktor, – „im Schweiße unseres Angesichts sollen wir unser Brot essen, nachdem wir Sünder geworden sind."

Der Lehrer wurde bald viel freier, als er hörte, wir seien Leute, die an Gott glauben. Wir sprachen eine ziemliche Zeit über das Eine, was nottut.

Doch Dr. Baedeker wollte auch einige Aufklärung über die Lebensbedingungen in dieser nördlichen Gegend erlangen, wir befanden uns nämlich unter dem 62. Breitengrade, und so fragte er:

„Bitte, sagen Sie uns doch, jetzt ist es bereits Juni, und bei Ihnen ist das Gras kaum grün geworden, wann säen und wann ernten Sie?"

„Wir säen weder noch ernten wir", – lautete die Antwort.

„Woher aber haben sie das schöne schwarze Roggenbrot", – fragte der Doktor, auf das vor ihm auf dem Tisch liegende Brot zeigend.

„Das kaufen wir, das heißt, das Roggenmehl dazu", – sagte der Lehrer.

„Woher aber kommt es, und wie wird es Ihnen zugestellt?"

„Wir beziehen es aus Tara, tausend Werst von hier. Natürlich kommt es auf dem Wasserwege zu uns, denn Tara liegt am Irtysch."

„Und was kostet ein Pud[6] Roggenmehl hier am Orte?"

„Hier kostet es 40 Kopeken", – lautete die Antwort.

---

6 1 Pud = 16 kg

„Das ist ja ungemein billig", – erwiderte der Doktor erstaunt, – „so billig isst man nirgends sonst in ganz Russland das Brot. Was kostet dann das Roggenmehl in Tara?"

„In Tara kostet es 20 Kopeken", – sagte der Lehrer.

Wenn man im Auge behält, dass der Roggen, den man in Tara mahlt, aus dem Semipalatinskschen Gouvernement, d.h. noch tausend Kilometer südlicher herkommt, dann waren das wirklich fabelhaft billige Preise. Weil es aber noch keine Bahn in Sibirien gab, war das alles leicht erklärlich.

„Doch auch die 40 Kopeken für das Pud Mehl müssen irgendwo herkommen, auch brauchen Sie noch vieles andere fürs Leben, woher erwerben Sie das?", – fragte Baedeker.

„Unsere Leute beschäftigen sich mit Jagd und Fischfang", – war die Antwort.

„Ist das denn so ergiebig, dass sich ganze Dörfer davon nähren können, und was erjagen Sie hier in dieser Gegend?", – war die weitere Frage.

„Sie haben sicher die großen Mengen wilder Enten und Gänse von Ihrem Schiffe aus beobachtet", – sagte der Lehrer. – „Außerdem haben wir auch viele Schwäne in unserer Gegend und den ganzen Ob entlang. Sie sind hauptsächlich unser Jagdwild. Und dann der Fischfang."

„Gut, was kostet nun eine Ente, eine Gans bei Ihnen?", – fragte der Doktor.

„Eine gute, fette Ente kostet das Stück fünf Kopeken, das Hundert jedoch drei Rubel."

„Ja, was verdienen Sie denn, wenn Sie nur fünf oder sogar drei Kopeken für eine Ente bekommen? Pulver und Schrott kosten ja mehr."

Der Lehrer lächelte und sagte:

„Niemand denkt bei uns daran, Enten zu schießen, nicht einmal Gänse, das würde sich nicht lohnen. Wir schießen höchstens die Schwäne, die sind klug, kommen nicht leicht in des Menschen Nähe, sondern man muss sich an sie heranschleichen, und dann erlegen wir sie."

„Wie erlegen Sie die Enten und Gänse?"

Moderne Dampfer zu der Zeit

„Die Enten fangen wir durch aufgestellte Netze. Das, welches sie hier sehen, ist ein Netz zum Fischfang. Für Enten flechten wir mit größeren Maschen. Wir fahren des Abends hinaus und stellen das Netz an beliebten Aufenthaltsplätzen der Enten auf, und am Morgen gehen wir hin und finden dreißig, auch hundert, ja sogar 120 Stück im Netzt. Die Gänse werden mit Schlingen gefangen. Diese werden auch an bestimmten Orten ausgelegt, die Gänse treten mit den Füßen in die Schlingen, die sich zu ziehen. Dabei benutzen wir junge Bäumchen als Sprungfedern. So wird die Gans unser", lautete die Erklärung.

„Der Fischfang ist auch sehr ergiebig. Wie der geschieht", – so fuhr er fort, – „das ist Ihnen jedenfalls so gut bekannt wie uns. Jetzt, beim Hochwasser, lässt sich nicht viel machen, aber ein wenig später sind wir reich an Fischen. Gewisse Arten trocknen wir einfach an der Sonne, andere werden eingesalzen und wieder andere geräuchert. Käufer für unsere Produkte finden sich genügend am Irtysch und am Ob entlang. Sonst halten wir alle Vieh, füttern Schweine, wobei uns unsere Gemüsegärten gute Dienste tun. Das Heu für das Vieh mähen wir Ende Juli[7], weil sich im August bereits Frühfröste einstellen."

In Bezug auf die Einwohner fanden wir bald heraus, dass es lauter Russen waren. Das Dorf war schon vor ziemlich langer Zeit angelegt, und zwar aller Wahrscheinlichkeit nach von aus Russland Verbannten.

Wir dankten dem Lehrer für seine gründlichen Erklärungen und gingen zu unserem Dampfer zurück, der nachher noch lange mit seiner Reparatur zu tun hatte.

Wie wir überhaupt diese zwölf Tage auf dem Wege nach Tomsk zubrachten, dürfte ebenfalls interessant sein.

Es war am zweiten oder dritten Tage nach unserer Abfahrt von Tobolsk, als ich mir vornahm, durch die Reihen der Übersiedler auf dem Zwischendeck zu gehen, um den Lesenden unter ihnen Testamente zu geben. Das wurde eine köstliche Arbeit, wobei es zu sehr ernsten Unterredungen, Fragen, Erklärungen und Aufschlüssen kam. So ging es bis zum Abend. Am nächsten Tage setzte ich diese Arbeit fort. Nach Schluss stieg ich die Treppe hinauf, die aufs Deck führte. Eine Anzahl Übersiedler folgte nach. Als ich oben angekommen war und mich zu den Heraufsteigenden um-

---

7   Alten Stils, also eigentlich in der ersten Augusthälfte

wandte, bemerkte ich unter denselben einen Priester, den ich bis dahin noch nicht gesehen hatte. Mein Entschluss, ihm ein Testament zu geben, war schnell gefasst. Kaum war er oben angekommen, hielt ich ihm ein Testament entgegen und fragte:

„Kann ich Ihnen auch eins von diesen kostbaren Büchern anbieten?"

„Ein Neues Testament", – sagte er, es aus meiner Hand nehmend, – „gewiss, das ist das kostbarste Buch, aber was haben Sie da unten getan, Sie haben das Buch in die Hände dieser unwissenden Menschen gelegt und Ihre ganze Überredungskunst gebraucht, sie zum Lesen des Neuen Testamentes zu veranlassen."

„Ja", – sagte ich, – „das habe ich getan, und das sollte Ihren Unwillen erregen? Ich hoffe, ich täusche mich nicht, Sie sind ein orthodoxer Priester. Wenn sie ein römisch-katholischer Priester wären, dann könnte ich Sie verstehen, denn diese erlauben ihren Kirchengliedern nicht, die Heilige Schrift zu lesen."

„Dieses Buch in den Händen dieses finsteren Volkes", – rief er laut, – „ist wie ein scharfes Messer in den Händen eines Säuglings. Es kann sich nur Schaden durch dasselbe zufügen. Woher haben wir so viele Sekten und so manche, die zu den widerlichsten gehören? Denken Sie nur, da im Neuen Testamente steht geschrieben: ‚Ärgert dich deine rechte Hand, so haue sie ab und wirf sie von dir, ärgert dich dein rechtes Auge, reiß es aus und wirf es von dir, und ärgert dich dein rechtes Ohr, so haue es ab und wirf es von dir.' Lassen Sie das diese Leute lesen, und bald sind sie bereit, jede Verstümmelung an sich auszuführen. Wohin soll das führen, wenn jeder das Buch lesen und sich selber auslegen will?"

„Mein Lieber", – sagte ich besänftigend, – „sagen Sie einmal selbst, stammen die vielen und widerlichen Sekten in Russland nicht aus der Zeit her, wo es noch keine Neuen Testamente und Bibeln in der Volkssprache gab? Und was das Handabhauen und Augenausreißen betrifft, so würde ich Ihnen sehr dankbar sein, wenn Sie mir auch nur einen Fall nachweisen könnten, der in den fast zwanzig Jahren vorgekommen ist, seit die Heilige Schrift in ganz Russland in der Volkssprache verbreitet wird. Aber das ist Ihnen völlig unmöglich. Allerlei Verstümmelungen sind vorgekommen, ehe das Wort Gottes, dies helle Licht, den Leuten geschienen hat."

Er schwieg einen Augenblick, griff dann in seine Tasche und holte eine kleine Broschüre hervor. Er hielt mir hin und sagte:

„Sie täten auf jeden Fall besser, wenn Sie den Leuten solche Schriften geben würden. Haben Sie dieselben gelesen?"

Ich nahm die Broschüre und sah, dass sie von L. N. Tolstoi geschrieben war.

„Nun", – sagte ich, – „den Mann ziehen Sie Christo und seinen Aposteln vor? Der ist wohl ein ausgezeichneter Philosoph und Schriftsteller, aber kein Christ."

Das war für ihn zu viel. Er wurde ganz außer sich und schrie laut, wie ich es wagen könnte, diesem Mann das Christentum abzusprechen. Schon hatten uns eine Zahl Leute umkreist, und auf sein herausforderndes Schreien liefen noch immer mehr herzu. In diesem Augenblick war auch Dr. Baedeker erschienen, griff mich unter den Arm und suchte mich wegzuziehen.

Ich sagte dem Doktor ganz ruhig:

„Fürchten Sie nichts, es gibt keinen Konflikt, wir sind gerade an dem Punkt gelangt, wo ich mit dem Priester vor allem von dem sprechen kann, was ihm und diesen Seelen nottut. Nur einen Augenblick, und der Priester wird ganz ruhig werden."

„Wenn ich vom Tolstoi sagte, er sein kein Christ", – wandte ich mich ganz ruhig wieder an den Priester, – „dann tat ich das nicht in Aufregung, sondern weil ich gute Gründe hierzu habe. Ich kenne seine Lehre durch persönlichen Verkehr mit seinen Nachfolgern. Nach diesem teuren Buch ist ein Christ einer, der Christum, den Sohn Gottes, aufgenommen hat. Denn Gott hat die Welt so geliebt, dass Er Seinen Sohn gab, auf das alle, die an Ihn glauben, nicht verloren werden, sondern das ewige Leben haben. Gott gab Seinen Sohn, das ist, was von Ihm geschah; der Mensch aber muss den gegebenen Sohn Gottes auf- und annehmen, das muss von Seiten des Menschen geschehen. Damals, als Er auf die Erde kam, da lesen wir: ‚Er kam zu den Seinen, und die Seinen nahmen Ihn nicht auf. Welche Ihn aber aufnahmen, die an Seinen Namen glauben, denen gab Er Macht, Gottes Kinder zu werden' (Joh. 1, 11-12)." Wie es damals war, so ist es noch heute. Eine große Menge hält sich für die Seinen, nennt sich nach dem Namen Christi, aber glaubt nicht an Christum als den Sohn Gottes. Tolstoi steht ganz vorne an unter ihnen, er leugnet die Gottessohnschaft Christi, leugnet die Versöhnung durch den Kreuzestod, leugnet Seine Auferstehung und Himmelfahrt."

Alles dies bewies ich ihm durch Belege aus einer Reihe von Tolstois Aussprüchen. Er schwieg ganz still, bat mich aber, ich möchte doch das kleine Schriftchen lesen und ihm dann sagen, was ich von demselben halte. Doch ich fuhr fort ihm zu zeigen, wie verdächtig er sich selbst mache, wenn er als Priester in Tolstoi sein Ideal gefunden habe. Ich fragte ihn, ob er auch alle jene Fundamentallehren von Christo leugne, die ich vorhin aufführte, und zeigte ihm, dass, wer den Sohn leugnet, auch den Vater nicht hat und ohne Gott in der Welt ist. Wohl an zwei Stunden sprach ich mit ihm in Gegenwart einer Anzahl Leute, die sehr gespannt zuhörten.

Dieser Vorfall mit dem Priester hatte zur Folge, dass ich von da ab jeden Tag zwei, manchmal auch drei Versammlungen auf dem Deck hatte. Unter den Übersiedlern befand sich nämlich ein Mann, der fast den ganzen Psalter auswendig konnte, so auch ganze Kapitel aus den Propheten. Nach seinen Ansichten und seiner Kenntnis der Heiligen Schrift hielt ich ihn für einen Gläubigen, er war aber sehr schüchtern und zurückhaltend. Er hatte dem ganzen Zwischenfall mit dem Priester beigewohnt und mit großer Aufmerksamkeit alles aufgefasst. Es schien ihm große Freude zu machen, wenn zur großen Menge von Gottes Wort gesprochen wurde.

Am nächsten Morgen, nachdem ich kaum auf Deck erschienen war, kam er die Treppe herauf und hinter ihm zehn bis zwölf Mann. Er wandte sich an mich und erinnerte an einen Bibelspruch, den ich dem Priester vorgehalten hatte.

„Sie haben die Worte nur als Beweis ausgeführt", – sagte er, – „aber sind nicht näher auf ihren Sinn eingegangen. Würden Sie nicht so freundlich sein und uns mehr über das schöne Wort sagen?"

Es war das Wort aus Jes. 55, 6: „Suchet den Herrn, solange er zu finden ist, ruft Ihn an, solange er nahe ist."

So bekam ich den Text. Ich stellte einige Fragen an ihn, und es erwies sich, er konnte das ganze Kapitel auswendig. Wir hatten kaum begonnen, da strömten ganze Massen aufs Deck, um zuzuhören. Das war keine Predigt, aber eine äußerst wichtige Unterhaltung über das Kommen und Nahen des Menschen zu Gott, wobei ich dem Manne und anderen oft sehr ernste Fragen vorlegte und auch beantwortete. So waren wir wohl anderthalb Stunden beisammen, und von da ab jeden Tag mehrere Male. Wir alle fühlten den ausströmenden Segen, und die Zuhörerschar wuchs täglich.

Unser Dampfer war in jener Nacht nach unserem Besuch im Dorf dem von Tomsk kommenden Schiffe begegnet. Dieses hatte dem Kapitän die gute Nachricht gebracht, dass der Eisgang auf der Ob beendet sei, aber auch eine herzzerreißende von jenem ersten aus Tobolsk abgegangenen Dampfer, der uns nicht mitgenommen hatte. Er war im Eise stecken geblieben, stark zurückgetrieben worden und schließlich war das Dampfrohr geplatzt. Eine Masse Reisender war von dem kochenden Dampfe verbrüht worden und etwa sechzig Menschen waren auf der Stelle umgekommen. Infolge dieser schauerlichen Katastrophe überholten wir jenen Dampfer. Von welch großer Gnade konnten wir nun sagen, dass der Herr uns einige Tage länger in Tobolsk aufgehalten und bis jetzt wunderbar bewahrt hatte.

So waren wir denn in den gewaltigen Ob eingefahren, und es ging stroman. Die Wassermassen wälzten sich gleichsam unserm Schiff entgegen, ohne das ein Luftzug sie bewegte, und es schien, als wollte die nachfolgende Masse die vorhergehende verdrängen oder zum stärkeren Abfluss weiterpressen. Strudel um Strudel formte sich vor dem Bugspriet, die aber dennoch von der Maschine überwunden wurden. Infolge der tauenden Schneelager und der gleichzeitig aufgegangenen Nebenflüsse nahm der Zufluss der Wassermassen immer noch zu. Schon der Irtysch ist ein gewaltiger Strom, aber der Ob übertrifft ihn bei weitem. Wenn wir unsern größten Strom im europäischen Russland, die Wolga, verdreifachen könnten, dürfte sie erst die Größe des Ob erreichen. Jetzt, während des Hochwassers, ergoss er sich zu beiden Seiten seiner Ufer in einer Breite von über sechzig Kilometer. Darum war, soweit das Auge reichte, nichts als eine große Wasserwüste zu sehen. Nur die einzelnen Bäume da und dort, die manchmal nur mit ihren Kronen aus der Tiefe hervorragten, verrieten, dass wir ringsum von Land umgeben waren. Das der Kapitän am Tage seinen Weg in diesem uferlosen Strome fand, ist am Ende noch erklärlich, wie er das aber in der Nacht vermochte, ist geradezu unbegreiflich. Und doch fuhren wir zwölf Tage und Nächte, ohne auch nur einmal auf eine Untiefe zu stoßen. Wir dankten unserm Herrn, der über uns alle seine schützende Hand gehalten hatte.

Von den am ganzen Ob entlang wohnenden Eingeborenen, den Ostjaken, sahen wir hin und wieder einzelne. So kam zum Beispiel einer auf seinem aus einem Baumstamm gezimmerten Kahn furchtlos an unseren Dampfer heran,

Im Frühjahr werden Riesenflächen von dem Fluss Ob überschwemmt. In der Ferne der Fluss selbst.

während dieser in voller Fahrt war. Er hängte sich an denselben an, um dem Schiffskoch seinen Fischvorrat anzubieten. Als er sein Geschäft abgemacht hatte, machte er sich vom Dampfer los und fuhr vergnügt an seinen Wohnort zurück.

An einer Stelle kam, nachdem wir kaum die Verbindung mit dem Ufer durch einige hinübergelegte Bretter hergestellt hatten, ein ostjakisches Weib. Sie hatte einen halben Sack prachtvoller Daunen von Schwänen und ging damit geradezu ins Buffet, um dieselben dort feilzubieten.

„Wieviel willst du für die Daunen?", – fragte der Kellner.

„Gib mir eine Flasche Brandwein", – lautete die Antwort.

„Weib", – sagte erstaunt einer von den anwesenden Passagieren, „sieh, du hast ja nicht einmal einen Unterrock, die Lumpen fallen dir vom Leibe, lass dir lieber den halben Rubel, den Preis des Brandweins geben, und kaufe dir ein Stück Stoff zu einem Unterrock."

Noch andere redeten ihr zu, das zu tun. Sie stand und dachte eine Zeitlang nach.

„Gut", – sagte sie endlich, – „gib mir einen halben Rubel."

Als jedoch der Kellner ihr das Geld einhändigen wollte, sagte sie entschieden:

„Nein, nein, gib mir eine Flasche Brandwein."

Sie bekam, was sie wünschte und ging vergnügt von dannen.

Diese armen Ostjaken sind Heiden. Die Christen, mit denen sie in Berührung kamen, brachten ihnen den Brandwein, vermittelst dessen sie alles von ihnen erhandeln, und sie brachten ihnen die Syphilis. Von den Folgen beider sind sie am Aussterben. Zur Zeit der früheren Regierung war eine Mission unter ihnen verboten, weil die orthodoxe Kirche unter ihnen missionierte. Wie es damit stand, erfuhr ich gelegentlich durch einen orthodoxen Sibirier.

„Da sind ja eine Anzahl orthodoxer Ostjaken", – sagte er, – „aber ein Unterschied zwischen ihnen und den heidnischen ist nicht. Man hat sie das apostolische Glaubensbekenntnis auswendig lernen lassen. Auch lernten sie das Kreuz schlagen und dann taufte man sie, wobei sie einen neuen russischen christlichen Namen erhielten. Zu allem fügte man als Geschenk ein Heiligenbild. Von einer neuen Religion, die der Ostjake jetzt hat, bleibt gewöhnlich nichts übrig. Wenn er zum Beispiel zum Fischfang ausfährt oder zur Jagd, dann nimmt er sowohl seine alten Götzen wie das Heiligenbild in seinen Kahn. Vom Glaubensbekenntnis ist kein Wort übriggeblieben und auch seinen Christennamen hat er vollständig vergessen." Soweit die Beschreibung des Mannes, und sie ist ohne Zweifel wahr.

Gott sei Dank, ein kleiner Lichtstrahl hat begonnen, in die finstere Nacht hineinzuleuchten. Vor ein paar Jahren sind zwei deutsche Missionare zu den Ostjaken gegangen, und wie ich glaube, ist ein dritter unlängst nachgefolgt. Noch sind die Nachrichten von ihnen sehr spärlich, aber das Werk Gottes hat angefangen und bedarf kräftiger Unterstützung.

Unser Dampfer hatte auf der ganzen Strecke von über 2000 Kilometern ungefähr 25 Haltestellen, unter diesen nur zwei Städte am Ob: Surgut, eine Kreisstadt mit kaum 200, jetzt 1300 Einwohnern, dann Narim, jetzt 840 Einwohner. Als wir am 15. Juni 1890 vor letzterem Ort anlegten, hatten wir keine Ahnung, dass die Narimsche Umgegend zu einer so traurigen Berühmtheit für die russischen Gläubigen gelangen werde. Rund 25 Jahre später, ein Jahr nach Ausbruch des letzten Krieges, wurde eine große Anzahl Kinder Gottes ihres Glaubens wegen in die große Wasserwüste verbannt. Das, was selbst Pobedonószew in seiner Verfolgungssucht nicht eingefallen war, Leute ihrer Überzeugung wegen in die Tundra zu verschicken, das geschah unter Nikolaus II., nachdem er zehn Jahre vorher Gewissensfreiheit proklamiert hatte.

Wir in Petersburg erschraken förmlich, als eines Tages 1915 eine unserer Schwestern ein Schriftstück aus dem Kurkschem Gefängnis erhielt, in welchem neun Prediger ihr schrieben, wie sie um Mitternacht in ihren Wohnungen in Odessa festgenommen und ins Gefängnis abgeführt worden wären und wie sie nun von Gefängnis zu Gefängnis transportiert würden und sich auf dem Wege nach Sibirien befänden. Unsere Schwester war Hofdame. Sie setzte sich nieder und schrieb sofort an den Kaiser und fuhr darauf zur Kaiserin-Mutter, wo sie allezeit wohlwollend aufgenommen wurde. Ihr übergab sie das Schreiben mit der Bitte, es ihrem Sohne zu übermitteln, was auch wirklich geschah. Der Kaiser konnte nun um alles wissen, aber vergeblich, sie mussten in die Narimsche Gegend. Darauf folgten immer neue Verbannungen aus dem Süden Russlands, ja, sogar Frauen wurden dorthin verschickt. Nur dank der von Gott ausgegossener Liebe, in der unsere begüterten Gläubigen in Petersburg standen, wurden alle in jene schauerliche Gegend Verbannten so unterstützt, dass sie selbst da erhalten blieben. Ein Jahr später wurden die ersten neun Prediger auf kaiserlichen Befehl in das Ufimsche Gouvernement überführt, wo aber, wie sie schrieben, ihr eigentliches Sibirien war. Das also war die Antwort auf das Schreiben der Schwester. Zur vollen Freiheit gelangten indes alle durch die erfolgte Revolution.

Unser Aufenthalt in Tomsk

Als wir am 18. Juni nach Tomsk gelangten, konnten wir mit frohem Herzen auf diese Fahrt zurückschauen. Die zwölf Tage der Flussreise waren eigentlich eine Ruhepause für uns gewesen, und nach dem, wie wir uns körperlich fühlten, wären wir bereit gewesen, die unabsehbare Landfahrt im Wagen sofort anzutreten. Aber hier war so viel, was uns mehrere Tage festhielt.

Die Stadt Tomsk am Fluss Tom

Zunächst waren unsere Testamente, die wir für die vor uns liegenden Gefängnisse brauchten, noch nicht angekommen. Auch sollte hier Herr Davidson aus Jekaterinburg zu uns stoßen, der auch noch nicht da war. Dann waren die Vorbereitungen für die über 4000 Kilometer lange Reise per Achse zu treffen, und schließlich die hiesigen Gefängnisse zu besuchen.

Die Bücher, die wir für Tomsk nötig hatten, waren mit dem Dampfer mitgekommen, so dass wir sofort an die Besuche der drei Gefängnisse gehen konnten. Dazu mussten wir zuerst die betreffenden Leiter sehen, damit sie die Anordnungen für die Besuche treffen, und wir mit ihnen die passende Zeit verabreden konnten. Wir hielten uns überall ziemlich lange auf. Man hatte so viele Fragen an uns, und wir an sie. War doch ein solcher Besuch etwas Unerhörtes, noch nie Dagewesenes. Deshalb kam es an diesem Tage noch nicht zum Besuch der Gefangenen selbst. Aber wir empfingen viel Licht über die schauerlich traurigen Verhältnisse der Unglücklichen, die nach Sibirien verurteilt waren.

Wie schrecklich demoralisierend das ganze Verbannungssystem wirkte, konnte ich im großen Transportgefängnis von den verschiedenen Aufsehern erfahren. Auf dem großen Hofe spazierten hunderte von Arrestanten umher. Auf die Frage an einen Aufseher, zu welcher Art von Gefangenen diese gehören, wurde mir zur Antwort:

„Das sind alles Zwangsarbeiter."

„Wie wohl sie alle aussehen, alle ein volles, rundes Gesicht und starken Nacken. An Nahrung fehlt es ihnen jedenfalls nicht?", – fragte ich.

„Sie haben jedenfalls die Ihnen bekannte Gefängniskost", – sagte er.

„Und was ist ihre Tätigkeit als Zwangsarbeiter?", – war meine weitere Frage.

„Was Sie eben sehen, sie haben gar keine Arbeit."

„Wie verbringen sie denn ihre Zeit?", – fragte ich.

„Sie essen, besuchen einander in den Kammern und spazieren fast den ganzen Tag auf dem Hofe umher. Wenn sie in ihren Kammern sein müssen, im Winter oder im Regen, dann spielen sie, oft wahre Hasardspiele", – erklärte der Aufseher.

„Nun, das kann ja nur geschehen, solange sie nicht mit der Etappe weitergeschickt werden, lange bleiben sie doch nicht hier?"

„Doch, diese bleiben hier während ihrer ganzen Strafzeit. Da sind zu vier, acht, zwölf und zwanzig Jahren Zwangsarbeit Verurteilte, und während dieser Zeit heben sie keine Hand zu irgendwelcher Arbeit auf. Schließlich können sie auch keine Arbeit mehr tun und sind arbeitsunfähig."

„Um was spielen sie, sie müssen doch einen Einsatz haben", – fragte ich.

„Sie können sich nicht vorstellen, um welchen Einsatz sie spielen. Um das Geld, das irgendeiner zugeschickt bekommt, oder um ihr Brot oder um ihre Kleidungsstücke, oft sogar um ihr gerichtliches Urteil, und natürlich auch um ihren Namen. Das sind ihre Einsätze."

„Im Ernst um ihr über sie gefälltes Urteil zu spielen", – sagte ich, – „ist doch unmöglich. Was hilft es denn zum Beispiel dem, der auf zwanzig Jahre verurteilt ist, wenn er das Urteil dessen gewinnt, der nur auf vier Jahre verurteilt war?", – fragte ich weiter.

„Sehr viel hilft ihm das", – sagte der Aufseher, – „er verringert sein Los um 16 Jahre Zwangsarbeit, und jener vermehrt seins um eben so viel."

„Das ist doch ganz unmöglich", – erwiderte ich, – „jeder hat doch seine gerichtlichen Akte, und der Chef weiß ganz genau, wie es mit jedem steht."

„Ganz recht", – sagte der Aufseher, – „solange sie hier an Ort und Stelle sind, wechseln sie auch ihre Namen nicht, kommt aber der Befehl, sie ins Innere Sibiriens oder in ein anderes Gefängnis zu überführen, dann vollziehen sie den Wechsel. Sie nehmen einer dem anderen Namen an, und es ist geschehen. Die Konvoi-Offiziere, die alle Tage wechseln, kennen keinen von ihnen, und die neuen Chefs, zu denen sie gelangen, ebenso wenig."

„Aber wie", – entgegnete ich, – „wenn der nur auf kurze Zeit verurteilte eines Tages die Sache aufdeckt, werden sie dann nicht bestraft und ihr Abkommen wird umgestoßen?"

„Wehe dem Anzeigenden", – sagte der Aufseher, – „die Gefangenen kennen in solchen Fällen keinen Spaß. Der Unglückliche ist von dem Augenblicke an ihr Verräter und wird von allen unbarmherzig geschlagen, und wohin er auch immer überführt würde, wird er tödlich gehasst und verfolgt. Solch ein Spiel kommt vor, wenn ein auf kurze Zeit Verurteilter fanatisch alles, was er irgendwie besaß, verspielt und dann dabeibleibt, auf Schulden weiterzuspielen. Kann er seine Schuld nicht bezahlen, so wird er schließlich dazu gedrängt, sein leichtes Urteil als Einsatz zu bieten."

Vom Hof gingen wir durch den Aufseher Raum, wo ein großer Haufen Fesseln lag, wie ich einen solchen nirgends wiedergefunden habe. Ein wenig näher an den Kettenhaufen herantretend, bemerkte ich, wie sehr verschieden diese Fesseln waren.

„Ja", – sagte der eine Aufseher, – „wir haben Ketten von fünf Pfund und dann immer schwerere bis zu siebzehn Pfund. Rückfällige Verbrecher, das heißt solche, die ihre Verbrechen wiederholen, dann solche, die Fluchtversuche gemacht oder leichte Fesseln gesprengt haben, bekommen die schweren Ketten."

„Können Sie sich denken", – fügte ein älterer Aufseher hinzu, – „dass die Gefangenen ihre Ketten und das Gefängnis lieben?"

Das konnte ich mir allerdings nicht denken und glaubte es einfach nicht. Da hob der Mann eine Kette auf und sagte:

„Sehen Sie diese Kette hier, wie blank geschliffen sie ist. So kommt sie nicht aus der Schmiede, so wird sie auch nicht durch den Gebrauch. Sie finden nur wenig Fesseln hier, die so roh sind, wie sie aus der Schmiede kamen. Diese blanken sind alle von den Gefangenen mit viel Mühe geschliffen worden. Sie können sich stundenlang mit dem Schleifen der Ketten beschäftigen, es macht ihnen Vergnügen, und jeder will, seine Kette soll möglichst besser glänzen als die der anderen. Dann wünscht jeder, dass sie einen schönen Ton geben, möglichst klingen soll. Sie unterscheiden den Klang der einen von der andern und möchten am liebsten, dass, wenn eine Partie von zweihundert Mann in Ketten abgefertigt wird, es im Geklirre der Ketten keinen Misston gebe. Alles scheint sehr sonderbar zu sein, aber es ist so, wie ich sage."

Weiter erzählte dieser Aufseher, wie sie das Gefängnis lieben und gar nicht aus demselben hinauswollen.

„Da ist zum Beispiel einer, dessen Strafzeit abgelaufen ist. Er darf nach Russland nicht zurück, sondern soll sich hier ansiedeln. Ihm wird vorgeschrieben, sich an dem Ort Mariinsk sesshaft zu machen, und mit der nächsten Partie wird er dorthin abgefertigt. Auch er wird in Fesseln gelegt, anders wird niemand transportiert. Am Tage vorher wird ihm gesagt: Morgen wirst du in Fesseln gelegt, sei bereit dazu. Der Morgen kommt, aber der Gefangene ist nicht da. Man sucht nach ihm in allen Kammern. Endlich findet man ihn in einer abgelegenen Kammer unter einer Pritsche versteckt. Er simuliert tiefen Schlaf. Man zieht ihn hervor, aber er kann nicht recht zu sich kommen. Doch hilft alles nichts. Nun muss er zunächst alles, was zum Inventar des Gefängnisses gehört, zurückgegeben. Leider fehlt bald dies, bald das, er hat es versteckt, sagt aber, es sei ihm gestohlen. Schließlich bringt er aber doch alles herbei. Er hat also nicht verhindern können, mit dieser Partie abgeschickt zu werden. Der Schmied legt ihn in Fesseln, und so kommt er nach Mariinsk.

Dort angekommen, wird er bei einer ihm angewiesenen Dorfgemeinde eingetragen, und er bekommt seine Papiere oder seinen Pass. Wenn es nun gerade Frühling oder Sommer ist, lässt er sich am Ende gefallen, auf freiem Fuß zu bleiben. Er kann und mag nicht arbeiten, sondern bettelt sich durch. Nur wenn die höchste Not ihn treibt und er gerade Arbeit findet, arbeitet er. Sobald aber der Herbst naht und er nicht mehr irgendwo auf dem Heuschober schlafen kann, zieht es ihn zurück nach dem Gefängnis. Da findet er wieder freie Wohnung und Kost, findet die altgewohnte Gesellschaft und ist ohne Sorge."

„Wie aber kommt er wieder zurück in das Gefängnis?"

„Nun, der Weg dahin ist sehr einfach. Er kehrt zunächst zurück nach Tomsk. Hier erscheint er betrunken auf der Straße oder auf dem Markplatz, schreit, tobt, schlägt um sich, bis die Polizei kommt und ihn zur Ausnüchterung abführt. Hierauf verlangt man seinen Ausweis. Er sucht in allen Taschen, findet aber nichts. Genug, ihm sind seine Papiere gestohlen oder irgendwie verlorengegangen. Die Polizei lässt ihn nicht wieder los, denn Sibirien ist voll Vagabunden. Wenn sich nach einigen Tagen seine Papiere nicht finden, so wird ein Protokoll aufgenommen. Er gibt ganz genau an, von welchem Ort und welcher Gemeinde er stammt und woher er seinen Pass hat. Dann übernimmt es die Polizei schon, an seine Heimatbehörde zu schreiben. Auf der Polizei kann er aber inzwischen nicht bleiben, losgelassen wird er auch nicht, und so wird er, bis die Antwort eintrifft, dem Gefängnis übergeben. Er hat erlangt, was er wollte.

Mit der Antwort aus seiner Heimat hat es gute Weile. Es kann ein halbes, mitunter auch ein ganzes Jahr dauern, oft auch noch länger. Solange fühlt er sich gut aufgehoben im Gefängnis. Nun werden Sie sagen: Im Gefängnis, wo er jahrelang zugebracht hat, muss man ihn doch erkennen. Nicht im Geringsten. Sehen sie diese Zwangsarbeiter an. Sie sind alle auf einer Seite des Kopfes bis auf die Haut geschoren, ja rasiert, auf der anderen Hälfte aber wächst das Haar wie gewöhnlich. So hat man sie im Gefängnis gesehen und gekannt. Während der Zeit außerhalb des Gefängnisses hat er nun Haupthaar und Bart wachsen lassen, und niemand würde ihn wiedererkennen, außer seinen Genossen, die ihn sofort an der Stimme erkennen würden. Aber die würden ihn nie verraten, sie schweigen wie ein Grab. Außerdem kommt er ja nicht als Zwangsarbeiter, sondern als Passloser ins Gefängnis, und deshalb kehrt er nicht in dieselbe Verbrecherkategorie zurück, sondern wird in ein anderes Gefängnis gesteckt.

Kommt endlich die Nachricht aus seiner Heimat, dann heißt es gewöhnlich, ein solcher Mann ist in ihren Büchern nicht zu finden. Er hat also falsche Angaben gemacht, und man steht vor ihm als einem Rätsel. Er lügt vielleicht weiter und sagt, er habe sich geirrt bei seinen Angaben, und er nennt das Nachbargouvernement von dem zuerst genannten. Dann beginnt die Schreiberei von neuem, und er gewinnt vielleicht ein weiteres Jahr im Gefängnis. Meistens macht man jetzt aber mit ihm einen kurzen Prozess.

‚Du hast falsche Angaben gemacht‘, sagt man ihm, ‚du bist ein aus dem Gefängnis Entronnener, du wirst als Vagabund dem Gericht übergeben.‘

Geht man in dieser Richtung vor, dann erzittert er, denn dann wird er zu vier Jahren Zwangsarbeit verurteilt, und so bekennt er endlich, er ist der vor solch und solch einer Zeit im Mariinsker Kreis angesiedelte Zwangsarbeiter und die Not hat ihn gedrängt, auf dem Wege, wie er es getan hat, ins Gefängnis zurückzukehren.

Häufig passiert es hierauf, dass er in das nächste Gouvernement geht und von neuem versucht, ins Gefängnis zu kommen, er tut, was er hier getan, und es gelingt ihm. Die Ursache, warum wir solche Zustände haben", schloss der Aufseher, „ist die: Sie haben keine Arbeit, das macht sie für das Leben, in dem der Mensch sein selbsterworbenes Brot ist, ganz untauglich."

Auf diese Weise wurden wir näher mit der Verbrecherwelt bekannt, die wir hier vor uns hatten und denen wir die Wahrheit über ihren Zustand im Lichte Gottes zu zeigen hatten. Anfangs pflegten wir wohl auch einige nach ihren Vergehen zu fragen und was sie ins Gefängnis und nach Sibirien gebracht habe. Wir fanden aber bald, dass es besser sei, niemand zu fragen, weil sie das zum Lügen veranlasste. Sie waren alle imstande Dinge zu sagen, an denen nicht ein Wort wahr war. Welch ein Boden für den Samen, den wir brachten. Nur das Vertrauen auf den, in dessen Namen wir ausgegangen waren, gab uns Zuversicht, freudig fortzuarbeiten, auch in Sibirien.

Nachdem wir mit unserer Arbeit in den Gefängnissen fertig waren, benutzten wir die übrigen Tage zu unserer Ausrüstung für die große Landreise. Wie wir nun daran gingen, sahen wir bald, zu dieser Reise gehörte mehr, als wir uns vorgestellt hatten. Es wäre einfach unmöglich gewesen, diese tausende Kilometer auf dem Postkarren zurückzulegen. Keiner von uns beiden wäre heil zum Ziele gelangt. Bis nach Irkutsk allein waren es 67 Poststationen. Wir hätten somit 67 Mal umladen müssen, weil der Karren nach der abgefahrenen Poststrecke wieder zu seiner Poststation zurückmuss. Dann war es auch undenkbar, Tag und Nacht sitzend zu fahren. Auch war unsere Ladung derart, dass mit einem Postkarren nichts anzufangen war. Wir mussten also unsere eigenen Wagen haben. Und das konnte kein anderer sein als der für die schauerlichen sibirischen Wege daselbst allbekannter Tarantass.

Der Tarantass ist ein Korbwagen, sechs bis sieben Fuß lang. Der hintere Teil des stark geflochtenen Korbes ist so breit, dass drei Reisende nebeneinandersitzen können. Darüber erhebt sich ein hoher, lederner, zurücklegbarer Überzug, der die Insassen vor Regen und Schnee schützt. Der vordere Teil ist viel schmäler. Ihn bedeckt eine breite und lange Lederdecke, die bis an den Überzug geknöpft werden kann, so dass alles auf dem Wagenkorbe bedeckt ist. Bei schönem Wetter werden die Bedeckungen zurückgeschlagen und man fährt im offenen Wagen. Das Wagengestell ist stark gebaut mit eisernen Achsen. Vom hinteren bis zum vorderen Teil sind vier bis sechs runde Stangen aus zähem Holz gezogen, auf welchen der Wagenkorb ruht. Diese geben bei jedem Ruck oder Stoß ein wenig nach und ersetzen so die Federn, da an solche aus Stahl bei diesen Wagen nicht gedacht werden kann. Davidson besaß seinen eigenen Tarantass, wir kauften einen für 130 Rubel. Uns wurde geraten, um sicher zu gehen, einen gebrauchten zu kaufen, der die Reise gemacht und die Probe bestanden hätte.

Eine große Schwierigkeit verursachten uns die großen Kisten mit Testamenten, welche noch außer den in unseren Wagen untergebrachten für die Gefängnisse bis Ssrétensk nötig waren. Wir hätten sie durch die Transportgesellschaften befördern lassen können, aber wir bekamen nicht die geringste Garantie, dass sie an Ort und Stelle sein würden, wenn sie gebraucht werden sollten. So mussten wir uns entschließen, sie ebenfalls mit uns mitzuführen. Dazu musste ein besonderer Wagen gekauft werden. Als ich von einem Ausgang heimkam, war Dr. Baedeker schon mit Davidson und einigen Hotelangestellten dabei, den inzwischen gekauften Wagen zu befrachten. Ich konnte mich nicht enthalten, meine Zweifel über die Tauglichkeit desselben für solche Last auszusprechen und sagte:

„Ein schöner neuer Wagen, doch wird es ein Glück sein, wenn er auf der ersten Poststation heil ankommt." Das verstimmte zwar den Doktor ein wenig, aber ich glaubte, es wäre gut, jetzt noch zu ändern, denn in der Wildnis konnte guter Rat teuer sein.

Von Tomsk bis Krassnojarsk im Tarantass

Dienstag, den 24. Juni nachmittags schickte uns der Posthalter die bestellten Pferde auf den Hof unseres Hotels, für jeden Wagen ein Dreigespann. Herr Davidson übernahm die Obhut über unsern Bibelwagen, der zwischen unserm und seinem Tarantass fahren sollte, damit er ihn immer vor Augen hätte. Bis Krassnojarsk hatte wir 27 Poststationen vor uns, auf denen unsere Pferde gewechselt, das heißt frische vorgespannt wurden.

Die Fahrt bis zur ersten Station machte sich ganz gut, denn der Weg war ziemlich trocken und hatte nur wenige Löcher im Verhältnis zu dem, was wir später erlebten. Bei näherer Besichtigung unseres Bibelwagens stellte sich jedoch heraus, dass eine Vorderachse stark verbogen war. Der zu Rate gezogene Dorfschmied erklärte, dass sie unbedingt gerade gemacht werden müsse, was einige Stunden in Anspruch nehmen würde, weil sie ins Feuer müsse, und zu diesem Zweck musste sie abgeschraubt und wieder angeschraubt werden. So bekamen wir Zeit, und da es nahe zum Abend ging, bestellten wir uns bei der Wirtin auf der Post einen kochenden Samowár, den man, beiläufig gesagt, auf jeder Poststation haben kann. Von nun ab hörten unsere regelmäßigen Mahlzeiten auf, die wir auf der Eisenbahn und in den Hotels doch gewissermaßen gehabt hatten. Wir mussten uns mit Konserven und Schwarzbrot begnügen. Auf den

Poststationen war außer letzterem und einem Topf Milch sonst nichts zu haben. Da wir uns außer in den Städten, wo Gefängnisse waren, nirgends länger aufhalten durften, wenn wir rechtzeitig Sachalin erreichen wollten, ließen wir uns nur dann einen Samowár stellen, wenn wir auf keine Weise Pferde erhalten konnten. Unser Tarantass wurde von nun an unser Speisesaal und Schlafzimmer.

Nur der Bibelwagen wurde die erste Zeit der Hemmschuh. Wir ließen den Postkutscher nicht wild dahinstürmen, wie man es hier gewöhnt ist, weil wir fürchteten, irgendwo auf halber Strecke liegen bleiben zu müssen. So gemächlich ging es denn auch die erste Nacht hindurch, nachdem die Achse in Ordnung gebracht war. Allein schon am anderen Tage, als wir angefangen hatten, ein wenig aufzuatmen, kam eine neue Überraschung. Ein Rad an der Vorderachse brach an einer löchrigen Wegstelle zusammen. Es war noch erträglich, da es nur einige Werst von der nächsten Poststation geschah.

Die drei Postkutscher waren ganz geschickte Jungen. Zuerst mussten wir die Vorderachse erleichtern, indem Davidsons und unserem Tarantass je eine Kiste aufgeladen wurde. Da wir uns in Tomsk für alle Fälle mit einem Beil und Stricken versehen hatten, wurde ein junger, kräftiger Eichenstamm ausgehauen und die radlose Achse mit diesem so hoch unterbunden, dass sie dem gegenüber liegendem Rade das Gleichgewicht hielt. Auf drei Rädern und dem Baumstamme schleifend, gelangten wir mit unserem Invaliden zur Poststation. Schnell wurde der Schmied geholt, der es übernahm, das Rad wiederherzustellen. Nach ungefähr drei Stunden Aufenthalts fuhren wir weiter.

Wir konnten dem Herrn nicht genug danken für das herrliche Wetter in jenen Tagen. Der Sommer war mit aller Macht hereingebrochen, so dass es begann, am Tage sehr heiß zu werden. In der Nacht jedoch wurde es kühl, ja sogar frisch und kalt. Wir hatten jetzt gerade die sogenannten

„weißen Nächte", in denen es nicht ganz finster wird. Die Sonne scheint abends bis nahe zehn Uhr und geht bald nach halb drei Uhr des Morgens wieder auf, sodass das Abendrot kaum verblasst ist, wenn das Morgenrot zu schimmern beginnt. Schon am dritten Tage fuhren wir in einen prachtvollen, dichten Wald hinein, der kein Ende nehmen wollte. – Diese majestätischen Tannen, diese gewaltigen Fichten und sibirischen Zedernbäume, und dann die zirkelrunden, harzdurchtränkten Lärchenbäume! Das Auge kann sich nicht satt sehen, selbst, nachdem man schon Station um Station in ihrer Gesellschaft gefahren ist. Mehr als zwei Tage und Nächte fuhren wir, bis wir wieder ins Freie gelangten.

Unser Trakt, wie der Sibirier die große Heerstraße nennt, war zu beiden Seiten der Geleise breit ausgehauen und wurde so unterhalten, dass er nicht wieder vom Dickicht überwuchert wurde. Man sagte uns, dass hätte zum Zweck, plötzliche Überfälle vonseiten der flüchtigen Arrestanten auf diese Reisenden zu verhindern. Infolge dieses breiten Streifens durch den dunklen Urwald fällt das herrliche Sonnenlicht strahlend auf den Weg, und man kann weite Strecken vor und hinter sich schauen, dass man nicht überfallen werden kann.

Der Tarantass für Sibirien

Jener Kaufmann, mit dem uns der Gouverneur von Tobolsk bekannt gemacht hatte, fragte uns, ob wir für unsere Reise auch gut bewaffnet wären. Dr. Baedeker zeigte mit seiner Hand nach oben.

„Unter Seinem Schutze befinden wir uns", – fügte er hinzu.

„Das ist ja ganz schön", – meinte der Kaufmann, – „aber ein paar gute Revolver dabei zu haben, schade doch nichts."

Der Doktor antwortete nur mit seinem Lieblings Vers:

„Unter Deinem Schirmen bin ich vor den Stürmen meiner Feinde frei."

„Vergessen Sie nicht", sagte der Kaufmann, „ehe Sie bis Ssrétensk an den Amúrfluss kommen, müssen Sie wenigstens an 500 bis 700 vagabundierenden Gefangenen vorbei, die auf dem Wege nach Russland den Trakt entlang ziehen. Natürlich sehen sie nicht alle, sie wandern nur zu zweit, höchstens zu dritt und ziehen sich in den Wald zurück, sobald sie die Post Glöcklein hören. Aber Sie werden von ihnen gesehen."

„Tut denn die Behörde nichts, um diese Menschen wieder einzufangen?", fragten wir.

„Was sie tut, ist so viel wie gar nichts", sagte er, „die öffentliche Sicherheit ist auf dem ganzen Trakt in den Händen der Landpolizei, und was kann der Pristav[8] mit einigen Polizisten machen, wenn ihm ein Umkreis wie ein halbes europäisches Gouvernement unterstellt ist? Er verpflichtet die Bauern der wenigen Dörfer am Trakt, jeden, der bei ihnen nächtigt oder durchs Dorf zieht und sich nicht ausweisen kann, ihm zuzustellen. Das geschieht indes nie. Denn was will das sagen, einen Vagabunden oft hunderte Werst zu transportieren, und zum anderen, sie können erwarten, dass hierfür furchtbare Rache folgt, sie würden ihnen das Dorf in Brand stecken. So lässt man sie ruhig ziehen. Ja,

8   Kreischef

noch mehr, diese flüchtigen Arrestanten müssen doch leben und müssen sich zu dem Zweck an Menschen wenden. Der Bauer im Dorfe stellt, um mit ihnen nichts zu tun zu haben, einen Topf Milch mit einem Stück Brot an einen bekannten Ort, und der wandernde Flüchtling isst und trinkt sich gemütlich satt und zieht dann seine Straße weiter. So stehen sie miteinander auf gutem Fuße, und der Obrigkeit sagen alle Dorfbewohner, sie hätten niemanden gesehen."

Das Mord und Totschlag hier und da vorkommt, bezeugen die Holzkreuze an verschiedenen Stellen am Wege. Wenn man die älteren Postkutscher fragt: „Was bedeutet das Kreuz dort?", dann bekommt man die stereotype Antwort: „Eine Seele ist umgekommen." Gott sei Dank, wir haben auf der ganzen Reise auch nicht einmal ein saures Gesicht gesehen.

Eine große Plage sind um diese Zeit die hier ungewöhnlich großen und vielen Pferdefliegen, Moskitos, kleinen und großen Mücken. Sie können Mensch und Tier bis zum Äußersten bringen. Die hiesigen Einwohner tragen eine Art Gürtel um ihre Köpfe, aus Pferdehaaren geflochten, von welchen lange Fransen tief herabhängen, die durch ihre fortwährenden Bewegungen das Ungeziefer von Gesicht, Hals und Genick fernhalten. Sieht man einen solchen Menschen in der Maske aus der Ferne im Walde oder gar auf sich zukommen, dann überfällt einen Grauen und Entsetzen, doch nach und nach gewöhnt man sich auch daran.

Führen denn die am Trakt liegenden Dörfer den Reisenden nicht aus den Tagereisen langen Wäldern ins Freie? So könnte man fragen, und so hatten wir uns das auch vorgestellt. Auf jeder Poststation kommen wir ins Freie, so hatten wir gedacht, doch so war es nicht. Wenn wir einer solchen Station nahten, fanden wir ein kleineres oder größeres Dorf im Walde. Vor dem Dorfe waren einige hundert Meter Land, dann kam die Reihe der Häuser, auf beiden Seiten der Straße dicht nebeneinander gebaut, hinter ihnen lagen die Stallungen und andere Gebäude, und dann wieder rund um das Dorf zwei- bis dreihundert Meter freies Land, das ihnen als Gemüsegärten diente. Das Ganze, Dorf und Land zusammen, war mit einem starken Zaun umgeben, so dass man nur durch ein Tor hinein- und hinausfahren konnte. Wir haben uns oft gefragt, wie die Leute doch nur auf diesem winzigen Flecken Erde ihr Leben fristen könnten, während dicht daneben große Länderstrecken unbenutzt dalagen. Es war in diesem Walde, wenn ich mich recht erinnere, am vierten Tage unserer Abfahrt von Tomsk, wo das zweite Rad an der Vorderachse unseres Bücherwagens zertrümmerte. Auch zeigten sich noch andere Beschädigungen. Ein Gewitterregen am Tage vorher hatte die Straße fast unbefahrbar gemacht. In diesem tiefen Kot mit unterbundener Achse, wie vor zwei Tagen, den Wagen bis zu der acht Werst abliegenden Station zu bringen, war einfach unmöglich. Alle anderen Ratschläge scheiterten auch, denn auch unsere Tarantasse versanken ständig bis an die Achsen in tiefen Löchern und in den Kot. So hatten wir uns vielleicht schon eine halbe Stunde vergeblich bemüht, als wir weit hinter uns Menschen nahen hörten. Voll Erwartung, wer sie sein mochten, schauten wir nach ihnen aus. Reisende wie wir konnten uns wenig helfen. Aber bald sahen wir, es war eine ganze Reihe leerer Bauernwagen mit ihren Fuhrmännern. Sie nahmen bereitwillig die Kisten von unserem Wagen und brachten sie für eine Kleinigkeit bis zu der vor uns liegenden Poststation.

Der Schmied am Orte nahm sogleich alles in Arbeit, sagte aber:

„Ich wundere mich, wie ihr überhaupt bis hierher gelangt seid. Die Wege sind so schlecht, dass Sie selbst nach der besten Instandsetzung nicht weit kommen werden. Ich rate Ihnen, kaufen Sie einen zweiten Wagen und teilen sie die Ladung, dann erst können Sie ihren Weg unbesorgt fortsetzen."

Ein Wagen mit weit stärkeren Achsen befand sich gerade in Reparatur in der Schmiede.

„Ein solcher müsste es sein", sagte der Schmied, „und vielleicht verkauft sein Eigentümer ihn."

Der Letztere wurde aufgesucht und der Wagen für 25 Rubel von ihm gekauft.

„Die beiden Wagen zurechtzubringen, brauche ich mehr als einen Tag", sagte der Schmied. „Solange werden Sie schon hierbleiben müssen."

Natürlich willigten wir ein. Bald jedoch besann sich Dr. Baedeker, dass wir bereits viel Zeit verloren hatten, und schlug Herrn Davidson vor, ohne uns die Reparatur hier abzuwarten, während wir schon weiterfahren würden und in Mariinsk und Atschinsk die Gefängnisse besuchen und dann vielleicht zur gleichen Zeit in Krassnojarsk eintreffen könnten. Davidson war einverstanden, wir aber nahmen ein frisches Dreigespann und fuhren weiter.

Jetzt endlich verließen wir auch den großen Wald und kamen ins Freie. Das Auge konnte wieder ungehindert bis zum fernen Horizont ausschauen. Es war in vielen Hinsichten eine schöne Gegend, der Erdboden, wenn auch keine Humusschicht, doch tief dunkel und offenbar sehr fruchtbar. Rundum wuchs hohes, saftiges Gras, und bald sahen wir überall Viehherden und Pferde weiden. Und welch ein Blumenreichtum, ohne dass ein Mensch seine Hand angelegt hatte. Unter den Blumen taten sich besonders die Pionien hervor, die Spierstaude, welche in ganzen Büschen wuchs, und unter den Feldblumen die große, weiße Kamille und viele andere.

Noch an demselben Tage erreichten wir Mariinsk, die letzte Kreisstadt des Tomskschen Gouvernements. Hier besuchten wir das Gefängnis. Nur eine kleine Anzahl Gefangener bargen sich in dem jämmerlichen Gebäude. Gott sei Dank, dass es Sommer war und die Gefangenen an die frische Luft gelassen wurden. Wie sie alle, sowohl der Chef und seine Aufseher als auch die Insassen, voll Erwartung der Dinge waren, die da kommen sollten, nachdem sie in Reih und Glied gestellt worden waren! Gespannt merkten sie auf jedes Wort, das gesagt wurde. Mit vielem Dank nahmen die Lesenden die Testamente, und auch der Leiter und die Aufseher wurden mit solchen bedacht. Sie waren überaus froh, weil, wie sie sagten, ringsum nirgends eins zu kaufen sei

Gefängnis in Mariinsk

und kaum noch ein Testament bei jemand in der Stadt zu finden wäre außer in slawischer Sprache, das an den Sonntagen in der Kirche vom Priester gezeigt und gelesen würde.

In Mariinsk hielten wir uns nicht länger auf, als für das Gefängnis notwendig war. Wir eilten nach Atschinsk, das wir am nächsten Tage zu erreichen hofften. Es war eine schwere Aufgabe, fast 200 Kilometer in etwa 28 Stunden per Achse auf diesem Wege zurückzulegen, obwohl man solche Strecke sogar in 24 Stunden bewältigt. Wir hielten es aber für unmenschlich, diese schon schnell trabenden Pferde noch fortgesetzt zu peitschen, was die Postkutscher mutwillig tun, um ein gutes Trinkgeld zu erlangen. Im Allgemeinen ging es auf dieser Strecke nach Wunsch, wir bekamen an jeder Station frische Pferde, und vor Hindernissen bewahrte uns der Herr. Atschinsk erreichten wir leider am nächsten Tage spät am Abend.

Was sollten wir machen? Hier über Nacht bleiben und am nächsten Tage ins Gefängnis gehen? Das wäre der einzig richtige Weg gewesen. Aber eine Nacht zu opfern, fiel dem Doktor viel schwerer als die heißen Tagesstunden. Wir fuhren zum Gefängnis, und Dr. Baedeker verlangte, ihm die Gefangenen jetzt zu geben, obwohl sie schon schliefen. Das war dem Leiter ein wenig zu viel verlangt und selbstverständlich widergesetzlich. Dr. Baedeker berief sich darauf, dass wir in anderen Gefängnissen, wo die Gefangenen am Tage schwer gearbeitet hätten, auch einen Teil ihrer Ruhe geraubt hätten, und dass die Gefangenen und alle Beamten höchst zufrieden, ja froh gewesen wären, Gottes Wort zu hören. Als der Chef bei seiner Weigerung beharrte, wurde der Doktor ein wenig schroff in seinen Ausdrücken, so dass ich mir alle Mühe geben musste, sie gemildert wiederzugeben. Bald merkte der Doktor, dass ich nicht mit der Schärfe sprach, die er für recht hielt, und er gab mir einen Verweis. Ich nahm ihn gern hin, konnte mich jedoch nicht darein fügen, Vermittler eines heißen Konfliktes zu werden. Schließlich drohte der Doktor, womöglich in Petersburg klagbar zu werden. Ich suchte dem Chef, ohne die Worte Baedekers wiederzugeben, indirekt nahezulegen, lieber nachzugeben, damit das Missverständnis doch nicht von den hohen Vorgesetzten entschieden werden müsste. Wohl gab er nun nach, aber es war eine erzwungene Einwilligung. Wir hatten gewonnen, das Gefängnis öffnete sich, die Gefangenen wurden geweckt und wir gingen von Kammer zu Kammer, hatten aber doch verspielt, denn die Missstimmung des Leiters und die teilweise Aufregung des Doktors trübten die Aussaat, die nur in Frieden gesät werden kann. Immer wieder habe ich gewünscht, Atschinsk wäre nicht auf unserer segensreichen Reise gewesen.

Eine scheinbare Irrfahrt
und ihr Ergebnis

Am Montag, den 30. Juni, kamen wir wohlbehalten in Krasnojarsk, der Hauptstadt des Jenisseiskschen Gouvernements, an. Fast volle sechs Tage hatten wir für unsere Reise von Tomsk bis hierher gebraucht. Das war viel zu lange und wir sahen ein, unsere weitere Fahrt müsse in dem Tempo vor sich gehen, wie wir es in den letzten zweieinhalb Tagen gefahren waren, wenn wir genügend Zeit für die großen Gefängnisse der größeren Städte gewinnen wollten.

Das Kaufhaus in Krasnojarsk

Zunächst jedoch hatten wir außer den Gefängnisbesuchen noch eine andere Aufgabe zu erfüllen.

Vor einigen Jahren wurde Kirpítschnikow, ein Diener Herrn Paschkows, im Nishnij-Nowgorodschen Gouvernement verhaftet und seines Glaubens wegen in den Kreis Minussínsk im Jenisseiskschen Gouvernement verbannt. Er blieb aber von dort aus in regem brieflichen Verkehr mit den Gläubigen Petersbugs. Außerdem hatte Oberst Paschkow in Paris eine überaus erfreuliche Nachricht über ihn aus Sibirien erhalten. Dorthin war nämlich ein Jude gekommen, der sehr bald in den Kreisen der Gläubigen Zeugnis von der Gnade in Christo ablegte. Man erkannte in ihm wirklich ein Kind Gottes. Auf die Frage, wie er zu Christus bekehrt worden sei, teilte er Folgendes mit:

„Vor einem Jahre um diese Zeit machte ich eine Reise vom Osten nach dem Westen Sibiriens. An einer Stelle nahe am Trakt lagerte eine ganze Partie Arrestanten. Ich hatte solche nie auf der Etappe gesehen und sie zogen mich an. Sie ruhten und bewegten sich somit frei. An einem besonderen Platze saß eine größere Anzahl von ihnen um einen herum, der zu ihnen redete. Ich näherte mich ihnen, er ließ sich jedoch nicht stören, sondern teilte ihnen mit, wie das Wort Gottes in sein Herz gefallen sei, wie ihm dasselbe die Augen über seinen sündigen und verlorenen Zustand geöffnet und ihm Tag und Nacht keine Ruhe gelassen habe. Das trieb ihn, zu Gott, um Vergebung zu schreien, und Gott vergab ihm wie einst dem David. Nun konnte er nicht schweigen, sondern zeugte andern von dieser Gnade, und dafür wurde er nach Sibirien verbannt. Dennoch ist er glückselig, denn er hat alles in Christo.

Ich hörte", erzählte der Jude weiter, „und sah den Mann. Jedes Wort machte den Eindruck, er spricht die wahre Wahrheit, und aus seinen Augen strahlten Glück und Freude. Ein Mensch in Ketten und in eine wilde Gegend verbannt, dabei doch froh und zuversichtlich in die Zukunft blickend,

Der Fluss Jenissej bei Krasnojarsk

das kann nur Gott tun, das war mir klar. Das brachte mich zum Stillstand, zum Nachdenken über meine Sündenleben, zum Gebet, zu Christo und bei Ihm zum Frieden Gottes."

Des Weiteren von Paschkow befragt, stellte es sich heraus, jener Arrestant war Kirpítschnikow.

Mir besonders legte Herr Paschkow ans Herz, dass ich, wenn wir nach Krasnojarsk kommen würden, Kirpítschnikow aufsuchen solle, alle seine Umstände genau erkunden, sein und seiner Familie geistlichen Zustand erfahren und ihm herüber Bericht erstatten möchte. Da er keine persönliche Gemeinschaft mit Gläubigen in Sibirien habe, würde ihm und seiner Frau ein solch Besuch glaubensstärkend sein und zu besonderem Segen gereichen. Auch Dr. Baedeker wollte nicht zurückbleiben.

Nachdem wir aber hier angekommen und Davidson mit den Büchern noch nicht da war, der Dampfer aber schon Mittwoch nach Minussínsk abging, wollte der Doktor hierbleiben, Davidson zu erwarten und womöglich während meiner Abwesenheit die Gefängnisse besuchen. Alles schien auch sehr gut zu passen. Der Dampfer sollte einen Tag in Minussínsk Aufenthalt haben, was genügend schien, den verbannten Bruder aufzusuchen und mit ihm wenigstens einige Stunden zu verkehren. Wenn nötig, könnte er ja von mir mit auf den Dampfer genommen werden, um mit mir die Fahrt nach Krasnojarsk zu machen. Alle Unkosten wollten wir hierbei tragen. Außerdem fiel mir die Aufgabe zu, das Gefängnis in Minussínsk zu besuchen, wozu mir der Gouverneur, den wir aufsuchten, einen besonderen Schein ausfertigte.

Es war eine großartige Erholung, dies Fahrt den mächtigen Jenissej hinauf. Er war nicht, wie der Ob während jener zwölf Tagen, außer Rand und Band, sondern floss normal, ohne aufgewühlte Wogen, majestätisch in seinen Ufern dahin. Aber auch hier hatte unser Dampfer eine Barke gegen die starke Strömung vorwärts zu bringen. Das rechte Ufer war von Krasnojarsk bis Minussínsk mehr eben, während das linke ein schönes Panorama von prächtigen Hügeln und Erhöhungen bot das sich, wie eine lange Kette, von unweit Krasnojarsk fast bis Minussínsk hinzog. Ich musste mich immer wieder an das schöne linke Rheinufer erinnern, nur waren die Hügel am Jenissei noch höher und manche schön bewaldet. Was hier fehlte, waren die alten Ritterburgen und Schlösser mit ihren Fruchtgärten und Weinbergen. Hier war alles noch jungfräulich, Menschenhand hatte noch nichts berührt, sondern der Natur freien Lauf gelassen.

Soweit ging alles nach Wunsch, nur dass unser Dampfer um 13 Stunden verspätet in Minussínsk ankam. Ich traute kaum meinen Ohren, als mir gesagt wurde, er werde jedoch ganz pünktlich morgen früh nach dem Fahrplan seine Rückfahrt antreten. Mir blieben also nur die 11 Stunden übrig, und zudem war es fast Abend. Meine empfangene Adresse für Kirpitschnikow lautete: „Srédni Ssusch bei Minussínsk."

Г. Минусинскъ. Ново-Присутственная улица.

Die Stadt Minussinsk, Gesellschafts-Straße

Auf meine Nachfrage, wie weit es bis zu jenem Dorf sei, erhielt ich zur Antwort: „Rund fünfzig Werst." Weiter erfuhr ich, dass es dorthin keinen Postweg gäbe, ich könne nur mit von mir gemietetem Fuhrwerk dorthin gelangen. Eins war sofort klar, mit diesem Dampfer konnte ich unmöglich zurückkehren, und da er nur einmal in der Woche diese Tour machte, war es fraglich, wann ich überhaupt nach Krasnojarsk würde zurückkehren können. Ich ließ die Sache vorläufig auf sich beruhen und ging an meine Aufgabe.

Sehr bald fand ich einen Mann mit ein paar guten Pferden, der bereit war, mich nach Srédni Ssusch zu fahren. Nur ein leichter Tarantass, ein länglicher kleiner Korbwagen für höchstens zwei Reisende, wurde bereit gemacht. Der Mann gab mir seinen Sohn, einen Jüngling von 19 Jahren, als Kutscher, und hinaus ging es in die noch immer fortwährende sibirische weiße Nacht. Eine wirklich schöne Gegend mit gutem Boden. Es war als befände man sich in den baumleeren Steppen Südrusslands, das Auge konnte, durch nichts beschränkt, frei zum fernen Horizont schweifen. An vielen Stellen wuchs fast mannhohes Gras. Manchmal fand man einen größeren Fleck ausgemäht. Auf meine Frage, wer wohl hier das Gras gemäht hat, erfolgte die Antwort, wer wie wir des Weges fuhr und Futter für seine Pferde brauchte. So mögen die amerikanischen Prärien aussehen, dachte ich, wenn eine weit unübersehbare Strecke vor uns lag.

Was die Bevölkerung betrifft, so hatte ich nur hier und da auf der Fahrt und in Minussínsk einzelne Eingeborene, Tungusen, gesehen, die einem mongolischen Stamm angehören. Sonst fand man überall Russen und, wie man mir erklärte, fast ausschließlich aus dem europäischen Russland hier zur Ansiedlung Verbannte. Man kann sich das gar nicht vorstellen, wie schrecklich das sein muss, den Menschen wider seinen Willen aus seinem gewohnten Aufenthaltsort herauszureißen, tausende Kilometer weit wegzutreiben und ihn dann seiner Ketten zu entledigen und seinem Schicksal zu überlassen, wie das mit Kirpítschnikow geschah. Und doch, wenn man an die in den hohen Norden des Ob, des Jenissei und der Lena Verbannten dachte und jene Gegenden mit dieser verglich, so war die Verbannung hierher noch Barmherzigkeit, wenngleich im Winter der Frost hier auch furchtbar wird.

So still, ohne ein Wort mit meinem Kutscher zu wechseln, waren wir eine Stunde oder mehr dahingefahren, als es mich drang, mit ihm von dem Einen, was Not tut, zu reden.

„Grigórij", wandte ich mich an ihn, „da in diesem Zimmer in eurem Hause, wo ich saß und wartete, bis der Wagen zu unsrer Abfahrt fertig war, lag ein Buch auf dem Fensterkopf. Hast du je in dem Buche gelesen?"

Er war offenbar sehr froh, dass ich ihm meine Aufmerksamkeit zuwandte, denn er kehrte sich, auf dem Bock sitzend, sofort zu mir und sagte:

„Ich weiß nicht, Herr, welch ein Buch Sie meinen."

„Da lag nur ein Buch, nämlich das Neue Testament."

Er wurde ganz verlegen und sagte:

„Vielleicht habe ich auch einmal reingeschaut."

„Grigórij", sagte ich, „das Buch redet von unserem Erlöser, der in die Welt gekommen ist, um uns, die wir Sünder sind, zu erlösen. Bist du nicht auch ein Sünder?"

„Ja, Herr", sagte er, „alle Menschen sind Sünder und ich auch."

„Nun sieh", erläuterte ich, „Jesus Christus ist in die Welt gekommen, hat die Sünden der Sünder auf sich genommen und ist mit ihnen und ihretwegen in den Tod gegangen, statt dass der Sünder die Strafe zu tragen hat. Er hat die Sünder somit erlöst, dass sie nicht mehr verlorengehen müssen, wenn sie nicht wollen. Das steht in dem Buche, weißt du das?"

„Nein, Herr", antwortete er aufrichtig, „das wusste ich nicht."

„Nun, wenn du mich verstanden hast, dann weißt du es jetzt, dass du ein Sünder und als solcher verloren bist, weißt auch, dass Jesus Christus für dich gestorben ist und auch dich errettet hat. Bist du denn wirklich errettet?", fragte ich.

Er war betroffen, schaute mich verwundert an und schwieg.

„Ich verstehe, lieber Grigórij", sagte ich, „weshalb du auf diese Frage nicht antworten kannst, weil die Erlösung, die der Erlöser am Kreuz vollbracht hat, vom Sünder am Herzen erfahren werden muss, ehe er sagen kann: Ich bin errettet. Aber ich möchte nur wissen, hast du das, was ich vorhin von Jesus und vom Sünder und dessen Erlösung sagte, recht verstanden?"

„Ja, Herr", erwiderte er sehr offen, „das habe ich verstanden."

Ich fühlte, jetzt musste ich von einer anderen Seite an ihn herankommen, um ihn zu seinem Erlöser zu führen.

„Siehe", sagte ich, „der Herr Jesus hat nicht nur vor fast 2000 Jahren jenes große Werk zu unserer Erlösung für uns vollbracht, sondern Er tut noch heute fort und fort Sein großes Werk an uns, um uns zu erretten. Höre, wie er davon, was er jetzt tut, redet: ‚Siehe', sagt Er, ‚ich stehe vor der Tür und klopfe an'. Er steht vor aller Menschentür, Er klopft bei allen an. Hat Er nicht auch bei dir, Grigórij, angeklopft, und hast du Seine Stimme gehört?"

Mit einer kindlich aufrichtigen Naivität mir ins Auge schauend, versicherte er mir:

„Nein, nein, Herr, bei mir hat Er nicht angeklopft."

„O Grigórij", sagte ich, „ich bin gewiss, dass Er bei allen Menschen anklopft, so dass keiner sich wird entschuldigen können, Er hat sicher auch schon bei dir angeklopft. Du magst nur nicht aufgemerkt haben oder hast Ihn nicht verstanden."

Er versicherte jedoch nochmals mit großem Ernst:

„Nein, Herr, bei mir hat er nicht angeklopft."

Wir hatten vielleicht anderthalb Stunden in dieser und ähnlicher Weise miteinander gesprochen. Ich hatte die Empfindung, ihm ist klar, er weiß, was er wissen sollte, um seine Zuflucht zum Herrn zu nehmen, jetzt aber sei es an der Zeit, alles Übrige dem Geiste Gottes zu überlassen, damit Er unmittelbar alles auf sein Herz anwende. Und so schwieg ich still.

Unsere Pferde waren währenddes ihren regelmäßigen Trab weitergelaufen und bedurften des Antreibens nicht. Grigórij hatte mir wieder den Rücken zugekehrt und saß nachdenkend auf seinem Bock. So vergingen Stunden, ohne dass unser Schweigen irgendwie unterbrochen wurde.

Da, mit einem Male, wandte sich Grigórij auf seinem Bocke wieder nach mir um und sagte sehr ernst:

„Herr, ich möchte jetzt meine Pferdeleine Ihnen hingeben, alles stehen und liegen lassen und hingehen, wohin meine Augen sehen."

„Und wozu das?", fragte ich verwundert.

„Ich möchte hin in die weite Welt gehen, ich möchte den Herrn suchen!", rief er seufzend.

Grigórij", sagte ich, „du willst Ihn suchen gehen? Sie nur, Er sucht dich, Er ist hier, Er hat ja selbst gesagt: ‚Ich bin bei euch alle Tage bis an der Welt Ende.‘ Sage mir doch, was bewegt dich denn so, plötzlich fortzugehen, um ihn zu suchen?"

„Da drinnen", sagte er, auf sein Herz weisend, „zieht es mich so gewaltig, dass ich mich nur mit Mühe zurückhalten kann."

„Weißt du nicht, was das ist?", fragte ich. – „Erinnere dich, vorhin sagtest du, Jesus hätte nie bei dir angeklopft und du hättest nie Seine Stimme gehört, und ich sage dir, du hättest Ihn vielleicht überhört oder nicht verstanden. So würde es vielleicht auch jetzt geschehen, wenn du fort in die weite Welt liefest, denn Er steht jetzt da, wo du eben hingezeigt hast, vor deiner Herzenstür, und was du empfindest, das ist Sein Anklopfen."

„Ist das der Herr Jesus?", rief er, mich mit weit geöffneten Augen anschauend, und setzte dann freudig zitternd hinzu: „Ja, ja, das ist der Herr Jesus."

Die Freudentränen stürzten ihm aus den Augen, sein Mund floss über von Freudenäußerungen.

„Nimm Ihn auf mit Freuden, Grigórij", sagte ich, „so tat es einst Zachäus, der Ihn auch nicht gesucht, aber doch auf dem Wege war, wo Er, der gute Hirte, vorbeikommen musste. Und obgleich Zachäus ihn nicht einlud, hat Er sich doch selbst eingeladen und ist bei ihm eingekehrt."

So geschah es denn in jener schönen sibirischen Sommernacht, der junge Grigórij war vom Tode zum Leben hindurchgedrungen. Ich ließ es mir noch sehr angelegen sein, ihm dies, soweit wie möglich, zum lebendigen Bewusstsein zu bringen, damit er wisse, was ihm geschehen sei. Das schien mir umso nötiger, weil er doch jedenfalls sehr bald würde mit seinem Herrn allein bleiben müssen. Ohne dass wir es ahnten, schien die Trennung bald darauf viel früher bevorzustehen, als wir beide gedacht hatten.

Gegen drei Uhr morgens sahen wir in weiter Ferne Srédni Ssusch. Nach einer Stunde waren wir dicht vor dem großen Dorfe, aber keine Seele war sichtbar, bei der ich nach Kirpítschnikow fragen konnte. Die Pferde schritten langsam dahin, bis wir an die Dorfstraße gelangten. Da sahen wir einen alten Bauer die Straße heraufkommen. Wir hielten stille und warteten bis er zu uns herankam. Auf meine Frage, ob er uns nicht sagen könne, wo hier ein gewisser Kirpítschnikow mit Familie wohne, sagte er, dass, soviel er wisse, sich hier ein Mann solchen Namens nicht befände.

„Sind Sie denn hier selber wohnhaft?", fragte ich.

„Jawohl", sagte er, „bereits seit dreißig Jahren."

Er konnte auch nicht einmal sagen, ob der Mann, nach dem ich fragte, nicht doch in den letzten drei bis vier Jahren hier gewesen sei. Hierauf erzählte ich ihm Kirpítschnikows Leidensgeschichte und wie derselbe seines Glaubens wegen hierher verbannt worden sei. Alle an ihn gerichteten Briefe würden mit der Adresse Minussínsk, Dorf Srédni Ssusch, gesandt und er hätte sie immer erhalten und auf sie geantwortet, er müsse also doch hier sein.

Der Alte stand und dachte und dachte. Dann schien ihm plötzlich ein Licht aufzugehen.

„Das mag", sagte er, „jener Mann gewesen sein, der hier die Kinder lehren wollte. Das Dorf wählte ihn auch, aber unser

Priester war so furchtbar feindlich gegen ihn, dass er alles dranwandte, ihn von der Stelle zu vertreiben. Seinen Namen habe ich nicht kennen gelernt, wir nannten ihn nur nach seinem Vor- und Vatersnamen."

O, wie ich mich freute, trotz der Unbill, von der der alte Mann sprach, denn das war jedenfalls eine Spur von unserem Bruder, welchen ich suchte.

„Bitte", sagte ich, „wo ist denn dieser vom Priester verfolgte Mann, ist er nicht in ihrem Dorfe?"

„Nein", sagte er, „hier war er seit jener Zeit seines Bleibens nicht mehr, er zog nach Wérchnij Ssusch, da sind die Tungusen, und ich habe gehört, die haben ihn als Lehrer gewählt."

„Wie weit ist es denn von hier nach Wérchnij Ssusch?", war die nächste Frage.

„Von hier bis dahin sind es vierzig Werst", sagte der Alte.

Was sollte ich jetzt anfangen? Ich sann ein wenig nach und sagte dann:

„Mein lieber Grigórij, wie schwer es mir auch fällt, aber wir werden uns hier scheiden müssen. Du solltest mich noch, gemäß der Abmachung mit deinem Vater, zurück nach Minussínsk bringen, aber du siehst, ich muss noch vierzig Werst weiter. Ich entlasse dich, und du magst, wenn es dir passt, allein nach Hause zurückkehren."

Was jetzt mit dem lieben Grigórij geschah, werde ich wohl in meinem ganzen Leben nicht vergessen. Es sind heute 37 Jahre seit jener Stunde her, aber mir ist's noch alles so neu, als wäre es gestern geschehen. Mit einer tiefen Wehmut, die von einem inneren Weh zeugte, blickte er mich an und sagte:

„Herr, Sie können doch nicht von mir gehen, und ich kann sie nicht verlassen."

Mein lieber Grigórij", sagte ich, „ich verstehe den Schmerz, aber da in Krasnojarsk erwartet mich mein Freund morgen zurück, und ich werde ihm morgen nicht einmal telegraphieren können, wo ich mich befinde und warum ich nicht mit dem fälligen Dampfer zurückgekehrt bin. Jede Stunde, die ich versäumen muss, wird seine Unruhe steigern. Ich muss hier frische Pferde nehmen, die mich nach Wérchnij Ssusch bringen."

„Könnten hier Fuhrleute gefunden werden, die mich dorthin bringen?", fragte ich, mich an den Alten wendend.

„So viel Sie wünschen", sagte er, „in diesem Hause und in jenem", und noch ein anders Haus zeigte er mir, „können Sie gutes Fuhrwerk haben."

Mein armer Grigórij kämpfte einen heißen Kampf und sagte:

„Herr, ich fahre Sie nach Wérchnij Ssusch, wir lassen hier die Pferde vier Stunden ruhen, und dann bringe ich Sie, wohin sie wollen."

Ich war vom Wagen gestiegen, um in den anderen Häusern anzufragen, aber die Tür am ersten derselben war verschlossen.

„Deine Pferde sind die ganze Nacht, ohne einen Augenblick zu ruhen, gelaufen", sagte ich inzwischen dem Grigórij, „es ist gar nicht möglich, sie heute noch weiter zu treiben."

Da die Tür am Hause geschlossen war klopfte ich am Fenster. Eine Frauenstimme fragte, was gewünscht werde. Als ich ihr sagte, ich brauche ein Fuhrwerk, erhielt ich den Bescheid:

„Pferde sind zu haben, da ist aber niemand, der Sie fahren kann, alle Männer sind auf dem Jahrmarkt."

Auch der alte Bauer neben unserem Wagen sagte, ich würde heute kaum einen Mann zu Hause finden. Das Gesicht unseres lieben Grigórij klärte sich ein wenig auf, und er sagte von neuem:

„Herr, fahren Sie doch mit mir, ich fahre Sie für einen Rubel, wenn wir hier vier Stunden ausgeruht haben."

Wie schwer es mir auch fiel, ich ging noch an das zweite, das dritte und vierte Haus und fragte, jedoch mit dem gleichen Ergebnis. Ich schämte mich fasst, dass ich's getan hatte, ich sah, der Herr wollte nicht solch einen schroffen Bruch mit dem neugeborenen Gotteskind. Wie aber leuchtete Grigórijs Gesicht, er schaute aus wie einer, der einen großen Sieg errungen hat, als ich ihm sagte:

„Nun ist's genug, ich suche nicht mehr weiter."

„Kommen Sie zu mir auf meinen Hof", sagte jetzt der alte Bauer, „da können sie ausspannen, essen, trinken und ausruhen."

Wir nahmen die Einladung an und fuhren mit dem Alten, wo ich mit Grigórij weiter davon sprach, wie er, wenn nicht heute, so doch schon Morgen, werde mit seinem Heiland allein bleiben müssen, was mir sehr leid tue, aber er müsse sich fest und unzertrennlich an Ihn schließen, der alle Tage bei ihm bliebe bis an der Welt Ende.

Die ganze Zeit hat der alte Bauer mit Spannung zugehört, hatte das enge Band bemerkt, das zwischen mir und meinem Kutscher bestand, und fing jedes Wort auf, das aus meinem Munde kam. Nachdem er schnell ins Haus gelaufen war und alles für das Frühstück bestellt hatte, kam er wieder, wies dem Grigórij in dem Stalle den Platz für die ausgespannten Pferde an und führte uns dann in sein Haus, wo der Samowár bereits kochend auf dem Tische stand und Eier, Butter, Weiß- und Schwarzbrot auf uns warteten.

Ich dankte dem Herrn für die bereiteten Gaben, und wir setzten uns nieder zu essen. Der Alte saß zu meiner Linken.

Mich zu ihm wendend, meine Hand auf seine Schulter legend, wies ich mit der Rechten auf Grigórij und sagte:

„Sehen sie diesen Jüngling? Der hat in der vergangenen Nacht seinen Erlöser gefunden. Er ist jetzt ein errettetes Gotteskind. Haben Sie auch einen Erlöser? Sind sie auch gerettet?"

Das war für den Alten zu viel, das traf alle wunden Punkte seines Herzens und Lebens. Er brach in bittere Tränen aus.

„Mein Gott", sagte er, „vor 35 Jahren hast du deine Hände nach mir ausgestreckt, aber ich wollte nicht, ich habe mich deinen Händen entwunden. Dann kam die große Sünde, die mich hierhergebracht hat, und ich bin verstockt dahingegangen bis heute, und nun kommst du noch einmal und willst mich retten."

Zerknirscht und heiße Tränen vergießend, wandte er sich zu mir und sagte:

„Ich muss Ihnen alles bekennen, wie es um mich steht. Ich bin aus Estland, bin ein Este und habe von Kindheit an Gottes Wort gehört, wusste was gut und böse ist, ich hätte ein anderer Mensch sein sollen. An Mahnungen im Herzen hat es nicht gefehlt, aber die Welt draußen und das Böse im Herzen hielten mich fest. Ich verheiratete mich, baute ein Haus und wollte reich werden. Und das sollte schnell geschehen. Dazu ließ ich mein Haus auf eine große Summe versichern, und, um diese zu bekommen, steckte ich das Haus in Brand. Eine Untersuchung brachte alles ans Licht. Ich wurde zu fünf Jahren Zwangsarbeit und zur Ansiedlung in Sibirien verurteilt. Aber anstatt mich zu Gott zu wenden, habe ich gegen ihn gemurrt, als hätte er mir großes Unrecht getan. Ist für mich noch Hilfe und Rettung?"

Ich nahm mein neues Testament zur Hand, und er stand auf und holte seine alte, große Bibel herbei, und jede Stelle, die ich ihm vorlas im Russischen, las er im Estnischen und weinte dabei wie ein kleines Kind. Er, so schien es jetzt, habe es zu arg gemacht. Doch der Herr gab Gnade, ihm zu zeigen, wie alle unter der Sünde sind und nun ein Unterschied vor Gott nicht mehr bestehe. Wenn alle unter Wasser wären, so erklärte ich ihm, dann schien wohl ein großer Unterschied zu bestehen, wenn die einen nur einen halben Zoll darunter wären und die anderen fünfzig Meter. Im Grunde aber sind sie gleich verloren, dass sie tötende Element hat sie schon verschlungen.

„Der starken Retterhand Gottes", so sagte ich ihm, „bleibt es gleich, Sie aus großer Tiefe herauszuheben und auf Ihn, den ewigen Fels, zu stellen. Erfassen Sie jetzt diese Retterhand, klammern Sie sich an dieselbe an und Sie sind errettet."

Er warf sich auf die Knie und wir mit ihm. Er rief Gott in seiner estnischen Sprache um Gnade und Frieden und Erbarmen an und fand den Frieden Gottes in jener Stunde. Dann kam sein Dank und auch der unsere, dass auch diesem Hause Heil widerfahren war.

Nun erst aßen und tranken wir unser Frühstück. Nach demselben bat er, ich möchte auch mit seiner Frau, einer Russin, sprechen, aber sie war so mit ihrem Backtrog, ihrem Ofen und ihren Töpfen beschäftigt, dass trotz aller Mühe nicht anzukommen(?) war.

Die vier Stunden waren schnell verflossen, Grigórij spannte an, der Alte geleitete uns aus dem Hofe, wir nahmen Abschied, und so fuhren wir ab nach Wérchnij Ssusch. Ich war sehr angespannt, die Sonne brannte stark und ich suchte ein wenig zu schlummern. Die Erlebnisse der Nacht und des Morgens ließen es nicht dazu kommen. Immer näher kamen wir jetzt dem Altaigebirge, dessen Ausläufer sich uns entgegenstreckten. Nachmittags um fünf Uhr erreichten wir Werchnij Ssusch, das dicht an den Ausläufern des Altai lag.

Grigórij hatte hier gute Bekannte. An ihrem Hause hielt er still, damit ich erkunden könne, wo hier Kirpítschnikow wohne. Die lieben Leute, Tungusen, wurden ganz lebendig, als ich ihnen den Namen nannte. Sie hatten des Rühmens kein Ende. Wer kann sich aber meine Enttäuschung vorstellen, als sie mir sagten, er sei nicht mehr hier, sondern wohne in der Stadt Minussínsk.

„Herr," hieß es in mir, „wozu musste ich doch diese neunzig Werst vergeblich fahren und nun ebensoviel zurück, wo ich den Bruder doch am Abend meiner Ankunft in Minussínsk hätte sehen können?"

„Meine Gedanken sind nicht eure Gedanken, und meine Wege sind nicht eure Wege", wurde mir als innere Antwort, „sondern so viel der Himmel höher ist denn die Erde, so sind auch meine Wege höher denn eure Wege und meine Gedanken denn eure Gedanken" (Jes. 55, 8+9).

Ich sah jetzt, diese Fahrt bis an den Altai galt diesen beiden Seelen, die gerettet werden sollten. Wie unerforschlich sind Seine Wege!

Die lieben Leute ließen mich nicht fort, ich sollte bei ihnen nächtigen und ihnen noch viel von Kirpítschnikow erzählen. Auch könnte ich hier bei ihnen ein Fuhrwerk nach Minussínsk haben. Grigórij hatte noch andere Freunde, vielleicht war sogar jemand von seinen Verwandten im Dorfe, er wünschte seine Pferde dort unterzubringen und fuhr dorthin. Hier aber war bald das ganze Haus voll von Tungusen. Alle wollten Näheres von Kirpítschnikows Umständen, in welchen er in Russland gelebt hatte, wissen. Nun, ich kannte ihn selbst nicht persönlich, aber ich sagte all den Versammelten viel von Christo. Grigórij fand sich auch bald wieder ein und blieb, bis ich nach zwei oder drei Stunden nach Minussínsk abfuhr. Ihn der Gnade Gottes empfehlend, schied ich von ihm und den Tungusen in Wérchnij Ssusch.

Unser Weg führte uns jetzt eine ganz andere Strecke; wo ringsum noch alles unbebauter war. Um Mitternacht hielten wir an einem alten Wirtshaus, in welchem etliche Familien angekommen waren, die über den Altai wollten, um Gold zu suchen. Ich sagte ihnen von dem, was unendlich wichtiger sei, und sie hörten nicht ohne tiefe Eindrücke zu und dankten mir, als ich weiterfuhr, wirklich herzlich.

Ich kam am Sonnabend, den 5. Juli, nach Minussínsk, gegen 10 Uhr morgens. Mein Fuhrmann, der die Wohnung Kirpítschnikows kannte, fuhr mich direkt zu ihm. Leider war er nicht daheim, sondern über 100 Kilometer von Minussínsk. Nur seine Frau nebst seinen Kindern fand ich vor.

Obwohl wir einander nie vorhergesehen hatten, war die Schwester doch überglücklich über meinen Besuch, denn nachdem sie vor vier Jahren aus dem Kreise der Gläubigen plötzlich herausgerissen worden waren, hatten sie keinen von ihnen mehr gesehen. Wohin sie auch gekommen waren, war ihres Bleibens nicht, sie wurden gehasst und verfolgt und aller Unbill ausgesetzt und standen dazu im Kampf um das tägliche Brot. Dank der Unterstützung von Seiten Herrn Paschkows waren sie durchgekommen. Wie sehr bedauerte sie es, dass ihr Mann gerade so weit fort war. Jetzt noch eine Fahrt zu ihm zu machen, war ganz undenkbar für mich. Ich konnte nur der Schwester Herrn Paschkows Tröstungen und Aufmunterungen, sowie die meinen und vor allem die des Herrn für den vielgeprüften Bruder zur Übergabe hinterlassen.

Unter vielen Tränen teilte sie mir mit, wie der Bruder mit den gemeinen Verbrechern in Ketten von Gefängnis zu Gefängnis transportiert worden war und wie er den Weg von Tomsk, den wir eben gekommen, in Ketten zu Fuß zurückgelegt hatte. Nur unter den Arrestanten stand er in großer Achtung. Auch ihr Weg mit den drei unmündigen Kindern, den sie möglichst auf eigene Kosten zurückgelegt hatte, war voller Schwierigkeiten gewesen.

In Srédnij Ssusch wurde sie so bedrängt, dass sie nach Wérchnij Ssusch übersiedelten. Dort war aber der empfangene Lohn so gering, dass es nicht möglich war, davon zu bestehen. Im Sommer, wenn die Schule geschlossen war, erhielt der Bruder gar nichts. Da er ein tüchtiger Zimmermann war, hoffte er in der Stadt viel schneller Arbeit zu finden. In persönlicher Bitte wandte er sich an den Chef des Minussínsker Kreises, der ihn über seinen Glauben befragte und sich sehr wohlwollend verhielt. Er bedauerte, dass er ihm die Erlaubnis zur Übersiedlung an irgendeinen anderen Ort nicht geben könne, dazu habe er nicht die Befugnis, aber er würde selbst nichts dagegen haben, wenn er auf seine Verantwortung nach der Stadt ziehen wollte. Natürlich müsse er achtgeben, dass man höhererseits den Umzug nicht bemerke.

„Auf diese Bedingung wohnen wir nun hier. Damit man nicht auf uns aufmerksam wird", setzte die Schwester hinzu, „mussten wir auch die alte Adresse für unsere Briefe; nämlich nach Srédnij Ssusch, beibehalten. Das Postamt hier ist darüber verständigt, alle Briefe auf unseren Namen uns an unsere hiesige Adresse abzugeben."

So erhielt ich Licht über die Ursache meiner scheinbar unnötigen Irrfahrten.

Dr. Baedeker benachrichtigte ich telegraphisch über die Ursachen meines Aufenthalts und den Tag meiner Abfahrt von hier. Am Sonntagmorgen ging ich dann in das hiesige Gefängnis. Hier befanden sich über 80 Gefangene, zu denen ich mit dem Leiter von Kammer zu Kammer ging. Die Testamente waren den hier befindlichen Lesenden besonders wertvoll, weil es für die meisten von ihnen ein bis dahin nie gesehenes Buch war. Einige teilte ich unter den Aufsehern aus, und es blieben noch einige, die ich dem Chef aushändigte, der sich freute, sie späteren lesenden Arrestanten verabreichen zu dürfen.

Nachdem ich am Nachmittag mit der Schwester Gottes Wort gelesen hatte, beteten wir noch und empfahlen einander dem Herrn. Ich verabschiedete mich und ging zur Post, wo ich mir eine sibirische Equipage bestellte, die sehr bald bereit war. Dann trat ich meine Reise nach Krasnojarsk an. Etwas über 500 Kilometer hatte ich vor mir, die in fast drei Tagen und Nächten zurückgelegt wurden. Am Mittwoch, den 9. Juli, traf ich um 2 Uhr morgens wohlbehalten aber todmüde in Krasnojarsk ein. Nur ein paar Stunden ruhte ich, denn schon am Abend sollte nach Irkutsk aufgebrochen werden.

Gemeinsam weiter nach Irkutsk

Von Krasnojarsk fuhren wir also am 9. Juli, 6 Uhr abends ab. Alles, was über den Jenissej will, muss, da eine Brücke nicht vorhanden ist, mit dem Prahm (eine Art Fähre) hinübergebracht werden. Ein starker Prahm, hoch oben in der Mitte des Flusses am langen dicken Tau eingeankert, wird durch die Strömung vermittelst des Steuerruders, ohne irgendwelche Anstrengung von Seiten der Leute, von einem Ufer nach dem anderen getrieben. Kaum am Ufer angelangt, darf der bespannte Wagen sofort, den Prahm verlassend, seinen vorliegenden Weg verfolgen.

Die damalige Fähre bei Krasnojarsk

Vor uns lag nun eine Fahrt von über 1000 Kilometern. Während ich nach Minussínsk gegangen war, waren in Krasnojarsk und auf dem Trakt starke Gewitterregen niedergegangen, welche die miserablen Wege noch verschlimmert hatten, wie aus Irkutsk Reisende mitteilten.

Wenn ich im Stillen vorausblickte auf das, was vor uns lag, beschlich mich eine drückende Bangigkeit, wie es werden sollte. Bereits in der letzten Woche, in der es nicht eine stille Nacht gegeben hatte, sagte ich mir: Wenn es so fortgeht, bin ich bald zugrunde. Mein körperlicher Zustand war, als ich in die Reise willigte, folgender: Im Januar hatte ich täglich acht Stunden zu sprechen gehabt und brach am Schluss des Monats vollständig mit den Nerven zusammen. Eine seit zwanzig Jahren währende Magenkrankheit ließ mich außerdem nicht aufkommen, und nun hatte noch eine Leberkrankheit eingesetzt. Welche Strapazen eine solche ununterbrochene sibirische Postfahrt, bei welcher alle Obliegenheiten auf einem ruhen, mit sich bringt, kann man nur wissen, wenn man sie selbst erfahren hat.

Wir fuhren von nun an immer Tag und Nacht fort, solange uns Pferde zu Gebote standen. Alle anderthalb, zwei oder zweieinhalb Stunden kamen wir an eine neue Station, wo wieder frische Pferde vorgespannt werden mussten. Nur wenn am Tage auf der Station keine Pferde waren, gönnten wir uns das Vergnügen und ließen uns einen Samowár stellen. Wir aßen dann Eier und Schwarzbrot und tranken Tee mit Milch. Sehr oft geschah es, dass wir am Tage nur zweimal aßen, manchmal nur trockenes Schwarzbrot und Konserven. Von Butter gab es keine Spur. Immerhin waren die Tage noch erträglich. Aber erst die Nächte!

Eine Nacht auf der ganzen Strecke bis Srétensk machte sich ungefähr wie folgt: Wir sind auf der Station angekommen, es ist erst 10 Uhr abends. Im Postbüro glimmt ein schwacher Lichtschimmer, daher weiß ich, hier habe ich neue Pferde zu suchen. Ich springe vom Wagen, öffne die Tür des Büros, und wie gewöhnlich ist niemand zu sehen. Laut und befehlend muss ich ins dunkle Zimmer hineinrufen: „Geben Sie mir ein neues Dreigespann!" Oft erfolgt keine Antwort, und ich mach mich an die Lampe, schraube die Flamme höher und finde den Postschreiber schnarchend auf der Bank an der Wand. Ich wecke ihn auf und wiederhole meinen Befehl. Heißt es, Pferde sind vorhanden oder werden in einer Stunde vorhanden sein, dann darf ich nicht vom Fleck, bis er im Stalle gewesen und wiedergekommen ist, das Postgeld empfangen hat und die frischen Pferde vor unseren Wagen gespannt sind. Falls ich fortgehen würde, bliebe alles an dem Punkte, an welchem ich es ließ, niemand würde sich um uns kümmern bis zum lichten Morgen. Es ist verwunderlich, dass es so ist, denn die armen Leute dienen Tag und Nacht, jahraus, jahrein, ohne irgendwelche Ablösung. Darum schläft alles auf jeder Station, und das schon frühe am Abend.

Wir fahren also, und ich möchte mich auch ein wenig zum Schlaf ausstrecken, ich tue es, aber der Schlaf will nicht kommen, weil ich noch nie um diese Zeit einschlummern konnte. Darum, ehe es geschieht, ist es 12 Uhr, wir sind in einer neuen Station und meine Schreierei beginnt ganz so, wie auf der vorigen Station, nur muss ich vielleicht noch mehr Energie brauchen, um Pferde zu bekommen, wenn solche vorhanden sind. Sind die Pferde erst nach einer oder zwei Stunden zu bekommen, dann muss ich sie hier abwarten, denn der Schreiber schläft nach gegebenem Bescheid gleich weiter. Würde ich in den Wagen gehen und einschlafen, dann ist es fast gewiss, dass ich verschlafe, oder neu angekommene Reisende nehmen meine Pferde. Sind die Pferde aber überhaupt nicht vor drei bis vier Stunden zu haben, dann muss ich die Privat- oder Bauernpost aufsuchen, die oft am entgegengesetzten Ende des Dorfes liegt. Dort waren fast immer Pferde zu haben, aber sie befanden sich selten im Stall, sondern auf der Weide. Man geht sie suchen, vielleicht in einem Wald, wie ich einen solchen beschrieben habe. Wenn man sie nach einer Stunde bringt, ist das ein großes Glück, aber ich habe da und dort zwei bis vier Stunden in einer dumpfen Bauernhütte warten müssen, so dass der Tag anzubrechen begann.

Schließlich sind die Pferde vor dem Wagen und wir jagen davon. Der Schlaf überwältigt mich, aber da, plötzlich, steht alles still. Soll ich den Kutscher fragen, was vorgeht? Dann würde ich ganz sicher den Doktor aus seinem süßen Schlaf aufwecken, darum decke ich leise die Lederdecke auf, springe aus dem Wagen und finde, wie sich ein Pferd in einer Leine verwickelt hat, oder sie sind vor etwas zurückgeschreckt und so weiter. In einer Nacht, als ich kaum eingeschlafen war und der Wagen plötzlich stillhielt, sprang ich sofort hinaus, während die Pferde rückwärts drängten. Wir befanden uns auf einem hohen Damm, und unser Wagen stand bereits quer über demselben. Nur noch einen Schritt zurück, und wir wären in die Tiefe gestürzt und hätten die Pferde mit uns hinabgerissen. Ein ziemlich großer Stein, der unter den Händen lag, schnell unter eins der Räder geschoben, rettete uns vor dem Absturz. Fast alle Nächte waren der eben beschriebenen ähnlich, und das brachte mich fast zum Zusammenbrechen.

Dr. Baedeker indessen schlief, und er hatte keine Ahnung, was für Nächte ich durchmachte. Es war nur die ausgestreckte Hand dessen, der uns geleitete, die es ermöglichte, dass ich von dieser Reise heil heimkehrte. Froh klopften unsere Herzen, als nur noch eine Tagereise bis Irkutsk übriggeblieben war. Dort wartete unser eine große Arbeit. Alle Gefangenentransporte, die für Transbaikalien, Nertschínsk und die Nertschínsker Silberbergwerke bestimmt sind, sowie alle, die in den hohen Norden nach Jakutsk und an die Lena gingen, müssen nach Irkutsk. Alle Erkrankten, Zusammengebrochenen und irgendwie invalid gewordenen Arrestanten bleiben hier, so dass die Gefängnisse stets gefüllt sind. Hier, wenn auch die Tagesarbeit schwer war, gab es doch Ruhe in der Nacht.

Einige Poststationen vor Irkutsk überholte uns ein reicher Kaufmann, aus Wérchnij Udínsk, jenseits des Baikalsees. Er kam aus Moskau, wo er seine Einkäufe gemacht hatte. Als wir auf der Station angekommen waren, jagte er schon mit einem neuen Gespann davon. Das war ein unerlaubtes Vorgehen. Er hatte jedenfalls seinem Kutscher ein gutes Trinkgeld gegeben und ihn veranlasst, uns zu überholen. Einen Abbruch oder Versäumnis für unsere Weiterfahrt verursachte uns das nicht. Wir bekamen auch sofort Pferde und vergaßen bald das Geschehene.

Vom Herrn wunderbar und sicher geleitet, trafen wir dankbaren Herzens Donnerstag, den 17. Juli, wohlbehalten in Irkutsk ein. Wir waren im Zentrum, im Herzen des unermesslichen Sibiriens, welches das ganze Land in zwei Teile, in das westliche und östliche Sibirien, trennt.

Die Irkutsker waren sehr stolz auf ihre Stadt und nannten sie das sibirische Paris. Es gab allerdings eine Anzahl schöner Gebäude hier und eine Menge reicher Kaufläden, aber mit Paris, das ich ein Jahr vorhergesehen hatte, konnte diese Stadt in keiner Hinsicht verglichen werden. Gott hatte den Ort elf Jahre vorher durch eine große Feuerbrunst heimgesucht, und dadurch machte er noch 1890 einen geradezu bedrückenden Eindruck auf den Neuankommenden. Es war wohl das üppige Leben, um dessentwillen die hiesigen Einwohner Irkutsk mit Paris verglichen.

Hier in Irkutsk fanden wir auch Davidson wieder vor, der uns vorausgereist war. Er hatte alle seine Angelegenheiten für die Bibelgesellschaft und die Kolportage schon geordnet und war fertig, wieder nach Jekaterinburg zurückzukehren. Wenn wir zurückschauten auf die Hilfe, die er uns bei so vielen Plackereien mit großer Energie und Ausdauer geleistet hatte, dann wussten wir nicht, wie wir ihm danken sollten.

Die große Masse Bücher war nun hier. Wir konnten an die Arbeit gehen, die Hälfte oder noch mehr den hiesigen Arrestanten einhändigen, eine Anzahl Pakete per Post nach Tschita und Nertschínsk voraussenden und die übrigen in

Eingang in eine Poststation (heute Museum)

unserem Tarantass unterbringen, so dass keine besonderen Wagen dafür nötig waren.

Wir waren kaum eine Stunde in unserem Hotel angekommen, als jemand an die Tür unseres Zimmers klopfte. Auf unsere Einladung trat ein hochgewachsener, korpulenter Herr ein, der sich bittend an uns wandte, ihm sein Vergehen gegen uns zu verzeihen. Es war der Mann, der uns ein paar Stationen vor Irkutsk überholt hatte. Er musste eilen, erklärte er, sein ältester Handlungsdiener habe Hochzeit, und der Tag wäre so bestimmt, dass er, der Prinzipal, dabei sein solle. Dr. Baedeker und ich hatten den Vorgang schon fast vergessen und hätten auch nicht weiter daran gedacht, was wir dem Manne auch sagten. Er ging sehr froh von uns, dass diese Sache so gut geendet hatte.

Von Irkutsk nach Tschita

Am Freitag, den 25. Juli, verließen wir am Nachmittag nach vollendeter Arbeit in den Gefängnissen Irkutsk. Obwohl diese uns täglich sehr ermüdet hatte, so war sie doch im Vergleich mit den beunruhigenden Fahrten eine erquickende Erlösung. Und dann die schöne Ruhe im Bette in der Nacht. Manchmal war es auch im Hotel sibirisch, das heißt, man hörte Schimpfen, Toben und allerlei Tumult, dennoch ließ sich das überwinden. Ich hatte mich wirklich ein wenig erholt. Jetzt aber hatten wir bis Tschita wieder 1000 Kilometer Tarantassfahrt vor uns.

Abends gelangten wir an den kristallklaren Baikalsee, der seine überflüssigen Wassermengen, welche ihm die Selinga zuführt, durch die ebenso kristallklare Angara nach Irkutsk und dem Norden sendet. Am nächsten Morgen um fünf Uhr wurden die angekommenen und zur Überfahrt bestimmten Wagen an Bord des Dampfers gebracht und auf die beiden Seiten gleichmäßig verteilt. Alle Reisenden nahmen ihre Plätze ein und unser alter Dampfer setzte sich in Bewegung. Mit Bedauern schauten wir auf den dichten Nebel, der uns die schönen, kegelförmigen Berge, die das westliche Ende des außerordentlich tiefen Sees begrenzten, verdeckte. Wenn ich dennoch von ihnen rede, so geschieht das, weil ich sie ein zweites Mal bei klarem Wetter sehen konnte.

Auf unserem Schiff hing, für jedermann zu sehen, ein Täfelchen am Mast mit folgendem Verbot:

„Es wir strengstens verboten, während der Fahrt im Tarantass zu sitzen oder zu schlafen.“

Dieses Verbot war bis dahin, wie Mitreisende erzählten, nicht ausgehängt gewesen. Erst in diesen Tagen war ein Unglück passiert, das die Veranlassung dazu gegeben hatte. Zwei jüdische Kaufleute, deren Wagen voller Waren gepackt war, waren vor ein paar Tagen über den See gefahren. Einer von ihnen, furchtbar müde, hatte die zwei Stunden der Überfahrt dazu nutzen wollen, um ein wenig zu ruhen. Wo konnte das besser sein, als auf dem eigenen, zum Schlafen eingerichteten Tarantass. Er ging und legte sich oben auf den mit Waren vollgepackten Wagen. Ein starker Wirbelwind, wie sie oft auf dem Baikalsee auftreten, entstand und begann das Schiff zu schaukeln. Darauf kam ein hef

Dampfer auf dem Baikalsee

tiger Wind- und Wellenstoß, der den Schlafenden hinaus aus dem Wagen und damit über Bord in den See warf. Ehe man den alten, schwer lenkbaren Dampfer zum Stillstand bringen und das Boot hinunterlassen konnte, war der Mann bereits untergegangen. Alle Mühe, ihn aufzufinden, war vergeblich. Es ging uns durch Mark und Bein, als wir nach näheren Erkundigungen erfuhren, dass es derselbe Kaufmann war, der uns vor Irkutsk überholt hatte, weil er eilen müsse. Er eilte zu einem Freudenfest und ein unerwarteter, bitterer Tod hatte seiner gewartet. So stehen wir mitten im Leben vom Tod umfangen.

Nach zwei Stunden gelangten wir am gegenüberliegenden Ufer des Sees an, hatten bald unser Dreigespann vor unserem Tarantass und eilten hinaus in die Gefilde Transbaikaliens. Anfangs schien alles dürr und öde, aber bald änderte sich alles, es wurde immer schöner in der umgebenden Natur. Der Doktor konnte sich nicht satt sehen an den prachtvollen Blumen. Hinter Tschita fanden wir, was man uns in Europa und besonders in der Schweiz nicht glauben wollte: weite Matten, bedeckt mit dem schönsten Edelweiß, so einzig, dass zwei, drei Blüten auf einem Stängel prangten. Man hätte in kurzer Zeit ganze Wagenlasten davon mit der Sense mähen können.

Am Sonntag, den 27. Juli, machten wir einen kurzen Aufenthalt in einem Burjaten-Dorf. Während des Mittagessens hatten wir mit dem Postschreiber eine Unterhaltung. Er war Burjate, nun aber ein orthodoxer Christ geworden. Ein wirklich aufgeweckter junger Mann, aber Leben aus Gott kannte er nicht. Ich schenkte ihm ein Neues Testament und er jubelte, als es sein wurde. Er hatte lange nach dem Buch verlangt, war aber hoffnungslos, es je zu besitzen. Nun zeigte ich ihm aus diesem Buch, wie man ein Christ wird, nicht durch Erfassen gewisser Dogmen und Lehren, selbst wenn sie Wahrheiten sind, sondern in dem man Ihn aufnimmt und von Ihm Macht empfängt, Gottes Kind zu sein. Wohl zwei Stunden sprachen wir sehr eingehend über dieses Thema und seine Fragen hörten nicht auf.

Durch alles, was er gehört hatte, angespornt, wünschte er sehr, wir möchten mit ihm zu einigen heidnischen Burjaten gehen. Gern willigten wir ein. Ich will hier nur einiges mitteilen von einem Besuch in einer Jurte.

Ein rundes Zelt aus großen Tierfellen stand vor uns, eins
der Felle war zurückgeschlagen, offenbar die Tür, in die wir
eingeladen wurden, einzutreten. Alles Licht im Innern kam
durch diese Tür und durch die Öffnung ganz in der Mitte
des Zeltes über den Köpfen. Soeben hing ein Kessel inmitten des Zeltes, unter welchem ein Feuer loderte. Der Rauch
zog gerade hinauf durch die oberste Öffnung. Sonst war

der Boden mit behaarten Fellen bedeckt, auf welchen zwei
Männer mit untergeschlagenen Füßen kauerten. An der
Wand war eine Erhöhung, ähnlich einer Sitzbank, mit wei-
chen Fellen bedeckt, auf dieser wurden wir genötigt Platz
zu nehmen. Nicht weit davon stand ein kleines, viereckiges
Spindchen, auf dem sich zwei kleine Figuren aus Ton oder
Stein befanden, offenbar die Götzen der Einwohner.

Wir sprachen mit ihnen von Gott. Der Doktor fragte, ich
übersetzte ins Russische und unser Begleiter ins Burjati-
sche. Aber die beiden Männer sprachen nicht, wir hörten
nicht ein Wort aus ihrem Munde. Die Frau indes war sehr
resolut und klug. Über Gott zum Beispiel sagte sie:

„Die Leute sagen von uns, wir beten Götzen an und halten jene Figuren, die auf dem Spindchen stehen, für Götter. Das ist nicht wahr, wir wissen, Gott selbst ist ein ganz anderer, diese Figuren erinnern uns nur an Gott, und nichts weiter."

Wir zeigten ihr hierauf, wie traurig es um uns bezüglich unseres Verhältnisses zu Gott stehen müsse, wenn uns so kleine, tote Figuren an Gott erinnern müssen.

Gern wollte der Doktor wissen, wie es um die Moral steht. Sie antwortete, sie wüssten sehr gut, dass Stehlen Unrecht ist, so auch Morden, Schimpfen und anderes. Jedem sage das schon sein eigenes Gewissen, und der Mensch befinde sich nicht wohl dabei. Auf die Frage, ob solche und nicht noch schlimmere Dinge bei ihnen vorkommen, sagte sie:

„Ja, gewiss, wie bei allen anderen Völkern."

„Nun, das ist Sünde, aber was fangen Sie mit der Sünde an?", fragte der Doktor.

Sie schwieg eine Weile und wusste offenbar nicht, was mit Sünde anzufangen sei, aber dann fasste sie sich und sagte, sie hätten Vorschriften, Waschungen und so weiter. Dann sagte sie weiter, sie seien Lamaiten, sie wenden sich an ihren Dalai-Lama, der bringe alles in Ordnung.

„Ja, wo ist denn der Dalai-Lama?"

„Der ist in Tibet", war die Antwort.

„Gut", sagte der Doktor, „jede Sünde ist ein Vergehen gegen Gott, den Schöpfer Himmels und der Erde. Der nur kann vergeben. Vom Dalai-Lama wissen wir, er ist ein Mensch und wohnt auf Erden, er kann nie und nimmer das tun, was Gott allein für sich vorbehalten hat." In dieser Weise suchte der Doktor auf das eine große Opfer Christi zu kommen.

Sie waren alle sehr zufrieden mit der Unterhaltung und nun wollte man uns auch bewirten. Der Doktor und ich waren uns längst klar, dass die weiße Suppe im brodelnden Kessel

Tee wäre. Die Frau rührte während unserer Unterhaltung von Zeit zu Zeit mit einer großen, hölzernen Kelle in demselben, und jetzt war alles bereit. Ich sagte dem Doktor, dass ich unmöglich davon trinken könne.

„Sie müssen", sagte er, „wenn Sie den Leuten nicht anstößig werden wollen."

Doch wie ich mich auch zu zwingen versuchte, ich konnte es nicht und bat mich zu entschuldigen. Dr. Baedeker bezwang jedoch eine Tasse, und danach schieden wir von ihnen.

Der Schreiber war sehr vertraulich geworden und er erzählte uns, wie die orthodoxe Mission unter diesen armen Leuten betrieben wird. Das Herz mochte einem brechen ob der Hinterlist und des Betruges, mit welchen sie angezogen wurden.

„Man hat uns Land versprochen," klagte er, „aber ich bin schon sechs Jahre ein Christ und so viele mit mir, doch all unser Bemühen ist vergeblich. Wir waren deshalb schon in Tschita beim Bischof, der vertröstete uns auch mit süßen Worten, weiter nichts."

Nun meinte der Schreiber, wir könnten vielleicht vermöge unseres Einflusses die Sache in Tschita zu ihren Gunsten zur Entscheidung bringen.

„Wir orthodoxen Burjaten helfen ja viel und fleißig in der Mission", führte er weiter aus.

„Gut, sehr gut", sagten wir, „wie machen Sie denn das?"

„Wir passen gut auf", erklärte er, „wo irgendeiner dieser Heiden sich verfehlt oder ein verletzendes Wort gegen den Priester braucht, dann sagen wir es dem Missionar, und der übergibt die Sache dem Gericht. Und nichts fürchten diese Heiden so sehr, wie das Gericht. Kommt es dazu, dann sind wir die Zeugen, und sie werden verurteilt. Dann wird ihnen der Vorschlag gemacht: ‚Werde ein Orthodoxer, und dir ist alles vergeben.' So haben wir schon viele gewonnen."

Selbstverständlich zeigten wir dem Ärmsten, dass weder er noch seine verführten Mitbrüder Christen wären, denn nicht Christus ist ihnen gezeigt und köstlich geworden, sondern irdische Rücksichten, das Land. Auch zeigten wir ihm, wie schrecklich die Mithilfe bei dieser Mission sei.

Wir hatten in diesen Tagen eine schöne Arbeit gehabt, und der junge Mann blieb mit unauslöschlichem Eindruck zurück, als wir unsere Straße weiterzogen. Mittwoch, den 30. Juli, gelangten wir nach der Gouvernements- und Hauptstadt Transbaikaliens. Wir hatten täglich im Durchschnitt 200 Werst per Achse zurückgelegt und waren somit an die hier übliche Norm angelangt. Mit tiefem Dank für die abermals erfahrene Gnade in den fünf Tagen, seit wir Irkutsk verlassen hatten, zogen wir in Tschita ein.

Man fragt sich, was die Veranlassung gegeben haben mag, hier eine Stadt zu bauen, liegt sie doch hoch auf dem Bergrücken, 4000 Fuß über dem Meeresspiegel. Alle Nahrungsmittel müssen aus gehörigen Entfernungen herbeigeschafft werden, daher lebt es sich hier sehr teuer. Es war eigentlich auch nur ein Städtchen mit 4000 Einwohnern. Das Gefängnis war, wie zu erwarten, klein. Seine Insassen erreichten an Zahl nicht ganz hundert. Unter den Russen konnten nur wenige lesen, von den Burjaten verstanden viele nicht einmal die russische Sprache. Dennoch machte der Besuch mit dem Evangelium, das wir ihnen in Wort und Schrift brachten, einen wohltuenden Eindruck. Es war, als ob Gott ihnen sage, Er gedenke dennoch ihrer. Alle, die ein Testament empfingen, waren kindlich froh und dankbar. Auch der Vizegouverneur war sehr zufrieden, dass er diese Gelegenheit genutzt hatte, um Gottes Wort zu hören. Er brachte uns in seinem Wagen zurück zu unserem Hotel, wo wir uns von ihm verabschiedeten, um nach ein paar Stunden Tschita zu verlassen.

Nertschínsk und die Nertschínsker Bergwerke

Von Tschita bis zur Stadt Nertschínsk hatten wir 267 Werst vor uns, die wir per Post bis Sonnabend, den 2. August, nachmittags zurücklegten. Hier erwarteten wir eins der größten und besetztesten Gefängnisse im ganzen Umkreis der Nertschínsker Zwangsarbeiter-Minen, denn Nertschínsk ist das Zentrum derselben.

Wir wurden jedoch sehr enttäuscht. Ein kleines, altes, von dem sibirischen Typus durch nichts sich unterscheidendes Gefängnis erwartete uns, eigentlich eine in Zerfall sich befindende Ruine, in der sich 105 Mann befanden.

Vor uns lagen, wie man uns hier sagte, in einem Umkreis von fünf- bis sechshundert Kilometer neun große Zwangsarbeitergefängnisse, wo wirklich Arbeit für die Arrestanten gegeben wurde. Hierzu müssen noch die der Kara'schen Gefängnisse mit dem dort befindlichen politischen Gefängnis gefügt werden. Die Gefangenen, die in all diesen Gefängnissen beschäftigt werden, arbeiten entweder in den Schachten des Silberwerkes oder auf den Goldwäschereien, welche sämtlich dem Kabinette des Kaisers gehörten. Die Zahl der hier beschäftigten Arrestanten hat, wie uns erklärt wurde, nie 2500 erreicht, während sie anderweitig oft auf 10.000 geschätzt wurde. Wir sind von keinen Schwierigkeiten der Wege zurückgeschreckt, haben alle diese Gefäng-

nisse besucht und in jedem alle Gefangenen gesehen, ihre
Zahl genau verzeichnet und fanden tatsächlich die uns hier
angegebene Anzahl der Wahrheit entsprechend.

Auf unserm Programm für diese Rundreise standen die
Namen folgender Gefängnisse: Alexandrowskaja, Algat-
schi, Pokrowskaja, Kutamari, Akatui, Kadaja, Malzewski
Rodnik, Nertschínski Sawod, – und Gornij Sorentui, hierzu
noch Ust-Kara, Srédnij-Kara und Wérchnij-Kara. Uns wurde geraten, nicht von hier aus, sondern von Srétensk aus,
der Stadt, von der wir unsere Schifffahrt auf dem Amúr antreten sollten, zu beginnen.

Nertschínsk. Zwangsarbeiter in der Silbergrube

Am 4. August verließen wir Nertschínsk. Der Weg nach
Srétensk führte über den Jablokow Chrebet, von wo aus
die Wasser alle nach dem Osten und in den großen Ozean fließen. Wunderbar herrlich ist die ganze Gegend, äußerst wild, mit steilen, in die Luft hineinragenden Felsen,
alles wüst und leer, weit und breit keine Menschenseele.
Die waldlosen Strecken zur Rechten und Linken sind wie

besät von allerlei anmutigen Blumen, die in mannigfaltiger Farbenpracht das Auge erfreuen. In den Wäldern jedoch herrscht dumpfes Schweigen, höchst selten unterbrochen von einem vorüberfliegenden Vogel, doch ist uns weder am Tage noch in der Nacht irgendwo ein wildes, reißendes Tier begegnet.

Am 5. August trafen wir in Srétensk ein, wo wir die Aufgabe hatten, unsere Bücher, die mit der Post angekommen waren, recht einzuteilen. Wir mussten unsern inzwischen leer gewordenen Tarantass stark befrachten, denn wir brauchten nach unserer Berechnung wenigstens 1000 Testamente, die alle auf dem Boden unseres Wagens liegen mussten. Da auf unserer Rundreise damit zu rechnen war, dass wir kaum mehr als ein Dreigespann auf den Stationen erhalten würden, mussten wir nur mit einem Wagen fahren. Ein paar Kisten sandten wir nach Blagowéstschensk und Chabarówsk voraus.

Am Donnerstag, den 7. August, morgens um 8 Uhr, fuhren wir von Srétensk ab. Bis zum ersten Gefängnis brauchten wir allein 36 Stunden. Wir kamen dort gegen Abend an. Sofort gingen wir ins Gefängnis und fanden dort einige Arrestanten. Diese gingen aus und ein und waren vollständig ohne Aufsicht. Das Gefängnis war ein altes, fast zerfallenes Gebäude.

„Wo ist wohl der Chef?", fragten wir.

„Der wohnt dort und dort,", wiesen uns die Arrestanten mit dem Finger.

„Ist denn keiner der Aufseher bei euch?", fragten wir weiter.

„Aufseher?", fragten sie halb verwundert, „…ist nur einer, und dann noch ein Reiter."

Natürlich wandten wir uns zu der Wohnung des Chefs. Er staunte ob solchen Besuches hier in dieser Wildnis, war aber sehr freundlich. Auf die Frage, wie es denn zugehe, dass weder Tür noch Tor im Gefängnis geschlossen sei und die Arrestanten so frei aus- und eingehen, sagte er lächelnd:

„Ganz Transbaikalien ist ein großes Gefängnis. Die entlaufen uns nicht. Nach dem Westen, wo es sie hinzieht, ist es ihnen ganz unmöglich zu gelangen. Mit dem Dampfer über den Baikalsee wird es keiner wagen, er würde festgenommen werden. Um den Westen des Sees, wo Sie die schönen Berge sehen, sind hunderte Werst weit Sümpfe, die kein menschliches Wesen durchlassen. Und im Falle, dass jemand darüber hinausgelangte, hätte er Jahre zu gehen, ehe er nach Russland gelangen würde. Nach dem Osten geht von selbst niemand, und nach Süden ist eine Wildnis, in der ein Mensch umkommen würde. Einige Gefängnisse liegen ja ganz nahe an der mandschurischen Grenze, sogar nur acht bis zehn Werst entfernt, dennoch läuft niemand dorthin, denn er wird entweder erschlagen oder uns zurückgegeben."

Weiter erklärte er uns die Freiheit, die uns auffiel,:

„Jeder neue Arrestant kommt hinter Schloss und Riegel und ist unter strenger Aufsicht. Wenn er sich eine gewisse Zeit gut und zur Zufriedenheit geführt hat, hebt man die strenge Aufsicht auf, er kommt in das freie Kommando. Seine Lage wird erträglicher. Er bleibt noch immer derselbe Sträfling, darf aber in der Baracke außerhalb des Gefängnisses wohnen oder seine eigene Hütte haben, und wenn ihm Weib und Kinder in die Verbannung gefolgt sind, darf er seinen eigenen Haushalt haben, wobei er seine Gefängnisrationen wie früher für sich und die Seinen erhält. Endet die Strafzeit, dann wird er an irgendeinem Ort angesiedelt. Alle Morgen muss er beim Aufruf an Ort und Stelle sein, seine Akkordarbeit verrichten. Und falls er sich irgendwohin für ein oder zwei Tage entfernen will, so darf er auch das mit Erlaubnis und gegebener Bescheinigung des Chefs."

Bald sahen wir ein, dass wir unmöglich mehr als ein Gefängnis an einem Tage besorgen konnten. Dieselben lagen

25 bis 40 Werst voneinander entfernt. Wenn wir ankamen, fanden wir immer nur jene Leute anwesend, die nicht im freien Kommando waren. Ihnen konnten wir sofort das Wort Gottes verkündigen und Testamente geben. Vom freien Kommando aber, selbst wenn sie nach Hause kamen, fanden sich nur einzelne ein, und zwar erst spät am Abend, weil sie, sobald sie ihre Akkordarbeit getan hatten, frei waren, bei irgendjemand zu arbeiten, um sich etwas zu verdienen. Darum konnte diesen am besten am Morgen beim Aufruf das Wort verkündigt und geschenkt werden. So geschah es denn auch. Hier, im ersten Gefängnis, hatten wir sie alle früh um 5 Uhr beisammen. Nachdem wir diese Versammlung entlassen hatten, tranken wir unsern Morgentee und aßen etwas, während angespannt wurde, und dann fuhren wir ab zu dem nächsten Gefängnis, wo wir um 2 oder 3, manchmal erst 4 Uhr nachmittags eintrafen. Auch hier wieder ging es sofort ins Gefängnis, und am nächsten Morgen besorgten wir das freie Kommando. So nahmen wir alle neun Zwangsarbeitergefängnisse durch. Nachdem wir im Gefängnis gewesen waren, suchten wir die Hütten auf, wo die vom freien Kommando oder ihre Angehörigen wohnten. Auch hier, und besonders hier herrschte die Sünde. Unsittlichkeit und Unzucht, besonders des weiblichen Geschlechts, war die Pest, die alles vergiftete. In diesen Hütten, die oft nur Erdhöhlen waren, herrschten Stumpfsinn und Freudlosigkeit. Mit Gott und den Menschen zerfallen(?), fristeten die meisten ein unerträgliches Dasein.

In einem dieser Gefängnisse trat ein alter, graugewordener Sträfling auf und bat, ihm möchte doch erlaubt werden, ein Wort zu sagen. Wir wandten uns an den Chef, der ihm die Erlaubnis sofort erteilte.

Der Alte zog ein abgegriffenes Testament hervor, hielt es hoch empor und sagte:

„Dank diesem Buch, das mir der alte Herr da", auf Dr. Baedeker zeigend, „gab, bin ich heute noch am Leben. Er gab es mir in Russland, als ich auf dem Wege hierher war. Längst wäre ich in Verzweiflung geendigt, wenn ich nicht Errettung gefunden hätte. Ich bin ein neuer Mensch geworden, dies Buch hat mich gebändigt, meine Grausamkeit von mir genommen, es hat mir alles leicht gemacht, ich bin glücklich in all dem Elend. Meine Strafe trage ich mit Recht, ich weiß, ich büße mit derselben nichts ab, Jesus hat alles für mich getragen."

Als er schwieg, da begannen die anderen Arrestanten von ihm zu zeugen:

„Wir wissen alle, wie er war, und wissen alle, wie er jetzt ist", sagte einer.

„Wir haben ihn zu unserem Ältesten gewählt, da ist keiner wie er", sagte ein anderer.

„Er ist unser Großväterchen, unser Berater und Tröster", sagte ein dritter, „und da ist keiner, der ihm nicht gern und gleich genau gehorcht, wenn er etwas für gut befindet."

Das war eine gute Empfehlung für das Buch und für Ihn, von dem es redet.

Wir hätten die Sträflinge so gern bei der Arbeit gesehen, was wir den Chefs gegenüber auch aussprachen. Ein jeder war bereit, uns in den Bergwerkschacht hinausgeleiten zu lassen, wenn wir nur zu der Zeit da wären, wo sie sich in demselben in voller Arbeit befänden. Das hätte an einem Vormittag sein müssen. Wir mochten jedoch der kostbaren Zeit wegen nicht einen Tag hierfür opfern, hofften aber, wir würden eines Morgens so früh abfahren können, dass wir sie im nächsten Gefängnis noch im Bergwerke antreffen würden. Allein das gelang uns nicht, weil sie immer schon um ein Uhr, höchstens um zwei, mit ihrer Akkordarbeit fertig waren, dann heraufstiegen und ihren eigenen Arbeiten nachgingen.

In Kadaja war es, wo wir am frühesten, das heißt um 2 Uhr nachmittags, angekommen waren, aber auch zu spät, kein Mensch befand sich mehr unter der Erde. Da baten wir den Chef, es uns möglich zu machen, die Stätten zu sehen, wo die Sträflinge ihre Zwangsarbeiten verrichteten. Er schickte sofort nach dem Steiger, der bald erschien und zu jedem Dienst bereit war. Dieser machte uns sofort darauf aufmerksam, dass bei ihnen sich alles im primitiven Zustand befinde, dass es kein Hinabfahren im Korbe und dergleichen gäbe und wir gefasst sein müssten, auf ganz senkrechter Leiter, 70 Stufen, je einen Fuß vor den nächsten, hinab- und hinaufzusteigen.

Angekommen am überbauten Schacht, zündete der Steiger seine Grubenlampe an und stieg an der Leiter einige Stufen hinab in den stockfinsteren Schacht, ihm nach Dr. Baedeker, und als letzter ich. Ich war froh, dass ich nicht weiter als bis auf den schwachen Lichtschimmer der Grubenlampe hinabsehen konnte, weil ich bei meinem nervösen Zustand ohne Kopfschwindel nicht in den unter uns gähnenden Abgrund hätte blicken können. Unten angekommen, war der Doktor wie auch ich in Schweiß gebadet. Hier bekamen wir jeder eine Grubenlampe. Dann führte uns der Steiger einen hochgewölbten Korridor entlang, ihn von Zeit zu Zeit nach allen Seiten belauschend(?). Überall um und über uns schimmerte, blinkte, glitzerte und glänzte alles, es schien bei dem schwachen Zwielicht, als ob alles von reinem Silber durchschossen wäre. Dies war das hier so reich vorhandene Bleiglanzerz, das die Sträflinge in Massen zu Tage förderten. Von diesem Korridor zweigten nach rechts und links neun andere ab, die ebenso von Menschenhand ausgehauen worden waren. Endlich gelangten wir an das Ende des Korridors, wo die Arrestanten noch heute gearbeitet hatten. Die primitivsten Hacken, Brecheisen, Meißel und Hämmer waren es, die sie für ihre Arbeit anwendeten. Eine Masse ausgebrochenen Erzes, das noch fortgeschafft werden sollte, lag auf dem Boden. Nachdem wir alles besichtigt hatten, kehrten wir auf demselben Wege zurück zu unserer Leiter. Da lud uns der Steiger ein, noch einmal 70 Stufen hinabzusteigen, wo ebenfalls die Arrestanten gearbeitet hatten. Hier fanden wir ebensolche weiten und hohen Gänge nach allen Richtungen hin, und am Ende dieselbe primitive Arbeit.

Das Hinaufsteigen machte sich leichter als das Hinabsteigen, obgleich es auch ermüdete, weil die 140 Stufen auf einmal erstiegen werden mussten. Wir waren überaus froh, auch dahinein einen Blick getan zu haben. Wir fanden, diese unglücklichen Sträflinge waren besser daran, als viele Zwangsarbeiter in Tomsk. Sie trugen hier keine Ketten, ihre Arbeit war auf acht Stunden berechnet und nicht zu schwer, denn die meisten beendigten ihren Akkord in 7 Stunden. Sie sahen gesund aus und hatten genügend zu essen. Viele bekannten uns, wenn sie sich gut aufführten, würden sie nicht schlecht behandelt.

Am Sonnabend, den 16. August, hatten wir unsere Rundreise beendigt und waren wohlbehalten nach Srétensk zurückgekehrt. Jetzt blieben uns hier noch die Gefängnisse an der Kara, einem kleinen Nebenfluss der Schílka. Letztere bildet mit dem Ergun den Amúr.

Nach Ust-Kara konnten wir mit dem Dampfer fahren und trafen am 18. August dort ein. Hier arbeiteten die zur Zwangsarbeit verurteilten in den Goldwäschereien, die sich längs des Tales des sonst reißenden Flüsschens hinziehen. Vier Gefängnisse waren in diesem Bezirk, in welchen sich gegen 2000 Arrestanten befanden.

„In diesen Gefängnissen konzentriert sich der Gipfel des Verbrechertums", so rühmt man in ganz Russland und Sibirien diesen Kara-Rayon.

Unseren Anfang machten wir in Ust-Kara, wo der Direktor aller dieser Großgefängnisse wohnt und sich auch das größte Gefängnis der gemeinen Verbrecher befindet. Der Herr gab uns einen gesegneten Eingang bei den Unglücklichen, die noch nicht mit den anderen in der freien Luft arbeiten konnten.

Außer diesem Gefängnis für gemeine Verbrechen befand sich auch eins für politische Sträflinge hier. Dr. Baedekers Vollmacht gab jedoch nur das Recht zum Besuch aller Gefängnisse mit Ausnahme der politischen. Dennoch, wo immer sich politische Arrestanten befanden, setzten wir alles daran, auch mit ihnen zusammen zu kommen und von Christus zu sprechen.

Hier indes unterstanden die politischen Gefangenen nicht dem Direktor für die gewöhnlichen Gefängnisse, sondern einem Gendarmeriekommandanten. An den hatten wir uns zu wenden, der Direktor meinte aber, es würde schwer sein, dessen Erlaubnis zu erlangen. Wir ließen uns jedoch nicht entmutigen, sondern besuchten den Kommandanten in seiner Wohnung. Nach allerlei Einwendungen rief der Kommandant einen Unteroffizier, dem er sagte:

„Bitte, gehen Sie doch zu den Herren da drüben und sagen Sie ihnen, hier wären zwei Herren, die heilige Schriften ver-

Gefängnis in Ust-Kara

teilen, und fragen Sie, ob sie dieselben sehen wollen oder nicht."

Der Gendarm ging. Sich wieder zu uns wendend, erklärte der Kommandant:

„Wir können niemand ungefragt zu ihnen schicken, denn sie können auch furchtbar grob werden."

Es dauerte gar nicht lange, da kam der Unteroffizier mit dem Bescheid:

„Ja, sie wünschen die beiden Herren zu sehen."

„Bitte", sagte der Kommandant, „führen Sie die Herren zu ihnen."

Uns wünschte er guten Erfolg.

Wir folgten dem Gendarmen bis an die Tür der hohen Palisadenumzäunung, er öffnete sie, ließ uns hinein, blieb aber selbst zurück. Das hätten wir nicht erwartet. Überall, wenn wir mit politischen Arrestanten sprachen, war immer ein Beamter gegenwärtig. So waren wir also ganz frei, mit diesen Verbannten zu sprechen.

Das Gebäude, das ihr Gefängnis sein sollte, lag etwa zehn bis zwölf Schritt von der Tür inmitten der Umzäunung. Ehe wir bis an das Gebäude gelangt waren, waren alle 33 Mann heraus und uns entgegengekommen und begrüßten uns freundlich. Ich hatte zehn bis zwölf Testamente auf dem Arm.

„O", sagte einer, „Sie sind gekommen uns zu bekehren."

„Das können wir nicht. Aber Gott kann es," erwiderte ich, „und dies kleine Buch ist nichts weiter als ein Wegweiser zu Ihm, und da uns die Türen zu allen Gefängnissen offenstehen, bringen wir allen dieses Buch und haben auch an Sie gedacht."

„Wir haben nicht nur ein Testament", sagten mehrere zugleich, „sondern eine ganze Bibel."

„Aber warum stehen wir denn vor der Tür," sagte einer, „führen wir doch die Herren in das Innere."

Damit schritten wir ins Gefängnis der politischen Verbannten. Schon hatte sich die Schar in zwei Gruppen geteilt, die eine, die Englisch und Französisch sprach, ging mit dem Doktor, die nur Russisch sprach, mit mir. Wohl eine Stunde lang blieben wir bei ihnen, sprachen mit ihnen über das Eine, das Not tut, doch auch, wie es nicht anders erwartet werden konnte, über ihre Lage. Es waren alles kluge und gebildete Leute, die voller Fragen waren.

Bevor wir von ihnen gingen, zeigten sie uns ihre Aufenthaltsräume, das waren vier oder fünf längliche große Zimmer mit langen Tischen und ebenso langen Bänken zu beiden Seiten derselben. Auf einem Tisch fanden wir große Bogen Papier mit architektonischen Zeichnungen, weiterhin hatte sich jemand mit mathematischen Berechnungen beschäftigt, da lagen in einem anderen Zimmer die Londoner „Times" und verschiedene wissenschaftliche Bücher.

„Wir haben hier eine schöne Bibliothek von 3000 Bänden", sagten sie uns, „und manche von uns vollenden hier ihr Studium."

Als wir unsere Verwunderung über alles das, was wir hier vorfanden, aussprachen und ihnen sagten, dass wir sehr angenehm enttäuscht(?) seien durch ihr munteres, lebensfrohes Wesen, welches wir eine Stunde lang beobachtet hätten, und wie das alles unsere Vorstellungen, die wir uns gemacht hätten, verändere, da wurden sie gleichsam ein wenig verlegen.

„Werden sie Ihre Erfahrungen in Sibirien veröffentlichen?", war ihre letzte Frage.

Wir sagten, dass wir bis jetzt nicht daran gedacht hätten und dass es auch gar nicht in der Absicht unserer Reise läge. Sie waren mit dieser Erklärung sehr zufrieden.

Von Ihnen gingen wir wieder zum Kommandanten. Wir wollten ihm für die erteilte Erlaubnis danken und ihn zugleich bitten, uns zu den politischen Frauen Eingang zu geben. Aber noch bevor wir etwas sagen konnten, sagte er:

„Ich meine, die Herren waren sehr zufrieden über Ihren Besuch, Sie sind es gewiss auch und ich nicht weniger. Inzwischen habe ich zu den politischen Frauen geschickt und sie fragen lassen, ob sie Ihren Besuch wünschen. Die Nachricht lautet, sie erwarten Sie."

Obgleich wir noch etliche Minuten zu warten hatten, bis der uns begleitende Mann kam, so fragte der Kommandant auch nicht ein Wort, wie wir es bei den Männern gefunden und was sie gesagt hätten, oder welcher Meinung wir über sie wären.

Bald erschien der Beamte, und wir gingen zu den politischen Frauen. Das kleine Häuschen, in dem wir sie vorfanden, lag inmitten anderer Häuser und Hütten, offenbar in der Niederlassung des freien Kommandos. Zwei der Damen waren sehr eifrig in der Küche tätig, denn sie bereiteten sich selbst die Speisen. Einige waren mit Flicken und Plätten ihrer Wäsche beschäftigt, aber sie ließen sogleich alles stehen und liegen, kamen und bewillkommneten uns aufs herzlichste, wie es Frauen nur können.

Auf die Frage des Doktors, wie es ihnen wohl gehe, antwortete die älteste Dame sehr stürmisch:

„Wir haben alle aus allen Kräften revolutioniert!"

Wir fühlten sofort, das waren eigentlich Worte an die Adresse des begleitenden Beamten, der wirklich ganz feuerrot wurde. Dr. Baedeker sagte hierauf sehr ernst und ruhig:

„Sie haben eigentlich meine Frage nicht beantwortet, wir fragen fast niemanden mehr, was er getan, sondern was er jetzt tut."

Die Dame wollte aber offenbar nicht weiter in Gegenwart des Beamten sprechen und fragte den Doktor, ob er nicht auch Französisch oder Englisch spreche, und als er es bejahte, lud sie ihn in das nächste Zimmer, und sofort hatten wir wieder zwei Gruppen zu je vier Damen.

Die vier jüngeren verstanden nicht Englisch und blieben mit mir. Die jüngste unter ihnen war seit zwei Jahren hier und war 17 Jahre, als sie in die Verbannung ging. Die anderen waren älter, aber alle äußerst nervös. Und konnten sie anders, wenn sie Tag und Nacht in einer so stürmischen Atmosphäre lebten, wie wir sie hier vorfanden? Wäre nicht eine gute Erziehungsanstalt, eine höhere Töchterschule für dies siebzehnjährige Mädchen der angemessene Ort gewesen, wo das junge Leben in ruhigere Bahnen hineingelenkt worden wäre?

Mit des Herrn Hilfe gelang es mir sehr bald, unser Gespräch auf den Zweck und das Ziel unseres Daseins zu lenken, und wie alles verloren ist, wenn das Ziel nicht erreicht wird. Alle hier hatten gar nicht an dasselbe gedacht.

„Wir leben und wir sterben für das Volk, das ist der Zweck unseres Daseins", triumphierten sie.

„Gut, sehr gut", sagte ich, „Sie wollen alles bessern, reformieren, wer wollte das tadeln, aber müsste nicht die Reformation statt draußen um uns her in uns selbst anfangen? Steht denn alles recht bei Ihnen bezüglich Gott und Menschen, so dass Sie wirklich das Beste für alle suchen möchten?"

Sie wurden sehr still und ernst, langsam kamen sie gleichsam zur Besinnung, wurden fast zu Tränen gerührt und bekannten, noch nie einen Blick in die Richtung nach Gott hin getan zu haben. Die jüngste war die erste, die ihre Hände nach einem Testament ausstreckte, und die anderen folgten ihr.

Von hier fuhren wir nach Srednaja Kara und Werchnaja Kara, wo uns der Herr ebenfalls mit seinem reichen Segen begleitete. In Werchnaja Kara waren die Gefangenen sowie die Beamten besonders ergriffen, und die Arrestanten sangen, nachdem wir geschlossen, ein schönes Kirchenlied. Der Chef erzählte uns, wie sie selbst aus ihrer Mitte einen Chor zum Gesang geistlicher Lieder gebildet hätten.

Unter diesen Sängern zog besonders ein alter, ganz weißhaariger Arrestant unsere Aufmerksamkeit auf sich. Er sah so ehrbar aus und hatte eine außerordentliche Bassstimme. Uns schien, der Mann habe nichts von einem gemeinen Verbrecher, darum fragten wir ihn, warum er zur Zwangsarbeit nach Kara verurteilt sei. Seine Mitteilungen klangen so überzeugend wahrscheinlich, dass wir keinen Augenblick zweifelten, dem ist ein unbeschreibliches Unrecht getan worden.

Nach Schluss von allem waren wir beim Chef zum Tee eingeladen. Da sprachen wir unser Bedauern bezüglich des Alten aus und fragten, ob denn gar keine Abhilfe geschaffen werden könnte. Statt einer Antwort holte er aus dem Archiv seine Akten und zeigte uns, dass, wenn alle die Urteile für seine vielen Verbrechen an ihm ausgeführt werden sollten, er dann noch fast zweihundert Jahre leben müsste. Die Hoffnung, noch je frei zu werden, winkte ihm nicht mehr. Wie schauerlich, sich bei solchem Zustand als ein ganz unschuldiges Kind darzustellen.

Endlich waren wir auch hier zum Schluss gelangt und eilten nach Srétensk, wo wir am 21. August eintrafen.

Von Srétensk mit dem Dampfer bis Nikolájewsk

Wochenlang schon zogen wir immer wieder in Erwägung, ob wir nicht auf dem Landwege unsere Heimreise machen sollten. Doch wurde uns klar, wir müssten alsdann von hier umkehren. Die Gefängnisse Blagowéstschensk, Chabarówsk, Nikolájewsk und die Insel Sachalín hätten unbesucht bleiben müssen. Das wäre ein großer Ausfall in dem ganzen Unternehmen gewesen, aber auch bei solchem Entschluss war es fraglich, ob wir vor Schluss der Schifffahrt nach Tjumén zurückkehren konnten. So entschieden wir uns dafür, weiter vorwärts zu gehen, obwohl von hier bis Nikolájewsk abermals weit über 3000 Kilometer vor uns lagen. Unser uns lieb gewordener Tarantáss wurde hier verkauft. Als wir dann auf der Agentur der Amúrschen Dampfschifffahrtsgesellschaft erschienen, um Fahrkarten zu lösen, wurden wir angenehm überrascht.

„Sie haben freie Fahrt in der ersten Klasse bis Nikolájewsk", hieß es, und man gab uns eine besondere Kajüte.

Kapitän Stolén, einer der Direktoren der Gesellschaft, den Dr. Baedeker in Helsingfors kennen gelernt hatte, hatte es von Petersburg telegraphisch angeordnet. Das war ein Wink vom Herrn: Er war einverstanden mit dieser Weiterfahrt.

Am Sonnabend, den 23. August, verließen wir Srétensk. Von nun an begann die längst erwünschte Ruhe. Es sollte aber eine lange Reise werden, man sagte uns, 14 Tage. Solange wir auf der Schílka fuhren, kamen wir sehr langsam vorwärts, der Fluss war sehr seicht geworden. Oft fühlten wir, wie wir auf Sand gerieten, dann musste mit Stangen nachgeholfen werden, währenddessen die Maschine gestoppt war, bis wir wieder flott gemacht waren. Ein andermal war die angehängte Barke mit den Frachtgütern in Gefahr, auf Sandbänke zu geraten. Erst als der Fluss Argún, der aus der Mandschurei kommt, sich mit der Schílka vereinigt hatte, wurden wir von Plackereien frei. Von da ab waren wir erst auf dem Amúr, der die Grenze zwischen Russland und der Mandschurei bildet.

Auf dem Dampfer machte ich die Bekanntschaft eines jungen Burjaten, der Missionar für die Eingeborenen auf Sa-

Anlegestelle bei Blagowestschensk am Amur

chalín war. Täglich durfte ich ihm das Heil in Christo nahebringen, einerseits, anderseits lernte ich von ihm in diesen Tagen Sachalín so kennen, als ob ich bereits jahrelang dort gewesen wäre. Je mehr ich die Verhältnisse der Eingeborenen, der Giljaken auf der nördlichen, der Ainos auf der südlichen Hälfte der Insel und der Zwangsarbeiter daselbst kennen lernte, desto mehr blutete das Herz ob der geistlichen Not und der Macht der Sünde, in welcher sie daselbst umkommen. Wie wenig es auch war, was wir bringen konnten, so knüpften wir doch Hoffnung daran, der Herr könne Großes aus dem Wenigen machen.

Am Mittwoch, den 27. August, erreichten wir Blagowéstschensk, die Hauptstadt des Amúrgebiets. Wir mussten hier auf einen tiefergehenden Dampfer umsteigen, der leider noch nicht angekommen war.

Das dortige Gefängnis war, wie nicht anders erwartet werden konnte, ziemlich klein, da das ganze Amúrgebiet noch keine 50.000 Einwohner zählte, wovon 20.000 auf Blagowéstschensk entfielen. Die neuen Ansiedler, die freiwillig aus Russland hierherkamen und das Land zu besiedeln begannen, waren ein mehr friedliches und verhältnismäßig moralisches Element. Nur die großen und größten Goldwäschereien Sibiriens in der Nachbarschaft der Stadt an dem Fluss Sea mit ihren tausenden Arbeitern bargen eine große Anzahl aus den Gefängnissen Entlaufener, und das waren oft recht gefährliche Menschen.

Freitag, den 29. August; fuhren wir von Blagowéstschensk weiter. Nur einige Stunden unterhalb dieser Stadt liegt am anderen Ufer Aigun, eine mandschurische Stadt, wo unser Dampfer für einige Stunden anlegte. Der Kapitän ermutigte uns auszusteigen und uns das Sehenswürdige daselbst zeigen zu lassen. Eine Anzahl Reisender befolgte den Rat, und auch wir gingen mit. Aber was war da nicht sehenswürdig? Diese Menschen mit ihrem Aussehen, ihrer Kleidung und ihrem Benehmen, diese Häuser mit ihren gekrempten Dächern, Papierfensterscheiben, ihren Öfen und ihrer inneren chinesischen Ausschmückung; die Götzentempelchen mit den schauerlichsten Drachen. Eine ganz neue, nie gesehene Welt öffnete sich uns schon beim Eingang in die Stadt. Aber schon bald wurden wir selbst die größte Sehenswürdigkeit für die Einwohner Aiguns. Sie umringten uns in großen Massen und ihre Neugierde machte sie naiv zudringlich. Unter uns befand sich ein Marineoffizier mit seiner jungen Frau, dieses Paar zog sie besonders an. Eine hochgewachsene Mongole konnte sich nicht sattsehen an der Kokarde an der Mütze des Offiziers, er musste sie ansehen und beklopfen; ein anderer wollte durchaus die silbergestreiften Epauletten auf den Schultern des Offiziers aufheben, um zu sehen, was sich unter denselben befindet. Dann die Uhrkette und erst die Uhr brachte sie alle zum Staunen. Währenddem wurde seine junge Frau ebenso genau besichtigt. Ihr Sonnenschirm, ihre Ohrringe und ihr Armband mussten sie befühlen und betasten. Nichts von allem, was sie gesehen hatten, setzte sie jedoch in solches Staunen wie der lange Bart Dr. Baedekers. Diese bartlosen Mongolen, denen kaum sechs bis sieben Haare im hohen Alter an dem Kinn wachsen, glaubten, der Doktor müsse viele Jahrhunderte zählen, dass er zu solchem Vollbart gelangt sei. Inzwischen mahnte der Dampfer durch sein Signal zur Rückkehr.

Montag, den 1. September, trafen wir in ChabaRówsk ein. Wir suchten zuallererst den Gouverneur auf, es war General Unterberger. Er wunderte sich über die Maßen, dass wir solche Reise unternommen hatten.

„Das nächste Mal, wenn Sie wiederkommen", sagte er, „kommen Sie schon per Bahn, ich habe unlängst die Bahnkarte, wie sie bestätigt ist, erhalten."

Am nächsten Tage besuchten wir das Gefängnis. Der Herr war sichtbar mit uns und segnete sein Wort. Ein Beamter, der sich für diese Arbeit interessierte und uns freiwillig begleitete, wurde zum Herrn bekehrt, und so manche von den Arrestanten empfingen tiefe Eindrücke, wie es sich bei der Verteilung der Testamente offenbarte. Dies war das letzte von uns besuchte Gefängnis auf dem asiatischen Festlande.

Noch am gleichen Tage fuhren wir weiter. Wir hatten auch hier unser Schiff gewechselt. Die große Mehrzahl unserer Mitreisenden verließ uns und ging nach Wladiwostók, während wir direkt nach dem Norden fuhren.

Endlich landeten wir am Donnerstag, den 4. September, in Nikolájewsk. Bevor wir noch angelegt hatten, sahen wir schon den Polizeimeister, der uns hier auf die Anordnung des Gouverneurs in Chabarówsk erwartete. Die Auskünfte, die er uns gab, lauteten sehr trübe, es schien, als wären mit einem Male alle Türen für uns verschlossen. Er berichtete, in Wladiwostók sei die Cholera ausgebrochen und dadurch jeder Verkehr abgebrochen. Ein Dampfer komme gegenwärtig weder nach Nikolájewsk noch nach den Sachalínschen Häfen. Eine Möglichkeit nach Sachalín zu kommen, sei zurzeit nicht vorhanden.

„Gut", sagte Dr. Baedeker, „können Sie uns nicht ein Hotel empfehlen?"

„In Nikolájewsk gibt es kein Hotel oder nur etwas ähnliches", entgegnete er.

„Vielleicht findet sich irgendeine Pension oder ein Haus, wo sich ein Unterkommen ermöglichen lässt?", fragte der Doktor.

„Wie ich mich auch besinne, ich weiß wirklich nichts Derartiges", sagte der Polizeimeister und wir waren mit ihm am Ende.

Da erinnerte sich der Doktor, er habe eine Empfehlung an den hiesigen Agenten der Dampfschifffahrtsgesellschaft, wir gingen zu ihm, der Doktor bat um Rat, aber auch hier erhielten wir nichts weiter als ein restloses Achselzucken.

Noch immer ist es so gewesen: Wenn wir weder aus noch ein wussten, dann kam der Herr. Und so geschah es auch hier. Ein amerikanischer Kaufmann namens Emery mag unsere Verlegenheit gesehen haben, er erkundigte sich, um

Stadt Nikol*á*jewsk am Amur. Aussicht auf den westlichen Teil der Stadt und den Fluss Amur

was es sich handele und lud uns in sein Haus. Wir nahmen es dankend an und priesen den Herrn, der so schnell einen Ausweg gefunden hatte. Diese Nacht jedoch blieben wir auf dem Dampfer und fuhren am nächsten Morgen zu Herrn Emery.

Auf dem Amúr hatten wir bereits verhältnismäßig schöne Ruhe gehabt und wir waren ganz froh gewesen, uns in neue Arbeit zu werfen, aber mit einem Male völliger Stillstand, was wollte der Herr damit sagen? Wenn man einmal so in die Arbeit hineinkommt, dass man Tag und Nacht immer weitermuss, bis man an das Ende gelangt ist, dann kann man in dem Getriebe noch kaum auf den Gedanken kommen, dass man auch dann lernen soll, stille zu sein, Geduld zu haben und auf die Hilfe des Herrn zu warten.

Tag für Tag verging ohne eine Aussicht, wie wir von hier weiterkommen könnten. Der liebe Herr Emery und seine Angehörigen machten uns den Aufenthalt so angenehm wie möglich. Alle Tage machten wir uns Bewegung an der frischen Luft. In der Stadt war nichts Sehenswürdiges außer ihrem mit jedem Tage zunehmenden Zerfall. Ihre ehemalige Herrlichkeit hatte sie an Wladiwostók abgeben müssen. So gingen wir wiederholt an den Amúr, wo gerade in jenen Tagen große Tätigkeit entfaltet wurde. Die Keta, eine Art Lachsfisch, die aus dem Großen Ozean zu Millionen in den Amúr strömte, wurde jetzt gefangen. Zehntausende Fässer und große Salzhaufen warteten ihrer am Ufer. Einen Mann, der einen dreieinhalb bis vier Kilogramm schweren Fisch an einem über die Schulter gelegtem Stock trug, fragten wir, was wohl solch ein Fisch koste.

„Ich habe ihn geschenkt bekommen", sagte er, „sonst kostet er fünf Kopeken. Hundert Stück kosten drei Rubel."

Als wir eines Tages wieder an den Amúr hinausgingen, sah ich weiter flussabwärts einen Dampfer liegen.

„Da ist unser Dampfer, der uns nach Sachalín bringen soll", sagte ich ein wenig freudig erregt zum Doktor.

Er blickte hin, sagte aber kein Wort. Am Mittagstisch, wo wir wieder mit Herrn Emery zusammenkamen, fragte der Doktor ihn:

„Wissen Sie nicht, was das wohl für ein Dampfer sein mag dort unterhalb der Stadt?"

„O ja", sagte Herr Emery, „er ist in der Nacht eingetroffen, kommt aus Japan und ist an mich adressiert."

Wie ein Hoffnungsstrahl flog es bei dieser Antwort durch unsere Gedanken.

„Könnte er uns nicht nach Sachalín bringen?", fragte schnell der Doktor.

„Nein, das ist ausgeschlossen", war die ebenso schnelle Antwort, „was ein solcher Abstecher einen befrachteten Dampfer kosten würde, kann ich im Augenblick nicht einmal berechnen."

So blieb es für den Augenblick, man sprach nicht weiter hierüber, der Dampfer wurde ausgeladen, wurde von Emery befrachtet, und dieser sollte ihm Order erteilen. Da fragte Emery den Kapitän:

„Sagen Sie mir, für wie viele Tage haben Sie Steinkohlen an Bord?" „Für vier Tage", sagte der Kapitän ehrlich.

„Herr Kapitän, Sie brauchen gerade vier Tage bis Hakodate, falls aber Sturm eintritt, fahren Sie auch fünf und mehr, dann sind sie verloren. Ich kann Ihnen keinen Order ausstellen, ehe Sie sich nicht mit Kohlen versorgen."

Der Kapitän war sofort bereit, Kohlen aufzunehmen, aber alle Mühe solche in Nikolájewsk aufzutreiben, war vergebens. Aber auf Sachalín waren Steinkohlen zu haben. Nur unter der Bedingung, solche auf Sachalín einzunehmen, gab ihm der Herr Emery Order. Wunderbare Fügung Gottes für uns, für Sein Werk. Der Kapitän war jetzt bereit, uns mitzunehmen. Doch unser Wunsch ging viel weiter, wir wünschten mit diesem Dampfer nach Japan zu gehen, weil der Winter vor der Tür war und jede Verbindung bald würde abgebrochen werden. Wir baten den Kapitän, den einen Tag bei der Insel zu halten, damit wir wenigstens so viel tun könnten, wie sich ermöglichen ließ. Er erklärte jedoch, er würde keinen Augenblick länger weilen, als für die Ladung von zwei Tonnen Kohle nötig sein würde. Hiermit mussten wir uns einverstanden erklären, ob wir wollten oder nicht.

Nach Sachalín

Mit Dank und Anbetung und heißer Bitte um weitere gnädige Leitung des Herrn gingen wir Donnerstag, den 11. September, abends an Bord, wo alles zur Abfahrt bereit war. Die Fahrt in der Mündung des Amúr, die sehr versandet war, ging langsam. Herrlich waren die schönen Inselchen, die sich im tatarischen Sund an das Festland lehnen. Wir fuhren den ganzen 12. September südwärts an ihnen vorüber. Sonnabend früh um fünf Uhr gab unser Dampfer sein Signal vor Alexandrowskij Post ab, bis dort eine kleine Dampfbarkasse abfuhr, die schnell bei uns war. Man fragte uns, was unser Begehr sei.

Der Kapitän des Dampfers erhielt den Bescheid, er könne Kohlen haben, soviel er wünsche, auch von unserem Kommen war man unterrichtet. Wir und ein Gehilfe des Kapitäns stiegen in die Barkasse und fuhren ans Land, wo dieser die Kohlen besah und kaufte. Dieselbe Barkasse geleitete dann den Dampfer zwölf Kilometer weiter südlich, wo die Kohlen geladen werden sollten.

Uns brannte es in den Herzen und unter den Füßen, denn wir hatten nur wenig Zeit. „Was wir in ein paar Stunden tun werden, wird vielleicht alles sein, was für ein Jahrzehnt oder gar für ein ganzes Menschenalter getan wird", waren unsere Gedanken. Vielleicht haben wir nie zuvor so auf den Herrn geblickt, wie hier auf Sachalín, dass er Seine Segensströme sende.

Zunächst mussten wir Klarheit haben, ob unsere Testamente, deren Transport die „Freiwillige Flotte" übernommen
hatte, angekommen waren und wo sie sich befanden. Darüber konnte uns der Gouverneur Auskunft geben. Das war
„Oberst Kononowitsch, ein hoch gebildeter, humaner und
sympathischer Mann, dessen noch heute die Staatsverbre-
cher in Sibirien mit Dankbarkeit und Hochachtung gedenken", wie Georg Kennan von ihm schrieb.

Obwohl es noch ein wenig früh war, ließen wir uns anmelden, wurden sehr zuvorkommend aufgenommen und fanden die 1500 Testamente wohl aufbewahrt. Wir sagten ihm,
wie wenig Zeit uns von unserem Kapitän gegeben sei und
baten ihn, uns in allem behilflich zu sein. In der Tat waren
sofort alle Beamten im Gefängnis zu unseren Diensten. Sie

Zwangsarbeiter auf der Insel Sachalín. Ketten werden angelegt

stellten die Gefangenen schon vorher auf, ließen andere von der Arbeit befreien, und noch andere, die zur Besserung der Wege ausgesandt waren, wurden zurückgerufen. Alle sollten heute einen Festtag haben.

Da es nach der alten russischen Zeitrechnung, die damals noch galt, gerade der 1. September war, waren alle auf Landparzellen angesiedelten Sträflinge, die irgendeine Unterstützung zu empfangen hatten, an diesem Tage hergekommen, um dieselbe abzuholen. Ihrer waren etwa 600 Mann. Unter freiem Himmel vor dem Kontor verkündigten wir ihnen das Wort vom Kreuz.

Die kleine Dampfbarkasse wartete bereits, um uns noch nach Port Dui zu bringen, wo auch unser Dampfer lag. Wir fürchteten schon, uns verspätet zu haben, und dass unser Dampfer fertig sein würde. Der Beamte beruhigte uns jedoch und sagte:

„Wir haben beschlossen, ihn nicht eher loszulassen, als bis Sie alle unsere Gefangenen besorgt haben. In Port Dui sind derer noch mehr als hier."

Dort angekommen, sahen wir, wie die Kohlen noch immer geladen wurden. Für uns war schon eine Partie Grubenarbeiter aufgestellt, alles Leute von den schwersten Verbrechern. Kohlschwarz standen sie vor uns, wartend der Dinge, die da kommen sollten. Nun, der Gott aller Gnade und allen Trostes nahm uns in seine Hände und gebrauchte uns als Seine Werkzeuge und mir ist, als sähe ich noch heute, wie die heißen Tränen über die schwarzen Wangen rinnen, ihre hellen Streifen auf denselben zurückließen und wie andere diese Tränen mit ihren Ärmeln abzuwischen versuchten. Der Geist Gottes waltete still in aller Herzen bis in die tiefsten Tiefen.

Als sie abkommandiert wurden, um der zweiten Partie Platz zu machen, da war es schwer, sie wegzubringen, sie wollten noch weiter hören. Es wurde ihnen gesagt, sie könnten das von den Fenstern ihrer Kaserne aus. Sie gingen und alle Fenster der alten Kaserne öffneten sich sofort und wurden von andächtig lauschenden Zuhörern besetzt.

Als die letzte Partie aufgestellt wurde, bemerkten wir unter ihnen acht Mann, die an Schubkarren angeschmiedet waren, ein Zeichen, wie uns der Chef mitteilte, dass sie noch im Gefängnis einen Mord begangen oder ein Kriminalverbrechen verübt hatten. Solche Sträflinge wurden auch zur Nacht nicht von ihren Karren gelöst.

Schließlich wurde auch diese Partie entlassen, aber schon nach wenigen Minuten hatten sie eine Deputation abgefertigt, die zu uns kam, um uns noch im Namen aller zu danken. Aus dem Gefängnis selbst kam der Ruf:

„Geht nicht fort, hier sind einige krank und möchten doch jemand von Euch sehen und ein Testament von Euch erhalten." Ich ergriff einige Testamente und sprang die Treppe hinauf und man führte mich zu dem einen und anderen und dritten und ich sprach einige Worte mit jedem von ihnen. Eine ganze Menge war rundum, und sie wären bereit gewesen, mich zu umarmen und auf Händen zu tragen.

Jetzt aber kam der Chef und zog uns fast mit Gewalt fort in seine Wohnung. Hier waren alle Beamten des Gefängnisses und des Kohlenbergwerkes beisammen. Wir verlebten mit ihnen beim Genuss von Speise und Trank noch eine ernste, schöne Stunde, die letzte auf russischem Boden.

Schließlich geleiteten sie uns alle zu unserem Dampfer, wo wir uns erst von ihnen verabschiedeten.

Unser Kapitän war fast untröstlich, dass er sich mit den Kohlen hatte eingelassen. Welch eine Strecke hätte er seit heute früh schon zurücklegen können. Hätte er nur ahnen können, dass ihm die Kohlen mit Schiebkarren aufs Schiff gefahren werden sollten. Erst um Mitternacht lichteten wir die Anker, um unsere Reise fortzusetzen. Der Doktor aber und ich waren sehr müde, darum suchten wir schnell unsere Ruhestätten auf.

Am nächsten Morgen erst wurde es uns beim Erwachen recht bewusst: Die große, über vier Monate dauernde Reise mit allen ihren Beschwerden lag hinter uns. Hinter uns lagen die Straf- und Leidensstätten, die wir aufzusuchen ausgezogen waren, hinter uns die Zehntausende, die die Welt von sich ausgestoßen und für Millionen unnahbar und unzugänglich gemacht hatte. Wie schmerzlich es auch das Herz oft empfunden hatte, einen Einblick in das bodenlose Elend und die unsäglichen Leiden zu gewinnen, so sahen wir doch darin eine besondere Gnade unseres Gottes, dass Er uns gewürdigt hatte, zu diesen Unglücklichen zu gehen, in ihre Angesichter und in mancher Herz hineinzuschauen, ihnen Gottes Botschaft der Liebe und damit Tröpflein des Trostes zu bringen. Jetzt lag alles hinter uns, wie ein eben ausgeträumter Traum. Wie unser Herz voll Dank und Anbetung war für den ausgestreckten Arm und die über uns gebreitete Rechte Jehovas, so war es auch erfüllt von dem heißen Wunsch: Herr, segne den ausgestreuten Samen, erwecke die, welche Du zum Acker für denselben ausersehen hast, segne alle die, welche zur Verwirklichung unserer Arbeit hilfreiche Hände ausgestreckt haben und komme mit Deiner Kraft aus der Höhe über die beiden Weltteile, durch welche unser Weg soeben zu Ende gegangen ist.

Nach einer kurzen Übersicht fanden wir, dass uns vergönnt worden war, 40.000 Gefangenen das Wort Gottes zu verkündigen, mit vielen persönlich zu sprechen, sie zu ermahnen, zu Christo zu weisen und zu trösten. Außerdem hatten wir die unschätzbare Gelegenheit gehabt, ihnen 12.000 Neue Testamente oder andere Teile des Wortes Gottes in ihre Hände als ihr Eigentum zu legen. Diese Zahlen beziehen sich nur auf das Festland. Hierzu kommt noch Sachalín, wo wir der Kürze der Zeit wegen lange nicht die ganze Menge der dort eingeschlossenen Arrestanten und angesiedelten

Kolonisten besuchen konnten. Nur 1500 Menschen hatten wir hier das mündliche Wort gebracht und hierbei über 1000 Testamente verteilen dürfen. Einen kleinen Vorrat von etwa 500 Testamente ließ der Doktor dort für neue Ankömmlinge zurück. Auf das alles blickend, was hinter uns lag, konnten wir nur schließen mit einem triumphierenden Halleluja!

Die Heimreise

Seit Sonntag, den 14. September, früh, gleich nach Mitternacht, waren wir auf dem Wege der Heimkehr. Der Landweg war mit dem Wasserweg vertauscht worden, der mit kurzen Unterbrechungen einige Tage mehr als zwei Monate dauerte.

Wir hatten herrliches Wetter. Fortwährend blieb uns die Insel Sachalín in Sicht, die sich umso schöner zeigte, je südlicher wir vordrangen. Während sie in Alexandrowski Post in allem den Stempel einer nördlichen Gegend trug, so bekleidete sie hier ein schönes Grün, nicht nur der Tannen und Fichten, sondern vielartiger Laubbäume, was sehr verständlich ist, wenn wir uns daran erinnern, dass sie sich weit über 800 Kilometer vom Norden nach Süden erstreckt. Erst als wir uns dem Ende der Insel und der Straße von La Perusa näherten, bekamen wir eine schwache Brise. Dr. Baedeker, der sonst nicht seefest war, blieb ganz ruhig auf Deck, während es mich in die Koje hinwegtrieb. Das war für mich, der ich nie seekrank gewesen war, kein gutes Zeichen. Es kam an den Tag, meine Nerven- und Leberkrankheit hatte gute Fortschritte gemacht. Gott sei Dank, die Brise war wirklich nur sehr leicht und auch für mich erträglich.

Nach ein paar Stunden Ruhe in der Koje öffnete der Doktor plötzlich die Tür unserer Kajüte und rief:

„Wollen Sie Walfische sehen?"

Ich traute kaum meinen Ohren und dachte: Sollte uns wirklich solch ein Vergnügen werden? Schnell eilte ich auf Deck. Der Doktor zeigte zur rechten Bordseite, wo er in einer Entfernung von 18 bis 20 Metern drei Paare beobachtete. Sie schwammen in der Richtung mit unserem Dampfer, aber so gemütlich, dass sie kaum merklich zurückblieben. Wir schätzten ihre Länge auf fünf bis fünfeinhalb Meter. Noch nachdem wir sie schon nicht mehr sehen konnten, hatten wir das Vergnügen, ihre schönen Wasserstrahlen spielen zu sehen, die sie gleich einer Fontäne hoch in die Luft sandten.

Den ganzen nächsten Tag fuhren wir in der Nähe der nördlichen Insel Japans, Jesso[9], entlang. Selbst vom Schiff aus ist zu sehen, dass sie vulkanischen Ursprungs ist. Ihre Ureinwohner, wie auch die der Kurilischen Inseln, sind Ainos. Wir sahen sie hin und wieder beim Fischfang beschäftigt. Auch dieser Tag war herrlich, selbst die Fische bekundeten ihr Frohsein durch ihr reges Spiel miteinander. Spät am Abend fuhren wir in den Hafen von Hakodate ein.

---

9   Hokkaido, früher bekannt als **Yesso,** ist die zweitgrößte Insel Japans [Anm.: B. M.]

Eine Woche in Hakodate

Als wir am nächsten Morgen hinaus auf das Deck traten, sahen wir, dass wir uns in einem der prächtigsten Häfen der Welt befanden. Der Kapitän versicherte uns, dass derselbe alle Kriegsflotten der Erde zu beherbergen imstande sei. In einiger Entfernung von uns lagen zwölf weiß angestrichene englische Kreuzer ruhig vor Anker. Die Stadt Hakodate lag nördlich vom Hafen, sanft aufsteigend zur Höhe des vor uns liegenden Berges.

Dr. Baedeker hatte die Adresse eines Missionars von der englischen kirchlichen Mission, namens Matthew. Wir fanden diesen bald, und es war, als ob er schon lange auf unseren Besuch gewartet hätte. Er nahm uns sofort in sein Haus und erzählte, dass er seit neun Jahren keinen brüderlichen Besuch gehabt hätte. Viel hatte er zu Fragen bezüglich unserer und wir bezüglich seiner Arbeit für den Herrn.

Schon am nächsten Tage hatte der Doktor eine schöne Versammlung im gefüllten Missionssaale. Ich konnte diesmal Zuhörer sein, denn eine japanische Lehrerin, eine Christin, übersetzte aus dem Englischen ins Japanische. Auch in den folgenden Tagen fanden solche Versammlungen statt und in einer derselben ereignete sich ein unangenehmes Missverständnis. Es war eine Evangelisationsversammlung und Baedeker hatte zum Text:

„Wir gingen alle in die Irre wie Schafe, ein jeglicher sah auf seinen Weg" (Jes. 53, 6).

Er sprach recht freimütig und die Lehrerin tat ihr Bestes, wenn es auch hin und wieder mit dem Dolmetschen stockte. Das Schaf, so sagte der Doktor, irre sehr leicht, vielleicht leichter als alle anderen Geschöpfe, und so auch der Mensch, so gingen wir alle in die Irre. Weiter erläuterte der Doktor, es liegt dem Schaf so in der Natur, zu irren, dass, wenn es der Hirte findet und mit seinem Kopf und den Augen dem Hause zu auf den rechten Weg stellt, es sich sofort seitwärts wendet und nicht auf dem Wege bleibt. Bis zum vorletzten Punkt hatte die Lehrerin, wie es schien, fast fließend übersetzt, aber jetzt war es ihr doch zu viel, das der Versammlung zu sagen, was der Doktor eben angesprochen hatte. Die Predigt wurde unterbrochen und es folgte eine Auseinandersetzung zwischen der japanischen Lehrerin und dem Missionar Matthew, die wir nicht verstanden. Schließlich kam das ganze Missverständnis an den Tag. In Japan ʼgibt es keine Schafe, man kennt das Tier dort nicht, es kann, wie man uns sagte, das Klima nicht vertragen, sondern stirbt an Tuberkulose. Die Lehrerin hatte daher anstatt sheep immer ship verstanden und folglich statt Schaf immer Schiff übersetzt. So war eine unliebsame Verwirrung entstanden, welche die anfängliche Andacht zerstörte. Man ließ jetzt ein Lied singen und der Doktor sprach dann über einen anderen Text.

Eines Tages erzählte mir Missionar Matthew:

„Wissen Sie, wir haben hier auch einen russischen Missionar, einen orthodoxen Priester."

„Ich würde mich ungemein freuen", sagte ich, „wenn Sie mich zu ihm führen würden."

Er war bereit, das sofort zu tun, teilte mir aber vorher noch mit, wie die orthodoxe Mission hier begonnen hatte. Der orthodoxe Bischof in Tokio hatte diesen Priester nach

Hakodate gesandt, um die Mission zu begründen. Dieser suchte nun zuerst ein Haus oder ein Stück Land zu kaufen, konnte aber weder das eine noch das andere bekommen.

„Er klagte mir seine Not", schloss Matthew, „und ich verkaufte ihm einen Teil meines Grundstücks, wir sind somit Nachbarn."

„Welch ein weites Herz", dachte ich, „es dürfte nicht viele Protestanten geben, die den Orthodoxen gegenüber so brüderlich handeln würden."

Was war es denn, werden die Leser fragen, was uns in Hakodate tagelang festhielt? Zunächst gab es keinen Dampfer, der uns nach Yokohama bringen konnte, zum anderen waren wir in einer noch größeren Verlegenheit. Dr. Baedeker hatte nur russisches Geld zu seiner Verfügung, dass man in Hakodate nicht annahm. Alle Bemühungen, es einzuwechseln, waren vergeblich. Wir wandten uns sogar an den russischen Konsul um Rat, doch auch er konnte uns nur sagen:

„Fahren Sie nach Yokohama, dort finden Sie schon russische Kaufleute, die ihnen das Geld einwechseln werden."

Das hätten wir selbst auch ohne seinen Rat schon getan, wenn wir nur Fahrkarten für russisches Geld hätten haben können, ohne solche kamen wir jedoch nicht vom Fleck. Noch kurz vor einem fälligen Dampfer nach Yokohama erinnerte sich Herr Matthew an einen Engländer, der sich mit allerhand Geldgeschäften befasste. Er gab uns seine Adresse und wir suchten ihn auf.

„Nein", sagte der Alte auf unsere Anfrage, „das russische Geld nimmt hier niemand und ich auch nicht. Gehen sie nach Yokohama, da wird man es Ihnen auswechseln."

„Das ist ja gerade unsere Schwierigkeit", sagte der Doktor, „dass wir nicht nach Yokohama gelangen können, ohne irgendwelches andere Geld."

„Das ist ja so schwierig nicht", erwiderte der Alte, „ich gebe Ihnen hundert japanische Dollar, das langt schon für Sie beide. In Yokohama wechseln Sie Ihr Geld und zahlen die hundert Dollar in meiner Bank ein. Wird es so gehen?"

Ich weiß nicht, wie es dem Doktor bei diesem Anerbieten ging, mir aber hüpfte das Herz im Leibe. Als Dr. Baedeker fragte, wie viel wir ihm für seine Bemühungen schuldig wären, sagte der liebe Alte:

„Nichts, gar nichts, ich helfe Ihnen ja nur aus einer Verlegenheit."

Er gab dem Doktor die hundert Dollar und seine Karte sowie die Adresse der Bank, wo das Geld einbezahlt werden sollte, das war alles. Ich habe mich manchmal gefragt, wo man noch ähnliche Menschen finden könnte, die einem auf das bloße Gesicht hin, auf der Durchreise im fremden Lande, ohne irgendein Pfand oder eine Garantie 450 Mark in Gold leihen würden.

Am nächsten Tage ging ein Postdampfer nach Yokohama, wo wir in anderthalb Tagen ankamen.

In Yokohama und Tokio

Die anderthalb Tage auf dem großen Ozean waren wunderbar, man war sich kaum bewusst, dass man sich auf dem Meer befand, so still und ruhig glitten wir dahin. Das war uns umso unschätzbarer, als man uns mitteilte, dass vor etwas mehr als einer Woche, gerade während unserer Brise im Tatarischen Sund, ein ebenso schönes Schiff wie das unsrige und ein türkischer Kreuzer, der sich mit einer Deputation vom Sultan an den Mikado auf dem chinesischem Meere befand, durch einen schauerlichen Taifun zugrunde gegangen waren. Herrlich war die Nord-Ostspitze der großen Insel Nippon, die sich mit ihrer Menge Bergkegeln, die wie Zuckerhüte in die Luft emporragten, vom Meer aus wunderschön machte.

In Yokohama fanden wir ein prächtiges Heim für solche Missionare und deren Familien, die in den südlichen und tropischen Gegenden arbeiten und in der heißesten Zeit einer Erholung bedürfen. Hier hätte man beinahe sagen können: „Es ist gut sein, lasst uns Hütten bauen." Alle schienen froh und glücklich zu sein, jeder schaute den andern freundlich und liebevoll an, als wären alle verwandt und längst bekannt. Mir indes erging es sehr übel und es schien, jede Stunde könnte eine Katastrophe eintreten. Ich konnte kein Bissen in den Mund nehmen oder auch nur eine Tasse Fleischbrühe trinken. Der Magen behielt nichts bei sich, während der Appetit gut war und ich sogar hungerte.

In der Stadt herrschte Cholera, die jeden Tag eine große Zahl von Opfern forderte, und der Doktor war nicht wenig besorgt, dass ich irgendwie von ihr ergriffen werden könnte. Ich fühlte, ein Löffel Rotwein würde meinen Magen noch ein wenig stärken. Vergeblich suchte ich danach in allen Handlungen, erstand schließlich eine Flasche Weißwein, als ich ihn aber kostete, stellte es sich heraus, dass es eine Art leichten alkoholischen Surrogats war. In Ermangelung von etwas Besserem nahm ich von Zeit zu Zeit ein wenig davon ein und wenn ich auch nicht essen konnte, so hörten doch die Magenschmerzen und die Übelkeit auf. Hier in Yokohama wollten wir nur so lange bleiben, bis Dr. Baedeker Antwort von einem jungen Professor der Universität in Tokio erhalten würde, ob er daheim und unser Besuch ihm passend sei. Nach anderthalb Tagen erschien der Professor und holte uns ab. Es war eine kurze, schöne Bahnfahrt von fünf Stunden und kurz vor Abend waren wir in Tokio, der Hauptstadt Japans.

Unser freundlicher Gastgeber wohnte in einem Hause mitten in einem schönen Bambusgarten, den wir noch vor dem Dunkelwerden gut in Augenschein nehmen konnten. Nie habe ich geahnt, zu welcher enormen Höhe diese geraden, zirkelrunden, prachtvollen Gewächse emporschießen. Nur an ihrer sich neigenden Spitze tragen sie ihr bandartiges Laub. In diesem Garten wurden uns dreißig verschiedene Arten von dem Professor gezeigt, er teilte uns indes mit, dass in der nächsten Nachbarschaft ein Park sei, wo hundert zwanzig Arten wuchsen. Wir besuchten denselben in den nächsten Tagen.

Bald nach dem Abendessen gingen wir zu Bett. Ich schlief am nächsten Morgen ausnahmsweise lange und es war 8 Uhr, als ich angekleidet mein Zimmer verließ. Aber wer hätte mein Erstaunen beschreiben können, als ich von dem acht geräumige Zimmer enthaltenden schönen Haus nichts sehen konnte als sechs oder acht starke Pfosten, auf denen des Hauses Dach ruhte, und das eine Zimmer, aus dem ich eben herausgetreten war. Ein paar Minuten später war die Hausfrau in meinem Zimmer. Wand für Wand wurde aus ihren Fugen hinausgeschoben und auch mein gewesenes Zimmer war verschwunden. Wie federleicht war doch das ganze Haus im Vergleich zu unseren Häusern. Vieles an demselben war aus sehr dünnem Holz und aus Papier und alle Fensterscheiben aus schönem, weißem Reispapier. Nur die Pfosten, die das schwer gedeckte Dach trugen, waren massiv.

Als wir nachher durch die Stadt gingen, war sehr gut zu sehen, dass fast alle Häuser ähnlich gebaut waren. Ein Missionar, mit dem wir bekannt wurden, zeigte mir sehr eingehend den ganzen Bau seiner Kirche. Natürlich war das alles sehr billig, aber wenig dauerhaft.

„Wir können nicht anders bauen", sagte er sehr ernst, „denn wir wohnen auf vulkanischem Boden. Nur solche Bauten sind bei dem Erdbeben weniger für das Leben der Einwohner gefährlich, auch halten sie besser große Erschütterungen aus. Ganz Japan lebt in solchen leichten Schattenhäusern."

Hierauf führte mich der Missionar aus seiner Kapelle und zeigte mir den Turm derselben. Er ragte in stattlicher Höhe empor.

„Können Sie sich unseren Schreck vorstellen", sagte er, „als wir vor einigen Jahren eines Morgens nach einer stürmischen Nacht zu unserer Kirche gingen, diese aber nirgends zu sehen war? Ein furchtbarer Orkan hatte den Turm aufgehoben und hundert Meter fortgetragen, die Wände aber in ein Gewirr von Splittern verwandelt. Die starken Dächer mit ihren schweren Steinplatten verhindern, dass man nicht zu oft obdachlos wird."

Von einem hochgestellten Japaner, der Christ war, erhielten wir eine Einladung zu einem Mittagsmahl, der wir Folge leisteten. Er sprach englisch und deutsch, hatte in England und Deutschland studiert und selbst europäische Zivilisation angenommen, während in seinem ganzen Hause noch japanische Sitten herrschten. Der Doktor machte mancherlei Mitteilungen von unserer Arbeit und unser Gastgeber zeigte uns Japan in seinem heidnischen Wesen und seiner Religion.

„In Europa", so sagte er, „hält man uns für Buddhisten. Das ist eine unwahre Darstellung. Wahr ist, dass die buddhistischen Bonge großen Eifer und Anstrengungen an den Tag legen, um das Volk zum Buddhismus zu bekehren, aber der Erfolg ist sehr gering. Bei uns glaubt man im Allgemeinen, wir haben zwei Prozent Buddhisten, nach meiner Überzeugung jedoch ist das zu hoch gegriffen. Wie man fast jede Propaganda überschätzt, so geschieht es auch hier. Wir haben jedenfalls nur ein, im höchsten Falle anderthalb Prozent Buddhisten in Japan.

Warum der Erfolg bei der großen Propaganda so gering ist, ist nicht schwer zu sehen. Der Buddhismus ist eine philosophische Religion, er erfordert Nachdenken. Niemals wird das Volk in Masse hierzu gebracht werden. Einzelne, tiefer angelegte, nachdenkende Menschen, die etwas Besseres suchen, als wir sonst haben, mögen im Buddhismus einige Befriedigung finden. Nur bei solchen hat er Erfolg.

Die Religion unseres japanischen Volkes im Allgemeinen ist der Schintoismus. Im Grunde genommen ist dies eigentlich keine Religion, denn eine solche besteht doch immer in einer gewissen Gottesverehrung, die aber der Schintoismus nicht kennt. Es ist nichts weiter, als eine maßlose Heldenverehrung. Unsere vor Jahrhunderten und Jahrtausenden gewesenen Machthaber und Helden, die irgendetwas, was man in der Welt für groß, ausgezeichnet und selten hält, geleistet haben, sind nach und nach in die Reihen der göttlich verehrten Vorfahren aufgenommen worden. Sie sind keineswegs während ihrer Lebzeiten, sondern erst nach ihrem

Tode, nicht durch die göttlich verehrten Vorfahren, sondern durch die später lebenden Nachkommen zu solcher Höhe erhoben worden. Ihre Zahl vermehrt sich noch immer. Wenn unser jetziger Mikado irgendetwas Heldenmütiges vollbringen, etwas für unser Land und Volk Besonderes tun würde, könnte er erwarten, dass er auch nach Jahrhunderten in die Zahl der göttlich Verehrten aufgenommen wird. Das geschieht ganz so, wie wenn der Papst längst Verstorbene zu Heiligen erhebt, oder wie man in Russland längst Vergessene hervorsucht und der Heiligenschar hinzufügt. Das ist die Religion des japanischen Volkes."

Von einigen Missionaren hörten wir, wie die große Zersplitterung der Gläubigen in verschiedene Richtungen eines der größten Hindernisse für die Ausbreitung des Evangeliums ist. Die Zeitungen haben sich dieses Umstandes bemächtigt und wenden die Masse dadurch ab, dass sie sagen:

„Etwas Positives findet ihr im Christentum nicht, die besten und eifrigsten Christen verstehen einander nicht, widersprechen sich, ja liegen einander in den Haaren. Selten sind ihrer zwei einig, sie verdammen oft einer den anderen; ganz so, wie sie euch verdammen."

Andere Zeitungen, die sich dem Christentum gegenüber nicht gerade feindlich zeigen, loben es wohl gar, setzen aber hinzu, dass es nicht für die Japaner passt. Erst, wenn es nach verschiedenen Seiten hin zugeschnitten würde, könnten die Missionare auf großen Erfolg hoffen. Nichtsdestoweniger tat der Herr auch in jenen Tagen täglich hinzu zu der Zahl, die da selig wurden.

Nach Schanghai und der kurze Aufenthalt daselbst

Nach fünf Tagen verließen wir Tokio per Bahn und schifften uns noch am gleichen Tage auf den französischen Dampfer „Saghaline" ein, der an diesem Tage von Yokohama abfuhr.

Wieder war das Wetter so ausgezeichnet, dass wir uns ein besseres nicht wünschen konnten. Unser Dampfer ging so ruhig, als ob wir uns auf einem Fluss befänden, und der japanische Himmel schien mehr blau als himmelblau zu sein. Man konnte hinter dem Tische schreiben, als ob man daheimsaß. Nur Osaka und Kobe lief unser Dampfer an. Wunderschön war die Fahrt durch den japanischen Archipel (Liu-Kiu-Inseln). Es war eine Menge von Inseln und Inselchen, fast alle mit prachtvollen Villen, Parks und Gärten, in denen sich schon eine Anzahl tropischer Pflanzen und Bäume unterscheiden ließen. Oft schien es, als steuere unser Schiff direkt auf eine in unserem Wege liegende Insel zu, und manchmal mussten wir zwischen zwei nebeneinander liegenden Inseln hindurch, dass kaum Platz für einen entgegenkommenden Dampfer gewesen wäre. Auf die Frage, ob wir hier nicht leicht auf Untiefen geraten könnten, sagte der Kapitän, das sei hier gar nicht möglich, bis dicht an die Ufer sei überall ozeanische Tiefe, ein Zeichen, dass dies lauter vulkanische Inseln sind, die eines Tages aus dem Boden des Ozeans emporgehoben wurden, aber ebenso eines Tages von der Oberfläche verschwinden können.

Als wir am nächsten Morgen auf Deck erschienen, befanden wir uns bereits im Gelben Meere. Bald wurden im Westen dunkle Flecken vor uns sichtbar und nach und nach erkannten wir die deutlichen Umrisse des vor uns liegenden Landes. Wir waren in der Nähe Chinas. Der Jang-tse-kiang sandte viele Meilen weit gelbe Fluten ins Meer hinein, die sich scharf von dem schönen Blau des Meerwassers unterschieden. Endlich hatten wir seine Mündung erreicht und in kurzer Zeit legten wir in Schanghai an, wo uns bis zur Weiterfahrt 36 Stunden Freiheit gegeben wurden.

Vor allem suchten wir das Missionshaus der „China Inland-Mission" auf, dass sich in Schanghai auf der sogenannten „englischen Konzession" befindet. Ein prachtvolles, von roten Ziegeln erbautes, mehrere Stockwerke hohes Gebäude wurde uns gezeigt. Wir traten ein und wurden liebevoll empfangen. Hudson Taylor, der greise Begründer der Mission, war leider abwesend, er war vor einiger Zeit nach Australien verreist und jetzt wahrscheinlich auf dem Weg nach Europa.

Da es gerade Mittagszeit war, nötigte man uns in einen großen Saal, in dem wir 45 bis 50 chinesische Männer, unter ihnen auch einige Frauen, beim Mittagsmahl fanden. Wir wurden ihnen als eben aus Sibirien kommend vorgestellt und freundlich von ihnen begrüßt. Unser Erscheinen hatte die vorherige lebhafte Unterhaltung unterbrochen. Nachdem wir jedoch Platz genommen hatten, kam alles in das gewohnte Geleis.

Während der Doktor sich unterhielt, machte ich meine Beobachtungen. Zunächst traute ich meinen Ohren nicht, als ich vernahm, wie alle diese Männer und Frauen ein so ausgezeichnetes Englisch sprachen. Weiter fiel mir auf, wie ihre Kleidung so untadelig rein war, was bei den Chinesen so selten ist. Welche wunderbare Wandlung, dachte ich, muss das Christentum bei Ihnen hervorgerufen haben, wenn sogar ihr Äußeres einen so angenehmen Eindruck macht. Doch eins wollte sich gar nicht reimen in meiner Vorstellung, das waren ihre Manieren und ihre Handhabungen der Gabeln, Löffel und Messer. Hatte doch die ganze Schiffsmannschaft auf dem Dampfer von Nikolájewsk bis Hakodate und auch die auf dem Postdampfer von Hakodate bis Yokohama aus lauter Chinesen bestanden, die ich täglich bei ihrem Essen mit den zwei Stäbchen zwischen den Fingern beobachtet hatte. Nein, das konnte doch nicht sein, dass sie alle so ganz mit ihren Sitten gebrochen hatten. Langsam tagte es in mir: Das sind alles Brüder und Schwestern aus Europa, die in ihrer Bereitschaft, allen alles zu werden, um auf solche Weise die armen Heiden für Christus zu gewinnen, auch ihre Gewohnheiten, ihre Bequemlichkeit, ihre Sitten und Kleidung geopfert haben.

Die Erklärung, die mir auf meine Frage wurde, warum sie chinesische Kleider trügen, bestätigte meine Voraussetzung vollkommen. Von all den vielen und verschiedenen Missionsgesellschaften hat es die „China Inland-Mission" für gut und dem Werke Gottes entsprechend befunden, sich dem chinesischen Volke so viel wie möglich zu nähern in Sitte und Kleidung, um die großen Vorurteile gegen alles Europäische auszugleichen. Man bringt diesen Missionaren viel mehr Zutrauen entgegen und das ist ein großer Schritt auf dem Wege der Erschließung der Herzen für die Botschaft, die sie bringen.

In einem uns gegebenen Überblick bekamen wir einen tiefen, unauslöschlichen Eindruck davon, wie hier seit dem Beginn dieser Mission bis zu jener Stunde der Glaube, die Hoffnung und die Liebe in ihrer unwiderstehlichen Kraft mächtig gewesen waren.

Mit einem Rundgang durch die verschiedenen Abteilungen des Missionshauses schloss unser Besuch desselben für diesen Tag. Für den folgenden Tag war beschlossen, uns einen Einblick in China zu gewähren. Die Agentur der Britischen Bibelgesellschaft sandte uns einen bei ihr beschäftigten Mann, der sowohl die chinesische als auch die englische Sprache ausgezeichnet beherrschte und in alles Chinesische eingeweiht war. Er sollte uns nach der chinesischen Stadt führen.

Kaum hatten wir das Tor der starken Mauer passiert, da befanden wir uns in einem unentwirrbaren Labyrinth von an- und ineinandergebauten chinesischen Kiosken, Kaufläden, Werkstätten, Garküchen und Wohnstätten, die ohne irgendwelchen Zwischenraum so zusammengefügt waren, dass man beständig aus dem einen in den anderen schritt, ohne zu wissen, wo das eine aufhörte und das andere begann. Von einer Straße oder Gasse, in der man sich irgendwie hätte orientieren können, war keine Spur. Es war, als schritte man aus einem Schrank in einen liegenden größeren oder kleineren, und oft stieß man auf einen scheinbar ganz verbauten Ausgang, wo man, dort angekommen, sich rechts oder links wenden musste, um weiter zu kommen. Diese Wendungen bald nach der einen, bald nach der anderen Seite, wiederholten sich oft, dass man den Gedanken, sich nach der Sonne oder nach den Himmelsgegenden zu richten, bald aufgeben musste. Schon nach zehn Minuten wäre es mir unmöglich gewesen, den Weg zurück zum Stadttor zu finden. Alle Hoffnung fußte auf unserem Führer. Ungefähr anderthalb bis zwei Stunden wurden wir in dieser Weise durch die Stadt geführt.

Hierauf gelangten wir zu einem Buddhismus-Tempel, in dem Buddha in einer gewaltigen Figur mit untergeschlagenen Beinen auf dem sogenannten Altar saß. Unser Führer erklärte uns all die verschiedenen Opfer, die zum Teil hier vor Buddha lagen oder aufgehängt waren und viele, die ihm außer diesen gebracht werden. Auf einem kleinen, besonderen Tisch standen allerlei heilige Gegenstände, welche er

einzeln nacheinander in die Hand nahm, uns zeigte und erklärte, als ob er selbst Buddhist wäre. Während der ganzen
Zeit schritt der Priester des Tempels in einer kleinen Entfernung ruhig rauchend auf und ab, nur hier und da einige
Blicke auf uns werfend.

Von hier aus gingen wir in einen chinesischen Tempel mit
seinen tausend Götzen. Erst wenn man das Heidentum an
Ort und Stelle sieht und einen Einblick bekommt in den
Abgrund der Finsternis, in der diese Unglücklichen sich
befinden, wird man gewahr, unter welcher Macht des Teufels sie schmachten. Der Drache ziert nicht vergeblich ihre
Götzentempel, er beherrscht alle ihre Gedanken, ihre religi-
ösen Empfindungen, ihre Familien, das Verhältnis zu ihren
Nächsten, ihr ganzes Leben. Er hält sie in Angst und Schre-
cken in allen Umständen des Lebens. Unser Führer konnte
uns nur eine kleine Anzahl der hier vorhandenen Götzen
nennen und kurze Angaben über ihre Bedeutung machen,
denn ihrer sind, wie er sagte, drei Millionen. Aber hinter jedem steht der alte Drache in der einen oder anderen Form.

„Doch hat man an dieser großen Zahl noch nicht genug",
fuhr er fort, „noch immer fügt man täglich neu erdachte
und gemachte Götzen hinzu."

Hierauf öffnete er die Tür und führte uns in eine große
Werkstatt, wo man sehr emsig an neuen Götzen arbeitete.
Mit wehem Herzen kehrten wir diesen Stätten den Rücken.

Da unsere Reise den Gefangenen in den sibirischen Gefängnissen gegolten hatte, wollte uns unser Führer auch ein chinesisches Gefängnis zeigen. Es gelang. Schon vor der Front
des Hauses kauerten drei Verbrecher hinter einem Gitter.
Eine viereckige, breite Brettertafel bedeckte jeden derart,
dass aus der Mitte derselben nur der Kopf und ein wenig
weiter zu beiden Seiten je eine Hand herausragten. Als sie
unser ansichtig wurden, wimmerten und bettelten sie um
eine Gabe und wiesen auf ihren Mund. Sie hungerten, wie

unser Führer uns sagte, denn sie waren ganz auf die Barmherzigkeit der Vorübergehenden angewiesen.

Auf dem Hofe des Gefängnisses angekommen, wussten wir nicht, wo wir bleiben sollten. Eine ganze Schar in Lumpen gehüllter Arrestanten umringte uns und wurde geradezu zudringlich. Jeder wollte eine Gabe empfangen. Leider hatten wir kein chinesisches Geldstück, um ihnen etwas zu geben. Unser Führer hatte einen schweren Stand, sie von uns fern zu halten.

Schließlich gelangten wir in das Innere des Gefängnisses. Man stelle sich einen großen Käfig von etwa sechs bis sieben Meter im Quadrat vor. Seine Wände sind aus geflochtenem Bambusrohr, die Decke aus dem gleichen Material und zum Teil bereits verfallen. Nur der Fußboden ist aus starken Bohlen. Aus diesen stehen starke eiserne Krampen hervor, die in regelmäßiger Entfernung voneinander den ganzen Flächenraum bedecken. An diese Krampen mit festen Handschellen gefesselt, kauern eine Anzahl Verbrecher mit untergeschlagenen Füßen. Sie sind so kurz an die Krampe geschmiedet, dass es kaum möglich sein könnte, zu knien; sich aufzurichten ist völlig ausgeschlossen. Ob sich der Unglückliche zum Schlaf hinstrecken kann, ist auch eine große Frage. Er ist somit verurteilt, Tag und Nacht in seiner sitzenden Lage zuzubringen. In den Eck- und Mittelpfosten des Käfigs befinden sich in halber Manneshöhe ebensolche Eisenkrampen, an denen sechs bis acht Mann stehend angeschmiedet sind. Sie können sich nie zum Sitzen niederlassen oder zum Schlaf auf dem Boden ausstrecken. Wie schauerlich auch die russischen Gefängnisse sind, zu solcher Grausamkeit ist man jedoch nirgends gelangt. Hunger und Durst, Nässe und Kälte, Grausamkeit in der Strafe und der Behandlung, ohne ein Tröpfchen Erbarmen, das ist das Los der chinesischen Arrestanten. Nur jene unter ihnen, die über Geldmittel verfügen, können sich dies Los durch Bestechung gewissermaßen erleichtern.

„Komme bald, Herr Jesu!", das war der Seufzer, den uns diese Stätte der Qual erpresste, als wir sie verließen.

Kurz vor Abend erreichten wir unseren Dampfer, der mit mehreren Stunden Verspätung erst nahe um Mitternacht Schanghai verließ. Das nächste Ziel war

Hongkong

In der Nacht waren wir jedenfalls nur langsam den Jang-tse-kiang hinabgeglitten, denn als wir morgens auf dem Deck erschienen, waren wir noch nicht weit vom Festlande ins Gelbe Meer hinausgelangt. Der heitere Himmel lächelte uns wie bisher freundlich entgegen. Eine wunderbare Windstille hatte das smaragdgrüne Meer wie einen blanken Spiegel geglättet, nirgends kräuselte es irgendein Luftzug. Hier und da zogen auf dem weiten, glatten Meer nur die spielenden Fische unsere Aufmerksamkeit auf sich, während oft viele Stunden lang keine Spur von irgendwelchen Fahrzeugen auftauchte, was bei der enormen Bevölkerung des Festlandes auffallen musste. Da wir von jetzt ab direkt nach dem Süden steuerten, machte sich bei dem stets klaren Himmel nach und nach die steigende Wärme bemerkbar, welche am Tage bis zur Hitze stieg. Die Nächte wirkten noch mildernd und recht angenehm waren die Morgen- und Abendstunden auf Deck. Leider ließ mich mein Gesundheitszustand, der sich bei der zunehmenden Wärme bedenklich verschlechterte, nicht die angenehme Ruhe nach der Arbeit froh genießen.

Wohl bewahrt langten wir am 12. Oktober in Hongkong an. Prachtvoll lag die Stadt auf der hoch aus dem Meer emporsteigenden Insel vor uns und schaute gleichsam freundlich grüßend auf die aus weiter Ferne nahenden Ankömmlinge hernieder. Fast nichts erinnerte beim ersten Anblick an das chinesische Schanghai, das wir vor einigen Tagen verlassen hatten. Alles trug das Gepräge Englands, nur der üppige, tropische Pflanzenwuchs und die Blumenpracht, mit der die Front- und Giebelseiten der Häuser bis an ihre Spitzen verziert waren, sagten uns, dass wir nicht in Europa waren. Nachdem wir erfahren hatten, dass unser Dampfer hier zwei Tage Aufenthalt habe, verließen wir den Hafen.

Dr. Baedeker wünschte zunächst, die Baseler Mission aufzusuchen. Wir sahen bald ein, dass dies nicht ohne Führer gelingen würde. Aber da standen ja die starken Männer mit ihren Palankins, die bereit waren, uns überall hinzutragen, wohin wir begehrten. Der Doktor gab ihnen die englische Adresse mit dem Namen des ihm bekannten Missionars und sie waren sofort bereit, uns zu befördern, obgleich sie kein Wort von allem verstanden. Sie trugen uns zunächst zu einem Adressbüro, wo alles sehr schnell chinesisch wiedergegeben wurde und nach kaum einer halben Stunde standen wir vor dem Hause des Missionars, von dem wir mit großer Liebe willkommen geheißen wurden. Er stellte sich uns für zwei Tage unseres Weilens hier zur Verfügung. Nach einem schnell entworfenen Plan für diese Tage besuchten wir zuerst ein Asyl für Mädchen, die bei der Geburt von ihren chinesischen Eltern weggeworfen wurden. Wir fanden hier 69 an der Zahl, von eben erst geborenen Kindern bis hinan zu Jungfrauen von 21 Jahren. Wir bekamen einen Einblick in die liebevolle Erziehungsweise für jede Altersstufe. Schwestern umgaben diese gewissermaßen doppelt herausgeretteten mit zärtlicher Liebe gleich Müttern, denn sie alle waren dem gewissen leiblichen Tode entrissen und wurden hier Christo und in Ihm dem ewigen Leben zugeführt.

Wer hätte, als sie schließlich alle zusammengebracht wurden, ohne tiefe Rührung bleiben können, wenn er in die frohen, friedlichen Angesichter blicken oder hören durfte, wie sie in deutscher Sprache einen Bibelvers oder einen schönen Vers unserer geistlichen Lieder wiederholten und dann im Chor denselben sangen.

Nach diesem Besuch hatte Dr. Baedeker eine persönliche Angelegenheit zu erledigen, bei der ihm unser freundlicher Führer am besten helfen konnte. Ich bat deshalb, mir einen chinesischen Gläubigen vorzustellen, mit dem ich mich während der Abwesenheit beider englisch unterhalten könnte. Ein kleiner Knabe führte mich zu einem starken, hochgewachsenen Mann, von dem ich bald erfuhr, er sei ein chinesischer Arzt.

Herzlich freute er sich, als ich mich als Bruder in Christo aus Russland vorstellte.

„Ich bin Arzt", erzählte er, „und das ist die beste Beschäftigung, um zu Herzen meiner Landsleute zu gelangen. Sehen sie diesen braunen Schrank? Das ist meine Apotheke."

Er eröffnete denselben und ich sah darin Flaschen, Kräuter und Salben sowie Instrumente und Verbandszeug. Er zeigte mir dann, wie er seinen Schrank auf den Rücken schnürt und damit von Dorf zu Dorf wandert.

„So wie ich ins Dorf komme, wo ich mich aufzuhalten gedenke, nehme ich meinen Schrank und forme mir sofort einen schönen Tisch und Stuhl aus demselben."

In einem Augenblick hatte er beides vor mir aufgestellt.

„Hier empfange ich nun den ganzen Tag die Kranken", fuhr er fort, „und massenweise stehen auch die Gesunden um mich und ich darf ihnen nach Herzenslust meinen Herrn Jesus, den besten Arzt, empfehlen. Kommt der Abend, dann fehlt es mir nicht an einem Unterkommen und aus meinem Schrank wird dann ein schönes Bett, in dem ich schlafe."

Sofort formte er vor mir das schöne Bettgestell.

„Kommen meine Landsleute hierher zu mir", erzählte er weiter, „so ist dies mein Empfangszimmer."

Damit öffnete er eine Tür und führte mich hinein. Das, was mir in dem Zimmer zunächst auffiel, waren an den Wänden lose herabhängende, mit der Feder gezeichnete Bilder.

„Ihre europäischen Bilder", erklärte er, „verstehen die Chinesen nicht, so muss man ihnen solche nach ihrem Geschmack geben."

Auf dem ersten Bilde sah man einen großen Mann, durch dessen Kopf ein großer Baumstamm horizontal ging, der sich nach vorn und hinten weit hinaus erstreckte. Er stand vor einem kleineren Manne, in dessen Auge er seinen Zeigefinger hineingebohrt hatte und offenbar mit großem Eifer herumgrub.

„Was bedeutet denn dies Bild?" fragte ich neugierig.

„Das müssen Sie doch wissen", sagte er, „es ist die Darstellung von Matth. 7,3-5."

Ich hatte nicht gedacht, dass das biblische Bilder wären. Das zweite Bild zeigte einen alten Chinesen hoch über den Wolken, der einen anderen liebevoll in seinen Armen hielt. Tief unter ihm, auf oder eigentlich mehr in der Erde, streckten sich die Hände vieler Männer empor, es war, als ob sie mit großen Wogen kämpften, die sich gegen sie heranwälzten. Was hier abgebildet war, weiß der Leser wohl schon von selbst – Lazarus in Abrahams Schoß und der reiche Mann in der Hölle und der Qual. Dieser Art waren auch alle anderen Bilder.

„Das Zimmer ist meine Einführung in das Neue Testament und es ist für viele schon die Einführung ins ewige Leben gewesen", so schloss der Arzt seine Erklärungen, als man kam, ihn abzuholen.

Unser freundlicher Führer hatte Dr. Baedeker inzwischen mit Professor Dr. Eitel bekannt gemacht und dieser wünschte uns in das chinesische Krankenhaus zu führen. Die englische Regierung hatte dasselbe speziell für Eingebore-

ne gebaut, da diese den europäischen Ärzten vielfach mit
großem Misstrauen gegenüberstanden. Arzt, Arznei und
jegliche Behandlung waren hier unentgeltlich. Dr. Baedeker und ich sollten uns hier untersuchen lassen. Es war
ein wirklicher Prachtbau, in den wir jetzt geführt wurden.
Im schönen Empfangszimmer stand ein langer Tisch. Auf
demselben lagen ungefähr drei Zoll hohe Holzpflöcke, mit
grünem Tuch beschlagen. In der Mitte eines jeden war eine
halbrunde Aushöhlung, in welche man bequem die Hand
hineinlegen konnte. Als die Ärzte erschienen, setzte man
uns hinter den Tisch, sie schoben uns jedem einen Pflock
zu, wir streckten unsere Hand in die Höhlung und die Dia-
gnose begann.

Dr. Baedekers Gesundheitszustand kam seinem Arzte recht
bedenklich vor, er entdeckte in ihm allerlei Anfänge ver-
schiedener Krankheiten, die nichts Gutes bedeuteten, während er sich doch die ganze Zeit recht wohl fühlte. Mein
Arzt indes fand, dass ich kerngesund sei und mir nichts fehle, während es mir schien, als würde ich mich nicht mehr
lange aufrecht halten können.

Hierauf machten wir einen Rundgang durch alle Abteilungen des Krankenhauses. Äußerst interessant war besonders
der Raum, wo die Arznei bereitet wurde. Hier befanden
sich Hunderte von tönernen dreifüßigen Tiegeln. Alle waren mit Nummern versehen. Jeder Kranke hatte auch seine
eigene Nummer. Ihm werden die Kräuter, mit denen er kuriert wird, eingehändigt, und er selbst oder seine Verwandten nehmen den Tiegel mit der entsprechenden Nummer
und kochen die Arznei. Die ausgekochten Wurzeln, Stängel und was sonst von dem Brau übrig bleibt, trägt jeder
auf den Hof, wo ein großer Behälter mit nummerierten
Fächern vorhanden ist, und schüttet sie in das Fach der
Nummer aus. Falls ein Kranker stirbt und seine Verwandten
den Verdacht haben, dass der Arzt ihn falsch kuriert hat,

können sie letzterem den Prozess machen, der auf Grund dieser Überbleibsel entschieden wird.

Am nächsten Morgen fuhren wir sehr früh nach Kanton, wo wir einen englischen gläubigen Arzt und seine chirurgische Anstalt besuchten. Nach einem kleinen Rundgang durch die Stadt kehrten wir mit demselben Dampfer wieder zurück und besuchten noch am gleichen Tage das englische Gefängnis in Hongkong.

Nachdem wir uns dem Direktor desselben als Evangelisten in den russischen Gefängnissen vorgestellt hatten, war er sofort bereit, uns das Gefängnis in allen seinen Teilen zeigen zu lassen. Er gab uns einen seiner Gehilfen mit, der die Sache wirklich gründlich machte. Er zeigte uns den ganzen Weg, den der Arrestant von Anfang bis zum Ende zu gehen hat, sobald er hierhergebracht ist.

In dem der Assistent uns in einen geschlossenen Raum führte, sagte er:

„Dies ist das Empfangszimmer für jeden Gefangenen. Hier legt er seine Kleider ab, die sofort in den Desinfektionsraum wandern. Er wird glatt geschoren. Dann muss er in den Wannenraum, wo er sich, wie noch nie vorher, waschen und reinigen muss. Von hier kommt er ins Ankleidezimmer, wo er untadelige Wäsche und Kleidungstücke erhält. Er wird genau nach seinem Wuchs und dem Brustumfang gemessen, kein Millimeter bleibt unberücksichtigt. Auch der ganze Kopf kommt unter das metrische Maßsystem. Schließlich wird er fotografiert und wir haben ihn ganz.“

Die erste Abteilung des Gefängnisses war für die Arrestanten, die sich noch in der Untersuchungshaft befanden. Sie werden anfangs nicht zur Arbeit herangezogen, sobald sich jedoch die Untersuchung in die Länge zieht, müssen sie etwas tun.

Die zweite Abteilung schloss die Verurteilten ein. Die meisten von ihnen zerzupften alte Schiffstaue. Der so gewonnene Teerflachs wird zur Verpackung verwandt und in allen Häfen besteht große Nachfrage nach diesem Material, das gut bezahlt wird.

In der dritten Abteilung waren Zwangsarbeiter. Als wir zu ihnen geführt wurden, fanden wir sie auf dem Hofe. Unter einem schattigen Korridor desselben saßen achtzehn hochgewachsene Matrosen. Dr. Baedeker grüßte sie freundlich, sobald er sie erblickte. Aber alle blieben still wie ein Grab.

„Ihr seid doch keine Heiden", wandte er sich an sie, „was habt ihr denn getan, dass ihr hier seid?"

Abermals Stille.

„Aber wie?", fragte er erstaunt, „alle russischen Gefangenen stehen uns überall Rede und Antwort; und ihr, die ihr ihnen doch weit voraus sein solltet, könnt kein Wort hervorbringen?"

Unser Assistent, den wir verwundert ob dieses Schweigens angeblickt hatten, lächelte selbstbewusst.

„Kein Zwangsarbeiter", sagte er, „darf auch nur ein Wort zu seinen Kollegen oder zu irgendjemand äußern, ehe er hierzu von seinem Vorgesetzten die Erlaubnis erhält."

Hierauf erteilte er ihnen die Erlaubnis, auf die an sie gerichteten Fragen zu antworten. Während dann der Doktor mit ihnen sprach, setzte die Uhr ein zu schlagen. Wie ein Mann sprangen sie alle auf und gingen unter Taktschlägen nach einem überdachten Pavillon, wo im großen Kreis rund achtzehn Holzpflöcke aufgerichtet standen. Auf jedem derselben lag eine runde Bombe im Gewicht von zehn bis elf Kilo. Auf das Kommando „Eins" ergriff jeder die vor ihm liegende Bombe und hob sie empor, mit dem Kommando „Zwei" schritt er zum nächsten Pflock, und auf „Drei" legte er sie dort nieder. Mit dem nächsten „Eins" begann dieselbe

Prozedur. Das war ihre Zwangsarbeit. Nach kaum sechs bis sieben Minuten Rundgang strömte ihnen der Schweiß aus allen Poren.

Hierauf gingen wir zu den zur Einzelhaft verurteilten Zwangsarbeitern. Sowie sich der Schlüssel im Schloss der Zelle drehte, stand der Insasse mit beiden hoch erhobenen Händen vor uns. Seine Hände mussten vollkommen leer sein und er durfte sie nur herablassen, wenn der Vorgesetzte ihm die Erlaubnis dazu gegeben hatte. Ihre Zwangsarbeit bestand meistens in der Umdrehung einer unproduktiven Kurbel. Nach dem ich es versucht hatte, sie zu drehen, fand ich, sie konnte ebenfalls viel Schweiß auspressen, denn die meisten waren zu 12.000 Umdrehungen verurteilt. Jeder dieser Apparate hatte seinen eigenen Zähler, den jedoch der Aufseher von außen kontrollierte, der Verbrecher in der Kammer musste selbst zählen. Und wehe ihm, wenn er nicht jede Stunde die gebührende Anzahl Umdrehungen gemacht hatte. Die Kammern waren alle untadelig rein, sie hatten alle ein Bett mit Matratze, das auch zu einem Ruhesessel umgewandelt werden konnte.

Schließlich wurden wir noch ins Lazarett geführt. Die Krankheiten waren dieselben, die wir schon im chinesischen Krankenhause gesehen hatten. Nur in der letzten Abteilung standen wir verwirrt beim Anblick der hier befindlichen Kranken. Alle ohne Ausnahme lagen auf dem Bauche. Der Assistent ließ uns absichtlich in Unwissenheit. Nachdem wir alle überschaut hatten, befahl er dem Wärter, die leichten Laken, mit denen sie bedeckt waren, von einigen zu lüften. Mit Schaudern sahen wir, wie dicke, wulstige Striemen quer über den Rücken, zum Platzen geschwollen, sie bedeckten. Diese konnten nur von starken Schlägen herrühren. Sollten wir annehmen, dass die Engländer, die mit Empörung von Russlands Knute redeten, so mit ihren Verbrechern umgingen? Als wir das dem Assistenten sagten, erwiderte er:

„Meine Herren, die Rutenschläge haben ihre Geschichte. Vor ein paar Jahren hatten wir einen Gouverneur, der ganz von Liberalitätsdusel hingerissen war. Er übte ihn ganz unumschränkt in diesem Gefängnis. Kein hartes Wort, keinerlei Strafe, selbst Hintenansetzung jeder Disziplin und Ordnung ließ er zu. Das merkten sich besonders die Eingeborenen. ‚Im Gefängnis ist's gut sein, nirgends können wir es besser haben‘, so redeten sie öffentlich. Schnell wurde unser Gefängnis, das für fünfhundert erbaut ist, übervoll. Die Zahl stieg auf siebenhundert, dann auf achthundert und nahm immer mehr zu. Besonders eine Gruppe von Verbrechern vergrößerte sich, nämlich jene, die unverhofft im schnellen Laufe den Damen die Ohrringe mit dem Fleische herausrissen. Der Gouverneur stellte die Forderung, ein neues Gefängnis zu bauen, was aber abgelehnt wurde. Schließlich mussten die Heimatbehörden eingreifen und einen neuen Gouverneur einsetzen. Dieser ordnete an, dass jeder Verbrecher der bezeichneten Art, wenn er zum ersten Male ins Gefängnis kommt, mit 25 Bambusschlägen bewillkommt wird. Wenn er zum zweiten Male dieses Vergehens wegen eingefangen wird, empfängt er 50 Schläge und so weiter. Und sie haben gesehen, man spaßt nicht. Die segensreichen Folgen haben nicht auf sich warten lassen. Nach und nach kommt unser Gefängnis wieder ins normale. Das muss ja klar sein, wenn das Gefängnis den Menschen nicht zur Besinnung bringt, sondern ihn in seinem bösen Wesen bestärkt, ist es ein großes Übel.“

Wir hatten hier viel gesehen und gelernt und wir konnten Vergleiche anstellen mit den russischen Gefängnissen, deren Insassen oft durch Unreinlichkeit, üble Luft und Ungeziefer zu Tode geplagt wurden.

Dienstag, den 14. Oktober, verließen wir Hongkong. Jetzt ging es nach Hinterindien (heute: v. a. Teile Vietnams, Laos und Myanmars), und zwar zur Stadt S a i g o n .

Die ganze Strecke war sehr einförmig, nirgends ein Inselchen oder irgendwelche Länderstrecken, die unsere Aufmerksamkeit fesseln konnten. Auch das schöne Wetter brachte keine Veränderungen. Klar und hell schien die Sonne ungetrübt auf uns hernieder und begann mit ihrer Hitze immer zudringlicher zu werden. Ich fragte mich immer wieder: Wie wird es dir unter dem Äquator ergehen?

Auf dieser Fahrt wurde ich mit einem lieben deutschen Arzt, Dr. Kirchner, bekannt. Er war auf seinen Sommerferien gewesen und ging nach Sumatra, wo er stationiert war. Gleich nach dem ersten Zusammentreffen sagte er zu mir:

„Wie kommen Sie nur dazu, soweit nach dem Süden vorzudringen? Menschen von Ihrem Gesundheitszustand werden hier im Handumdrehen hingerafft."

Mit wirklich ärztlichem Mitleid sprach er von der Gefahr, der ich entgegenginge, und doch war, was Menschenhilfe betrifft, ein Ausweg nirgends vorhanden.

Weiter lernte ich, wie ich glaube, einen begüterten Parsen kennen, der in seine Heimat Vorderindien reiste. Er war ein Feueranbeter. Der Herr gab mir viel Gnade, ihm den Weg der Erlösung in Christo an jedem Tage deutlicher zu zeigen, und dass ewiger Tod ihn auf seinem eingeschlagenen Irrwege erwarte. Das Wort des Herrn beunruhigte ihn, es zog ihn an, und er suchte mich immer wieder auf.

So vergingen die dreieinhalb Tage, ohne dass die Langweile besonderen Eingang fand. Am 17. Oktober fuhren wir in das Delta des Kambodscha ein. Stundenlang fuhren wir stroman. Zu beiden Seiten an den Ufern waren viele Sümpfe und die bekannten tropischen Dschungel, wo noch Löwe und Tiger ihre unbestrittene Herrschaft behaupteten. Hier und da konnten wir die auf hohen Pfählen erbauten Hütten der Eingeborenen betrachten. Wie sie in diesem Klima noch Leben und Gesundheit bewahrten, war mir natürlich unerklärlich. Gegen 12 Uhr legten wir in Saigon an, wo wir einen Aufenthalt von drei bis vier Stunden hatten. Wir wollten der Stadt einen kurzen Besuch abstatten, wurden aber auf dem Wege dahin vom botanischen Garten und dem Tiergarten angezogen, wo wir unsere Mußezeit mit Betrachtung der wunderbaren tropischen Gewächse zubrachten. Unter anderem ist mir ein herrlicher Bananenbaum nie wieder aus dem Gedächtnis gekommen. Er gab mir eine Vorstellung von den Lebensbäumen, die in Offenbarung 22 Vers 2 beschrieben sind und jeden Monat ihre Frucht bringen. Rundum, ganz niedrig und mit der Hand erreichbar, hingen an dem Baume vier bis fünf Bund völlig ausgereifter gelber Bananen, jedes Bund wohl 18 bis 20 Kilo schwer. Über ihnen hingen ähnliche Bünde mit zwar ausgewachsenen, aber noch grünen Früchten. Sie konnten erst nach einem Monat essbar werden. Wieder eine Stufe höher dieselbe Erscheinung, aber nur mit halb ausgewachsenen Früchten. Die vierte Schicht zeigte eben erst die Ansätze der Frucht. Je nach einem Monat gab der Baum seinen Ertrag,

Schon nach vier Stunden segelten wir denselben Weg zurück. Nun ging es nach S i n g a p u r .

Dies war das Ziel sehr vieler Reisender. Darum wartete alles auf diese Stadt. Je südlicher wir vordrangen, desto belebter wurde unsere Fahrstraße. Müssen doch alle Fahrzeuge, die nach den Sunda-Inseln, nach den Philippinen, nach China und Japan vom Westen kommen sowie alle, die nach Australien wollen, die Straße von Malakka passieren und ebenso umgekehrt. Alles freute sich, als vom Osten her endlich Borneo und vom Süden Sumatra uns entgegendämmerte, ein Zeichen, dass wir unserem nächsten Ziele nicht mehr fern waren. Am 20. Oktober, ungefähr vier Uhr nachmittags, fuhren wir endlich in den Hafen von Singapur ein, wo nur ein Aufenthalt von zwei, drei Stunden vorgesehen war.

Dr. Baedeker war schon vorher schwankend gewesen, ob er seine Reise fortsetzen und am Ende derselben noch für kurze Zeit nach Russland abschwenken sollte oder ob er sich hier irgendwie nützlich machen könnte und dann direkt nach England gehen sollte. Hier musste er entscheiden. Seine Fahrkarte gab ihm die Erlaubnis, nach zwei Wochen Aufenthalt mit dem nächsten Dampfer derselben Gesellschaft die Reise fortzusetzen. Kaum waren wir ans Land gestiegen, als wir sofort Brüdern in Christo begegneten. Es waren Missionare, die jemanden mit diesem Dampfer erwartet hatten, der aber nicht angekommen war. Nur ein paar Worte der Äußerung über einen zweiwöchigen Aufenthalt hier entschieden die Sache. Man lud Dr. Baedeker ein und hielt ihn fest und er willigte auch sehr gern darein. So stand ich nun vor der Tatsache, meine weitere Reise allein fortzusetzen, doch, Gott sei Dank, ich hatte schon längst gelernt, nie allein zu sein.

Herrlich präsentierte sich der ganze Hafen mit seinen Anlagen, alles ging unter im üppigen Grün der tropischen Pflanzen, nur die Hitze war unerträglich. Wir hatten 31 Grad Reaumur (Das sind etwa 38 Grad Celsius) im Schatten.

Die zwei Stunden des Aufenthalts unserer „Saghaline" waren schnell verflossen. Wir verabschiedeten uns, Dr. Baedeker fuhr mit den Missionaren zur Stadt, und ich kehrte auf den Dampfer zurück. Hier wurde noch immer stark geladen. Hunderte Säcke mit Pfeffer, Gewürzen, Lorbeerblättern waren schon in den Kielraum des Schiffes gewandert, und noch lagen ganze Berge da, die noch mitsollten. Alle Türen und Luken waren hermetisch verschlossen worden, um die Räume vor dem brennenden Pfefferstaub zu bewahren, aber alles schien vergeblich gewesen zu sein. Überall in dem Schiff und um dasselbe herum herrschte eine fressende Pfefferatmosphäre, infolge welcher jedermann unaufhörlich nieste und hustete. Erst eine Stunde später schloss man unsere Türen auf und wir stachen wieder in See. Jetzt ging es nach

Colombo auf der Insel Ceylon (Heute: Sri Lanka)

Was hatte ich mir nicht alles unter dem Äquator zu sehen versprochen. Da war das Kreuz des Südens, ein Sonnenaufgang und noch so manches andere. Aber es kam alles ganz anders. In den vorhergehenden Tagen hatte ich schon sehr wenig Nahrung zu mir nehmen können, jetzt aber durfte ich mich nicht einmal der Tafel nahen. Eine Stunde nach der Abfahrt brach ich zusammen. Alle Säfte der Eingeweide und alles Blut des Leibes schienen von mir genommen zu sein. Ich konnte mich nur tappend an den Wänden ein wenig vorwärts bewegen. Das Lebenslicht auszulöschen war jetzt eine Kleinigkeit und es schien, mein Herr mache ernst damit.

Wie gut war es, dass ich eine große Kajüte allein hatte. Hier konnte ich ungestört mit meinem Herrn reden und ringen. Ich hatte Lust, abzuscheiden, aber auch das Hierbleiben lag mir hart an, denn da war noch so viel Arbeit an mir, bis die Frucht reif werden sollte. Warum sollte ich Ihn nicht um Heilung angehen? Ich tat es und Er heilte mich am vierten Tage. Meine Seele war voll Dankes und triumphierte in Ihm.

Am nächsten Morgen stieg ich vor Tagesanbruch auf Deck, um den Sonnenaufgang unter dem Äquator zu beobachten. Nur ein geringes Morgenrot verriet am östlichen Horizont das Nahen der Königin des Tages. Bald brach der goldene Rand der Sonnenscheibe hervor, der jedoch nur ein kleines Teilchen des östlichen Himmels erhellte, während sein Licht nicht den geringsten Einfluss auf das übrige Himmelsgewölbe hatte. Mit dem langsamen weiteren Hervordringen der Sonnenscheibe erhellte sich auch ebenso langsam der östliche Himmel derart, dass, als die Sonnenscheibe bis zur Hälfte über den Horizont gestiegen war, auch nur die Hälfte des Himmels bis zum Zenit Tag hatte. Hinten im ganzen Westen war noch Nacht, und die Sterne fuhren fort, auf dem halben Himmel zu glänzen. Schnell aber begannen sie mit dem Emporsteigen der anderen Hälfte der Sonnenscheibe zu erblassen, und die Sonne hatte in kurzer Zeit von ungefähr zehn Minuten den Sieg im ganzen Weltall davongetragen. Heiß verlangte das Herz, dass die Sonne der Gerechtigkeit endlich mit so sieghafter Kraft über dem ganzen Erdenkreis aufginge.

Wie ich mich am Morgen am schönen Sonnenaufgang erfreute, so erquickte ich mich am nächsten Abend und noch an späteren Abenden am östlichen Kreuz des Himmels.

„Herr, wie sind deine Werke so groß und viel, Du hast sie alle weislich geordnet!", so stimmt das Herz dem Psalmisten bei, wenn uns eines Tages Muße gegeben ist, uns bei ihnen aufzuhalten.

Seit wir Singapur verlassen hatten, war ich nicht wieder in unserem Speisesaale gewesen. Hier war mittlerweile vieles anders geworden. Eine Anzahl Franzosen und andere Reisende waren von den Sunda-Inseln zu uns gestoßen und unsere ziemlich leer gewordenen Tische waren, als ich wieder bei der Tafel erschien, stark besetzt. Man wies mir wieder meinen früheren Platz mitten an der Tafel an. Mir gegenüber saß ein Mister Pools, ein Engländer. Er war bereits allen bekannt geworden, denn er unterhielt durch seine Scherze all die Herren, so dass das Gelächter keinen Augenblick aufhörte. Ich konnte dabei selbstverständlich nicht mitlachen. Das entging ihm nicht. Nach und nach zielte er mit seinen Witzen auf mich. Da das nichts wirkte, mochte er herausgefunden haben, dass ich ein gläubiger Christ sein müsse. Nun wurden die Frommen, die Betbrüder und Heuchler, wie er sie darstellte, die Zielscheibe seines Spottes. Auch das verfehlte seine Wirkung. Da begann er Christi und seines Opfers am Kreuz zu spotten. Das ging wie ein Schwert durch meine Seele, ich konnte nicht mehr sitzen, da die Spötter saßen. Ich stand auf und verließ demonstrativ die Tafel.

Mit tief verwundetem Herzen ging ich in meine Kajüte, schloss die Tür und warf mich auf meine Knie vor dem Herrn.

„Herr", sagte ich, „so kann es nicht bleiben, ich muss mit dem unglücklichen Mann reden. Du musst mir den Weg dazu bahnen und zwar so, dass ich allein mit ihm sprechen kann. Und Du musst mir auch Mund und Weisheit geben, ja, Du musst selbst mit ihm reden."

Eins war mir gleich am Anfang klar, als ich wieder an der Tafel war und die ganze Lage überschaute. Wenn ich hier vor der ganzen Gesellschaft mit ihm reden wollte, würde er sich nicht bändigen lassen, sondern mich, ehe ich ein Wort vorbringen könnte, mit sarkastischem Spott überschütten, und die Sache wäre nur verschlimmert.

Am nächsten Morgen war ich um 6 Uhr schon auf Deck. Ich las ein englisches Blatt „The Christian". Nach zehn bis fünfzehn Minuten kam jemand die Treppe herauf. Ich schaute hin, und siehe, es war Mister Pools.

„Herr", sagte ich in meinem Herzen, „hast Du mich so schnell erhört? Nun, wenn dies die erbetene Gelegenheit ist, lass mich nicht reden, rede Du!"

Mister Pools kam herauf, und zu meiner nicht geringen Verwunderung grüßte er mich ganz unbefangen. Ich lud ihn ein, neben mir Platz zu nehmen. Er setzte sich und sagte:

„Sie lesen ein sektiererisches Blatt."

„Mister Pools", entgegnete ich, „diese Blatt, soviel ich es kenne, ist ein rechtes christliches Blatt und will nichts anderes sein, es rechtfertigt seinen Namen „Der Christ" vollkommen. Vielleicht ist es von Ihrem Standpunkt aus sektiererisch."

„Ich habe auch einmal geglaubt, als ich aber ernst machen wollte und anfing, der Sache näher zu treten, fand ich nicht, was ich wollte, und warf alles weg."

„Aber warum", fragte ich freundlich, „haben Sie, ehe Sie der Sache auf den Grund gekommen sind, voreilig abgeschlossen und sich so für Zeit und Ewigkeit selbst hintergangen? Ich habe auch einmal ähnlich wie Sie geglaubt, aber ich sank mit diesem Glauben bis zum Atheismus herab, und wenn Gott selbst nicht eingegriffen hätte, stände es heute sehr traurig um mich. Darf ich Ihnen mitteilen, wie ich bis zum äußersten Unglauben gelangte und wie ich zum unerschütterlichen Glauben gebracht wurde?"

Zu meiner nicht geringen Freude erklärte er, mich mit Vergnügen anzuhören. Und ich muss sagen, es war der Herr, der nun redete. Ich habe noch nie so geläufig englisch gesprochen, wie in diesen anderthalb Stunden. Bei meiner Schilderung meines jugendlichen Niedergangs unterbrach er mich einmal nach dem andern. Einmal fragte er mich, wie alt ich damals gewesen, und zu seinem Staunen erfuhr er, es war gerade in dem Jahre, wo auch er sich für Nacht und Finsternis entschieden hatte. Dann schien ihm die Beschreibung meines damaligen Seelenzustandes die buchstäbliche Wiederholung seiner eigenen Erfahrung zu sein.

„Wie kann das zugehen", sagte er, „dass ein Mensch ganz das Gleiche in ganz verschiedenen Verhältnissen auf einem Gebiete erlebt, wo menschliche Eingriffe absolut ausgeschlossen sind?"

Als ich mit diesem Teil meines Lebens schloss, sagte ich:

„Sehen Sie, bis hierher gingen wir den gleichen Weg, ach, wenn doch auch meine weitere Erfahrung Ihre Erfahrung geworden wäre."

Nun teilte ich ihm mit, wie Gott gnädig eingriff und ich zu voller Bekehrung und zu einem Glauben gelangte, der nie erschüttert werden konnte. Der Schluss war, dass er sagte:

„Ja, ja, Sie sind bis auf den Grund gegangen, dahin bin ich nie gelangt."

Er war wunderbar mürbe geworden, ich fühlte ihm ab, ihm war ganz wehmütig ums Herz, und ich fragte ihn:

„Was könnte Sie hindern, noch heute bis auf den Grund zu gehen? Glauben Sie mir, die Tür steht noch immer offen für Sie."

Es ging offenbar ein innerer Kampf in ihm vor, was mir seine stets sich verwandelnden ernsten Gesichtszüge verrieten. Ich fühlte mich gedrungen, diesen Augenblick auszukaufen und fuhr fort:

„Mister Pools, ich weiß nicht, wie Sie sich entscheiden werden, aber ob so oder anders, würden Sie mir nicht doch eine Bitte gewähren?"

„Wenn, was Sie wünschen", sagte er, „in meiner Macht ist, soll es mir ein Vergnügen sein, Ihre Bitte zu erfüllen."

„Ich glaube", fuhr ich fort, „Sie reisen mit Ihrer Frau und Ihren Kindern. Wie würde Ihnen sein, wenn jemand Ihrer Frau oder Ihren Kindern weh tun würde?"

„Nein, das würde ich nicht dulden!", sagte er fast entrüstet.

„Nun, Mister Pools", sagte ich schnell, „ich reise mit einem teuren Freund an Bord, der mir weit über mein Weib und meine Kinder geht. Darf ich Sie bitten, ihm nicht weh zu tun?"

Verwundert schaute er mich an und sagte:

„Ich bin mir nicht bewusst, irgendjemand weh getan zu haben. Aber wer ist denn ihr Freund?"

„Mein teuerster Freund ist der Herr Jesus, meine Bitte an Sie bezieht sich auf Ihn", antwortete ich.

Mit diesen Worten war die gestrige schauerliche Sache bei Tisch angefasst und Mister Pools befand sich in nicht geringer Verlegenheit. Aus derselben befreite ihn jedoch in diesem Augenblick der Schiffskommissar, der die Treppe heraufgekommen war und uns freundlich grüßte, hierauf aber Mister Pools daran erinnerte, dass es bald acht Uhr sei, wobei er ein wenig vorwurfsvoll auf dessen Morgenschuhe blickte. Die Schiffsordnung war: Mit Punkt acht Uhr schlug die Stunde, von welcher auch die Damen auf Deck erscheinen konnten, dann aber mussten die Herren schon völlig tadellos angekleidet sein.

„Ich weiß, ich weiß", entgegnete Mister Pools, sprang auf und lief die Treppe hinab.

Er hatte sich nicht mehr äußern können, aber mir war mehr als klar, der Herr hatte bis zu einem gewissen Punkte gesiegt.

Die Folge war nun, dass Mister Pools zur Mittagstafel am Ende des zweiten Ganges erschien. Er grüßte, sagte aber kein Wort, sondern beeilte sich, die vernachlässigten Gänge nachzuholen. Wie es an diesem ersten Tage nach unserer Unterredung geschah, so fuhr er die ganze Zeit fort. Oft erschien er erst während des dritten Ganges und blieb unerschütterlich ernst. An der Tafel staunte man bei jedem Mittagessen.

„Er ist nicht bei guter Laune", sagten die einen.

„Er ist mit der Frau im Zwist", meinten die anderen.

Als man herausgefunden hatte, da ist alles in Ordnung, riet man auf allerlei Ursachen. Keiner hatte jedoch eine Ahnung von dem, was geschehen war. Das Köstlichste jedoch von allem war, er suchte immer wieder Gelegenheit, um mit mir allein zusammenzutreffen. Und das waren dann keine oberflächlichen Unterhaltungen. Noch zweieinhalb Wochen blieben wir beisammen. Ich kann nicht sagen, dass er bekehrt wurde, aber das Wort des Herrn erwies sich als eine gewaltige Macht an seiner Seele.

Fünf Tage waren, seit wir Singapur verlassen hatten, dahin gegangen. Am sechsten Morgen steuerten wir der schönen, ganz in Palmen untergehenden Insel Ceylon entgegen. Je näher wir kamen, desto prachtvoller hoben sich die einzelnen Bäume mit ihren gewaltigen belaubten Ästen und Zweigen ab. Sie bedeckten die ganze Insel, soweit das Auge sehen konnte. Stundenlang umfuhren wir das südliche und einen Teil des westlichen Ufers, bis wir um die Mittagszeit vor der Stadt Colombo Anker warfen. Viele setzten per Boot ans Land, da wir vier Stunden Aufenthalt hatten, ich jedoch zog es der Hitze wegen vor, mich nicht der Sonne auszusetzen.

Auf dem Wege nach Aden

Die Stunden vor Colombo nutzten die Knaben von Ceylon aus, sich einiges Geld zu verdienen. Aus zusammengeschlagenen kleinen Stämmen hatten sie sich Holzflöße gebildet. Damit kamen sie nahe an den Dampfer und bettelten, dass man Silbermünzen ins Meer werfen möge. Viele Reisende machten sich das Vergnügen. Sowie das Geldstück in die spiegelglatte See fiel, stürzte sich ein Knabe in dieselbe, tauchte unter und holte es triumphierend heraus. Andere brachten allerlei Spiel- und Nippsachen an Bord, die sie hier verkauften.

Unsere „Saghaline" brach pünktlich nach verflossener Zeit auf. Diesmal hatten wir die längste Strecke auf unserer Reise vor uns, bis wir wieder zur nächsten Station kommen sollten.

Im Großen und Ganzen kann wohl von der Strecke gesagt werden, dass es die langweiligste von allen Strecken auf der großen Reise gewesen ist, denn sobald Colombo verlassen war, schwand nach und nach jedes Merkmal vom Festlande und viele Tage und Nächte hindurch konnte das Auge nichts erblicken als die unermessliche Wasserwüste. Gott sei Dank, dass sie auf der ganzen Reise nicht bewegt wurde und wir alle auf dem Schiff so froh und ruhig einhergingen, als ob wir uns in unseren Häusern befanden.

Wie segensreich die Arbeit ist und wie sie durchaus zu unserem Glück beiträgt, habe ich besonders auf dieser langen
Reise erfahren dürfen. Da, in Sibirien, während der ruhelo-
sen und schlaflosen Nächte und Tage, sehnte ich mich oft
nach der Zeit, da die Seereise Erholung und Ruhe bieten
würde. Jetzt waren beide in solchem Überfluss vorhanden,
dass es zu viel werden drohte und ein Teil sibirischer Arbeit erwünscht gewesen wäre. Lange Ruhe muss unbedingt
schädlich wirken, besonders, wenn es selbstgewählte Ruhe
ist.

Hier nun war es unfreiwillige Ruhe und keiner konnte anders, als es die Umstände ergaben. Darum waren auch alle
äußerst froh, als uns am fünften Tage im Südwesten die afrikanische Insel Socotra entgegenschimmerte.

„Noch anderthalb oder zwei Tage", sagte man, „und wir haben den Indischen Ozean hinter uns."

Der Wunsch, in ein Binnenmeer einzulaufen und fortan
dem Norden entgegen zu eilen, war allgemein. Endlich, am
2. November, erreichten wir das ersehnte Aden. Leider war
es bereits stockfinster, so dass wir nichts von der Stadt zu
sehen bekamen, nur die brennenden Lichter sagten uns, wir
seien in ihrer Nähe. Schnell überfluteten uns eine Anzahl
weißer und schwarzer Händler, die ihre örtlichen Erzeug-
nisse feilboten, wie Straußenfedern, Straußeneier, allerlei
Sachen aus Elfenbein und anderes. Erst nach zehn Uhr in
der Nacht fuhren wir weiter.

Das Rote Meer bis Suez

Der nächste Morgen, ebenso hell und klar wie seit Wochen, fand uns bereits im Roten Meere. Wir hatten die einst so gefürchtete Meerenge Bab-el-Mandeb oder die Pforte des Todes hinter uns. Noch waren beide Ufer, das asiatische und das afrikanische, gut sichtbar, aber im Laufe des Tages entfernten wir uns immer mehr vom afrikanischen Ufer, während uns das östliche fast durch alle Tage hindurch in Sicht blieb.

So fremd auch die Gestade sein mögen, so erzeugt doch der Gedanke, man befindet sich auf biblischem Boden oder doch in seiner Nähe, wunderbar anheimelnde Gefühle bei dem gläubigen Christen. Vom äußersten Süden des Roten Meeres zieht sich fast durch zehn Breitengrade nach Norden das uns aus der Schrift bekannte Mohrenland oder Abessinien. Es war geradezu unmöglich, da nicht des Kämmerers vom Mohrenland zu gedenken, der jene unwirtlichen Gebirge für eine Zeit verließ und hinging, um Gott zu suchen.

Welche schmerzlichen Gefühle rief dagegen das Land am östlichen Ufer, das Reich Arabien, in mir hervor. Obgleich nicht ferner von dem Zentrum der herrlichsten Gottesoffenbarungen als Abessinien, so haben wir doch keine Nachricht darüber, ob je die frohe Botschaft vom vollbrachten Heil unverfälscht dorthin gelangt ist. Aber das wissen wir, wie von hier aus Mohammed mit Feuer und Schwert Tausenden und Millionen von Menschen seine Irrlehre aufzwang. Und während große Anstrengungen gemacht werden, China, Japan, Korea und andere Heidenländer zu evangelisieren, ist dieses Land bis heute unberührt geblieben. Erst das tausendjährige Reich gibt uns Hoffnung für dies Land (Ps. 72, 10+15). Solcher Art waren meine Gedanken in jenen Tagen.

Am fünften Tage bogen wir endlich in den westlichen Arm des Roten Meeres ein. Meine Hoffnung, am Tage noch in Suez einzutreffen, erfüllte sich nicht, so blieb auch der Wunsch, hier das Meer mit seinen beiden Ufern eingehender zu beschauen, um eine Vorstellung von Israels Durchzug zu erlangen, unerfüllt. Das Meer verengte sich bis auf neun bis zehn Kilometer und so blieb es bis Suez, wo wir am 7. November abends eintrafen.

Der Suez-Kanal bis Port Said

In Suez hatten wir nur einen kurzen Aufenthalt. Während desselben war in aller Reisenden Mund die eine Frage:

„Werden wir auch des Nachts die Fahrt auf dem Kanal fortsetzen?"

Nur Dampfer mit einem Reflektor erhielten die Erlaubnis, den Kanal des Nachts zu befahren. Alle waren befriedigt, nachdem wir benachrichtigt worden waren, dass uns nichts hindert, unsere Fahrt fortzusetzen. Dennoch zog sich unser Aufenthalt in die Länge, und ich zog es vor, noch vor der Abfahrt zur Ruhe zu gehen.

Am nächsten Morgen eilte ich schnell auf Deck, um Umschau zu halten, wo wir uns jetzt befänden, und wie es käme, dass es so ruhig auf dem ganzen Schiffe war, als ob es still läge. Ja, das war nicht mehr der Indische Ozean mit seiner unermesslichen Wasserfläche, ja, nicht einmal der westliche Arm des Roten Meeres, sondern nur ein ganz schmaler Wasserstreifen, der zwei solchen Dampfern wie der unsere nebeneinander nicht Raum gewährte. Dieser Streifen zog sich hin durch eine endlose, unabsehbare Ebene. Soweit das Auge rückwärts, vorwärts und nach rechts und links schaute, sah es nichts als eine weiße, dürre Sandwüste, auf der weder ein Gräschen noch ein Strauch oder Bäumlein irgendwo zu entdecken war. Geradezu befremdend erschien eine kleine Gruppe stelzfüßiger Vögel, die sich jedenfalls nur gelegentlich in einer Entfernung niedergelassen hatten, denn was sollten sie hier, wo für sie keinerlei Nahrung vorhanden war?

Bald wurde mir auch die Ursache des langsamen Ganges unser „Saghaline" verständlich. Kein Dampfer darf im Kanal mit voller Kraft fahren, denn das würde sehr bald die aus losem Sand bestehenden Ufer in das Wasserbett hinabwaschen. Wir brauchten 28 Stunden für die 183 Kilometer bis Port Said. Für die Begegnung von Dampfern hat der Kanal Stationen, wo man telegraphisch über die Bewegung der Schiffe auf dem Laufenden gehalten wird. Auf der erweiterten Wasserfläche dieser Stationen können die Schiffe einander ausweichen.

Eine köstliche Glaubenserfahrung, die ich in jenen Tagen machte, darf ich den lieben Lesern nicht vorenthalten. Neben dem Frohsein, das wiederholte Erhörung von Gebeten gibt, beseelte mich auf der ganzen Reise ein wunderbares, ununterbrochenes Bewusstsein der Gegenwart des Herrn. Diese rief wie von selbst ein freudiges Aufmerken auf jeden seiner Winke bei mir hervor. Nun geschah es, dass, als ich zum ersten Mal an das Verlassen meines Dampfers in Port Said dachte, um von dort meine Reise mit einem russischen Schiff nach Odessa fortzusetzen, mich jemand innerlich drang, mit der „Saghaline" weiter, das heißt, bis Alexandria, zu fahren. Das geschah noch im Roten Meere und zwar so lebendig und so stark, dass ich mich hätte zwingen müssen, es unbeachtet zu lassen. Jetzt im Kanal wurde das Drängen so entschieden, als ob jemand dastände und mit ausgestreckter Hand nach Alexandria wies.

Nun galt meine Fahrkarte nur bis Port Said, auch wusste ich, wenn ich bis nach Alexandria fahren würde, müsste ich auf jeden Fall nach Port Said zurück und weshalb ich nach Alexandria musste, konnte ich nicht begreifen. Ich gehorchte jedoch dem klaren inneren Hinweis und ging zu unserem Schiffskommissar. Ich fragte ihn, ob es nicht ohne

Zuzahlung zu meiner Fahrkarte anginge, bis nach Alexandria zu fahren, da uns bei der Lösung derselben in Yokohama gesagt wurde, der Fahrpreis bis Port Said und Alexandria wäre gleich.

„Das ist wirklich so", sagte der Kommissar, „da Sie aber die Fahrkarte nur bis Port Said lösten, kann nur der Agent der Gesellschaft in Port Said Ihre Weiterfahrt bestimmen."

Wir kamen nach Mitternacht in Port Said an, der Agent erschien sofort an Bord. Als ich zu ihm kam, hatte der Kommissar bereits meine Sache besprochen und er sagte:

„In Anbetracht, dass Sie schon von Yokohama reisen, können Sie ruhig mit derselben Fahrkarte bis Alexandria fahren."

Ich dankte, ging und legte mich eigentlich ganz glücklich zur Ruhe nieder, es war, als sei erst jetzt alles in rechter Ordnung.

Nach Alexandria und zurück nach Port Said

Unser Dampfer fuhr gegen 3 Uhr morgens von Port Said und warf seine Anker auf der Reede von Alexandria um 3 Uhr nachmittags desselben Tages aus. Zu meiner Verwunderung hatte er seinen Standpunkt dicht neben dem russischen Dampfer „Zar" genommen, mit welchem ich das Vergnügen hatte, anderthalb Jahre früher nach Palästina zu fahren. Sofort nahm ich eins von den uns umschwärmenden arabischen Booten und ließ mich zum russischen Dampfer bringen.

Hier rief mir, während ich noch unten an der Aufgangstreppe war, der Kapitänsgehilfe ein freundliches Willkommen zu. Er erkannte mich sofort, denn ich hatte auf jener Palästinafahrt zehn Tage mit ihm in derselben Kajüte zugebracht. Nachdem ich an Bord gestiegen war, nahm er meinen Koffer und sagte:

„Sie sollen wieder in meine Kajüte, es ist nur noch ein Reisender, der uns morgen verlässt."

Während ich ihm folgte, hieß es in mir:

„Jetzt musst du achtgeben, damit du die Ursache, warum du nach Alexandria musstest, herausfindest, denn nur, um auf dem 'Zar' zu gelangen, brauchtest du nicht hierher zu kommen, den konntest du in Port Said erwarten."

Der Kapitänsgehilfe stieg vor mir die Treppe zum Speisesaal zweiter Klasse hinab, ich folgte ihm. Im Saal saß, mit dem Rücken zu uns gewandt, der einzige Reisende und schnitt eifrig an einem Stück Braten, als wir hinter ihm vorbei gingen. Die Kajütentür, zu der wir mussten, stand offen. Wir traten ein und mein freundlicher Führer zeigte mir seine und des anderen Passagiers Koje und sagte:

„Sie können jetzt nach Belieben von den übrigen wählen."

Nachdem ich ihm aufs herzlichste gedankt hatte, ging er. Ich wählte mir meine Koje, zog meinen Überzieher aus und wollte auf Deck gehen. Als ich jedoch in den Speisesaal treten wollte, befand ich mich plötzlich in Umarmung des einzigen Reisenden unserer Kajüte.

„Mein lieber Bruder Kargel, wie sendet dich Gott jetzt her in meine Kajüte? Ich hörte, wie du mit dem Kapitänsgehilfen sprachst, ich traute meinen Ohren nicht, und doch konnte es kein Zweifel sein, es war deine Stimme", so sprach er, mich fest umschlungen haltend. Es war ein Bruder und Mitarbeiter aus dem Süden Russlands, in dessen Hause ich fast jedes Jahr wenigstens einmal gastlich weilte.

„Wie aber kommst du nach Alexandria und wohin geht dein Ziel?", war meine Frage.

„Ich gehe nach Indien", gab er zur Antwort, „um daselbst meinen Sohn auf seinem Arbeitsfelde zu sehen."

Ich hatte Johann Friesen aus der deutschen Ansiedlung Einlage vor mir, dessen Sohn Abraham Missionar in Indien war.

Jetzt begann mir schon ein wenig die Ursache meines inneren Dranges, nach Alexandria zu fahren, aufzudämmern. Ich sollte jedoch sehr bald noch mehr erfahren. Nachdem unsere große Freude über solch unverhofftes Wiedersehen in ruhigere Bahnen gelangt war, sagte der Bruder:

„Dein Erscheinen ist nichts anders als eine wunderbare Gebetserhörung. Ich bin seit mehr als zwei Wochen von zu Hause. Dort ließ ich alles (er hatte eine Fabrik landwirtschaftlicher Maschinen) froh in des Herrn Händen, die Hoffnung, meinen Abraham samt seiner Frau zu sehen, ließ mich alles vergessen. Seit mehreren Tagen jedoch verschwand meine Freudigkeit, mir wurde immer ernster ums Herz, dann begann es um mich zu dunkeln. Die Einsamkeit erdrückt mich und wenn ich daran denke, dass ich noch ebenso lange bis zu meinem Sohne zu reisen habe, weiß ich nicht, wo ich bleiben soll. Ich habe mit dem Herrn gerungen, das Er mir einen Weg bahne aus diesem Dunkel, anders bin ich mir selbst eine Last und was werde ich meinen Kindern in Indien sein?"

Nach dieser Klage vergaß ich, aufs Deck zu gehen. Ich wusste, was ich in Alexandria sollte. Ich sah, ich hatte meinen darniederliegenden Bruder zu demselben unerschütterlichen Bewusstsein der beständigen und persönlichen Gegenwart unseres Herrn hinzuleiten, zu welchem Er mich gebracht hatte. Wir setzten uns im Speisesaal nieder und nahmen die Schwierigkeiten, wie der Bruder sie in seiner Klage berührt hatte, wir nahmen die tobenden Versuchungen, wir zogen die Einsamkeit in Betracht und den ganzen Zustand des lieben Bruders, beschauten die Dinge einzeln und führten den alle Tage bei uns bleibenden realen Herrn ihnen gegenüber ein. Und siehe, dieser wunderbare Herr wurde nach und nach des Bruders Schild des Glaubens, hinter den er sich barg und durch den er begann, alle feurigen Pfeile des Bösen aufzufangen und zu löschen. Er stand bald auf von seiner Niederlage und wunderte sich nur, wie die dunklen Nebel vor der aufgehenden Sonne der Gerechtigkeit flohen.

Schon nach anderthalb bis zwei Stunden war der Bruder nicht wiederzuerkennen. Sein Gesicht glänzte und sein Mund floss über von Dank und Triumph.

Unser Dampfer verließ noch am selben Abend um 8 Uhr Alexandria und traf um 10 Uhr morgens am anderen Tage in Port Said ein. Hier war gerade ein großer Indienfahrer, ein deutscher Dampfer, eingetroffen, der nach ein paar Stunden weitergehen sollte. Ich begleitete den Bruder auf denselben. Gestärkt und frohen Mutes schaute er vorwärts. Weder er noch ich haben diese Begegnung je wieder vergessen können.

Auf dem Mittelländischen und Schwarzen Meer

Der russische Dampfer „Zar", mit dem ich heimzukehren im Begriff stand, verkehrte zwischen Odessa, Konstantinopel und den kleinasiatischen Häfen des Mittelländischen Meeres. Auf seiner Reise nach dem Morgenlande verfolgte er eine direkte Tour, er hielt auf derselben nur in Konstantinopel und Sira. Alexandria war seine Endstation. Von hier begann eigentlich seine Rund- und Heimreise, auf welcher er eine ganze Anzahl Städte an der kleinasiatischen Küste berührte.

Von Port Said brachen wir noch an demselben Tage auf, um nach Jaffa zu gehen. Die Nacht brachte die erwünschte Ruhe und am nächsten Morgen winkten uns bereits die Berge Israels aus weiter Ferne ihr Willkommen zu. Leider hat Jaffa keinen Hafen und die aus dem Meere hervorragenden und unter dem Wasser befindlichen Felsen nötigen die Schiffe, in ziemlicher Entfernung auf der Reede zu ankern. Wir kamen gegen 2 Uhr nachmittags an, und da wir vor Abend nicht weitergehen sollten, so blieben mir vier Stunden für einen Besuch der Stadt. So bestieg ich ein Boot und bald waren wir am Ufer.

Jaffa war ganz dasselbe wie vor anderthalb Jahren, nur wimmelte es überall, wo man ging und stand, von Juden. Das war damals nicht so gewesen. Bei meinem damaligen Besuch der Stadt hatte mich ein Laden mit der Aufschrift „Bible shop" angezogen, ich war eingetreten und hatte mit zwei alten patriarchalischen Israeliten über die Nähe der Rückkehr Israels in ihr Land gesprochen. Auch über Christus sprach ich damals mit ihnen und als ich in sie drang, Ihn als den Messias Gottes anzunehmen, bekannten sie zu meiner großen Überraschung:

„Er und nur Er ist es und Er ist auch unser Erlöser!"

Diesen Laden suchte ich wieder auf. Die beiden alten Juden erkannten mich sogleich und drückten mir von Herzen die Hand dafür, dass ich wieder zu ihnen gekommen war. Sie konnten, erzählten sie, nicht vergessen, was ich ihnen von der Heimkehr Israels gesagt hatte und hatten seitdem die Bibel und das Neue Testament durchforscht und selbst gefunden, die große Zeit müsse nahe sein. Außerdem haben sie gefunden, dass ein unaufhaltsamer Drang nach dem Lande ihrer Väter der Juden sich wie noch nie bemächtigt hatte.

„Auf erlaubtem und unerlaubtem Wege", so erzählten sie, „kommen Woche für Woche immer neue Ankömmlinge. So, wie Sie es hier sehen, ist es auch in Jerusalem. Viele wissen nicht, was sie anfangen und wo sie bleiben sollen, aber der Zudrang hört nicht auf."

Wir hatten wieder zwei segensreiche Stunden miteinander, ehe ich von ihnen schied. Darauf durchwanderte ich noch ein wenig die Stadt und knüpfte mit einzelnen eingewanderten Juden an, bis es Zeit wurde, zum Schiff zurückzukehren.

In meiner Kajüte war ein Herr hinzugekommen, der auch nach Odessa reiste. Schon brach der Abend herein, die Anker wurden gelichtet und wir konnten dem gelobten Lande Lebewohl sagen. Die Bekanntschaft mit meinem neuen Reisekollegen ließ sich sehr schnell bewerkstelligen, denn welche Anknüpfungspunkte boten nicht Jerusalem, Palästina usw., woher er eben zu uns gekommen war. Er teilte mir mit, dass ihn ein inneres Verlangen bewogen hätte, die heiligen Stätten zu sehen und an denselben zu verweilen. Ich erfuhr noch an diesem Abend, dass er Klosterarzt im Walaamskloster sei, dass sich auf einer Insel im Ladogasee befindet.

Am nächsten Morgen sprachen wir von dem Herrn selber, welcher der Seele nottut. Ich erinnerte daran, wie des Herrn Jünger Kreuz und Grab und Leintuch, ja, sogar Engel vom Himmel am Ostermorgen hatten, aber ohne den Herrn ebenso unglücklich mit alledem blieben, wie sie vorher gewesen waren. Auf die Frage, ob er denn den Herrn Jesu mitnehme, wenn er jetzt heimkehre, wurde er ein wenig verlegen, aber er meinte, er strebe nach Ihm. Zum Beweis führte er an, er habe sich bereits vor zwei Jahren als Mönchskandidat einschreiben lassen, habe aber die Entscheidung, in den Orden einzutreten, verschoben, weil er noch nicht reif dafür sei. Es bliebe aber sein Ziel. Mit großer Freudigkeit durfte ich ihm bezeugen, dass der Herr Jesus zu haben sei ohne jede Gegenleistung von unserer Seite. Gott hat die Welt, die verlorene, gottlose Welt, so geliebt, dass Er ihr den Sohn gab. Es ist Sein freiwilliges Geschenk, das jeder, der da will, im Glauben annehmen darf.

Jetzt stellte es sich heraus, dass er mit der evangelischen Bewegung in St. Petersburg bekannt war. Die frohe Botschaft von der freien Erlösung in Christo, die jener Bewegung so sehr eigen war, stach aus meinen Worten so stark heraus, dass er mir bekannte, er sei seiner Zeit der Bewegung nahe getreten und er nannte Personen, die mitten in derselben standen. Ihr und mein Zeugnis stimmten so überein, dass er unwillkürlich an sie erinnert wurde.

Das Köstliche, meinte ich, sei jedoch, dass das Zeugnis der Schrift von der freien Erlösung hiermit übereinstimme. Christus genügte für Nikodemus, für die Samariterin, für die große Sünderin zu Seinen Füßen, Christus genügte für den Zachäus, für die dreitausend am Pfingsttage, für Kornelius usw.. Sie alle ohne Ausnahme wurden mit ihrer Annahme des Herrn sofort gerettete Gotteskinder. Nichts an und in ihm [dem Manne] verriet, dass er dieses Zeugnis nicht annehme, im Gegenteil, er hörte gern und verlangte immer mehr zu hören. Ich freute mich, mit ihm zusammengetroffen zu sein und hoffte, der Herr würde sich ihm offenbaren.

Da aber geschah etwas, was mir den Abgrund seines Wesens offenbarte und was ihn verhinderte, zu Christus zu kommen. Ich war nach unserer Unterredung einige Stunden auf Deck gewesen. Danach stieg ich hinab in die Kajüte. Obwohl der Abstieg auf der Treppe nicht ungehört bleiben konnte, war er so vertieft, dass ihn mein Erscheinen unliebsam überraschte. Er hatte ein großes Paket pornographischer Bilder in seiner Hand, von denen er eine Anzahl vor sich liegen hatte. An ihnen weidete er sich, als ich eintrat. Wie vom Schlage getroffen, wusste er nicht, was er anfangen sollte, als meine Blicke über den Tisch schweiften. Er schwieg, dann raffte er seine scheußlichen Bilder schnell zusammen und legte sie in seine Handtasche. Von diesem Augenblick an aber konnte er mir nicht wieder frei in die Augen sehen, ich wurde ihm zu einem wandelnden strafenden Gewissen. Wie ich mich auch bemühte, die entstandene Spannung zu mildern, alles war vergeblich.

Mittwoch gegen Abend kamen wir nach Beirut am Libanon. Hier erhielten wir Zuwachs. Ein Herr A.-ow aus Moskau fuhr von hier ab in der ersten Klasse mit uns. Erst am nächsten Tage traf ich mit ihm auf dem Deck zusammen, während der Arzt noch gestern seine Gemeinschaft gemacht hatte. Aus seinem ganzen Benehmen leuchtete hervor, das letzterer ihn bearbeitet hatte. Er lenkte das Gespräch sofort auf das religiöse Gebiet, sprach von der starken Ausbreitung der Sektierer und wollte nichts anderes als streiten. Ich wich jeder Polemik aus, ließ Sektierer und Kirche beiseite und kam nur so weit mit dem Worte des Herrn, wie es jemand, der Ihm fremd und fern steht, ertragen kann. Es kam zu keinem Streit, aber das war es eben nicht, was dieser Herr haben wollte.

Von diesem Tage an galt es, täglich ein- bis zwei-, manchmal auch dreimal ins Treffen zu gehen. Ich konnte nicht ausweichen, irgendwo in der Kajüte oder auf dem Deck war ich zu finden. Preis sei dem Herrn, der uns hat sagen lassen: „Wir haben nicht mit Fleisch und Blut zu kämpfen", selbst wenn Fleisch und Blut die Angreifer sind (Eph. 6,12). Der Herr ließ mich immer wieder den Fürsten und Gewaltigen, den Herrn der Welt hinter diesen beiden Reisenden sehen und gab mir große Gnade, dass ich ihm in den zehn Tagen nicht den Gefallen tat, irgendwie mit dem Schwert auf sie dreinzuschlagen, selbst, wenn sie es taten und die Herausforderungen bis aufs Äußerste stiegen. Die Freundlichkeit und Liebe, in der ihnen viele Gotteswahrheiten nahegelegt wurden, entwaffneten sie nur insoweit, dass sie nicht äußerst grob wurden, obwohl sie bereit waren, viel weiter zu gehen.

Eines Abends musste ich vom Deck die Treppe hinab und an der Tür der ersten Klasse vorüber. Sie stand weit offen, da die Abende recht warm waren. Laut hörte ich die Stimme des Herrn A.-ow:

„Solche Leute sollten nie nach Russland hineingelassen werden."

Offenbar vom Wein berauscht, schlug er auf den Tisch und schrie:

„Ich werde dafür sorgen, dass er nicht nach Odessa gelangt!"

Ich wusste sehr gut, das galt mir, doch konnte er nicht ahnen, dass ich es gehört hatte. Ruhig ging ich weiter und dachte:

„Unter Deinem Schirmen bin ich vor den Stürmen meiner Feinde frei!"

Wir waren in der einen Woche an Zypern, Patmos und verschiedenen Inseln des Archipelagus vorübergekommen, hatten in Smyrna angelegt, hatten die Dardanellen und das Marmarameer passiert und waren schließlich nach Konstantinopel gelangt. Hier warfen wir im Goldenen Horn für 36 Stunden Anker. Herr A.-ow hatte wiederholt betont, sein erster Besuch werde dem Botschafts-Hotel gelten und dann werde er sich für alle Entbehrungen der Reise freihalten. Auch ich musste meines Passes wegen in die Stadt. Wir waren in Nikolájewsk und Amúr eigentlich ohne jedes Visum an Bord gegangen und auf Sachalín gab es auch kein Auslandsbüro, sodass jeder Vermerk darüber, wann und wo wir die Grenze passiert hatten, in unseren Pässen fehlte. Wir hätten für Überläufer gehalten werden können. Um diesem Verdacht zu entgehen, ließ ich in Yokohama meinen Pass beim russischen Konsul visieren. Auf unserem „Zar" sagte mir der Kapitän jedoch, dass das für mich fatal sei, da ich aus Yokohama komme, dass als von Cholera verseucht bekannt sei. Ich musste somit auf das russische Generalkonsulat.

Bevor wir angekommen waren, war ich auf das Deck gestiegen, um den schönen Anblick zu genießen, den diese Stadt vom Meer aus gewährt. Jetzt blieb ich, bis A.-ow unsern Dampfer verlassen würde. Da kam er, der Arzt begleitete ihn bis zur Treppe, und sie verabschiedeten sich. Noch vom Boot aus rief A.-ow:

„Was unseren Passagier betrifft, wird heute alles auf der Botschaft besorgt werden."

Keiner von beiden hatte mich auf dem Deck bemerkt.

Bald waren beide außer Sicht, da bestieg auch ich ein Boot. Auf dem Generalkonsulat war man sehr zuvorkommend, aber auch da war die erste Frage:

„Sind Sie in Yokohama gewesen?"

Ich konnte nicht verneinen

„Nun, dann müssten sie eigentlich in Quarantäne", hieß es.

„Müsste dann nicht auch der 'Zar' in Quarantäne, mit dem ich von Alexandria gekommen bin?", fragte ich.

Nach einigen weiteren Fragen sagte der Generalkonsul:

„Gut, wir wollen die Sache so machen. Sie nehmen einen neuen, von uns ausgefertigten Pass, dann kommen sie nicht aus dem Fernen, sondern aus dem Nahen Osten. Es ist ja nicht nötig, dass jedermann weiß, dass Sie in Japan gewesen sind."

Um vier Uhr sollten wir am anderen Tage Konstantinopel verlassen. Ich war wieder aufs Deck gestiegen. Vielleicht eine halbe Stunde vor Aufbruch kam A.-ow, den der Arzt schon lange erwartete. Er erzählte diesem, noch bevor das Boot richtig angelegt hatte, wie er sich amüsiert hätte und wie er auf der Botschaft aufgenommen worden sei. In Verbindung mit diesen Mitteilungen rühmte er:

„Auf der Botschaft sind alle Vorkehrungen bezüglich des Passagiers getroffen worden."

Ob dem so war und welche Vorkehrungen getroffen waren, musste sich ja in den nächsten Augenblicken offenbaren.

Ungefähr nach 15 Minuten kam wirklich vom Kai ein mit dem zweiköpfigen Adler beflaggtes Boot mit einem russischen Beamten. Der Kapitän erwartete ihn, ging mit ihm in die erste Klasse, dann in die zweite Klasse, dann kehrten beide zurück, der Beamte stieg die Treppe zum Boot hinab und entfernte sich. Jetzt wurden die Anker gelichtet und in ganz kurzer Zeit waren wir an der Stadt vorüber und in Bosporus. Verwundert hatten die beiden Herren dreingeschaut, dass nicht das Geringste geschah, um mir die Weiterfahrt zu verwehren. Als wir nach zwei Tagen wohlbehalten im Hafen von Odessa das Schiff verließen, geschah es, dass ich als erster das Ufer betrat, hinter mir folgte A.-ow. Ihm sagte ich beim Scheiden:

„Ist das nicht ein Wunder? Man hat alles getan, was man konnte, mich nicht nach Russland hineinzulassen und nun darf ich der erste sein, der diesen Boden betritt. Sie selbst sind Zeuge, wie es denen geht, die unter dem Schirm des Höchsten sitzen und unter dem Schatten des Allmächtigen bleiben."

Er wurde rot, schlug die Augen nieder, konnte jedoch kein Wort sagen. Ich sagte ihm noch freundlich Lebewohl, setze mich in eine Droschke und fuhr zum Wartesaal. Den Arzt konnte ich nirgends entdecken.

Mein Zug nach Moskau ging erst am Abend. Am dritten Morgen traf ich dort dann ein, das war Dienstag, den 25. November. Meine Frau und meine Kinder hatten sich den Sommer über auf einem Gute des Oberst Paschkoff in der Nähe von Moskau aufgehalten und noch am selben Tage gelangte ich dahin. Ich kam ganz unverhofft an. Vorher zu telegraphieren, wäre nicht ratsam gewesen, denn für Arbeiter im Reiche Gottes war es im Jahre 1890 immer besser, wenn man nicht wusste, wo sie sich befanden.

Sechs und ein halber Monat waren seit unserem Abschied in St. Petersburg verflossen. So lange war ich noch nie von den

Meinen getrennt gewesen. Jetzt erst, nachdem alles hinter mir lag und einige Tage wirklicher Ruhe eingetreten waren, konnte ich froh alles überschauen. Es war eine kleine Kraft, in der wir ausgegangen waren, aber bei der vom Herrn gegebenen offenen Tür konnte sie angewandt werden. Groß war die Aufgabe, die Lösung derselben mag nicht zum Ziele gelangt sein, aber Er sieht das Herz an. Zehntausenden war die frohe Kunde von der Liebe Gottes in Christo gebracht worden, manch Tröpflein Trostes verzweifelnden Herzen eingeflößt und da, wo nie zuvor der Name Gottes bekannt war, ist er gleich einer ausgeschütteten Salbe ruchbar geworden.

Welches aber ist der Erfolg? Es gibt Menschen, die nicht leben können, ohne solchen zu sehen. Unsere Arbeit aber war Saat auf Hoffnung. Sobald sie geschehen, mussten wir weiter. Eins wissen wir: Des Herrn Wort soll nicht leer zurückkommen. Darum können wir auch wissen: Zu seiner Zeit werden wir ernten ohne Aufhören.

Der Herr hat uns nie allein gelassen, Er hat allenthalben den Weg gebahnt, hat die Herzen gelenkt und hat uns wohlbewahrt an den Tagen wie in den Nächten, auf dem Lande und auf dem Meer, Er hat Wind und Wetter geboten, dass sie uns dienen mussten. Jede Gefahr blieb fern von uns. Überschaute ich Seine Treue und Güte auf dem ganzen Wege, dann blieb nur übrig, lobpreisend vor Ihm niederzufallen und anbetend auszurufen: Er hat alles wohlgemacht, Ihm allein sei Ehre!

Nach dem entlegenen Cherson

In den folgenden Jahren von 1891 bis 1895 war mir vergönnt, Dr. Baedeker, je nachdem mir Zeit hierzu blieb, auf seinen Gefängnisreisen zu begleiten. Er machte noch einmal die große Reise bis Sachalín mit dem armenischen Bruder Patwakan Tarajanz. Meine anderen Arbeiten erlaubten es mir nicht, wieder ein halbes Jahr abwesend zu sein. Doch andere, kürzere Reisen, machten wir noch jedes Jahr. Sie alle zu beschreiben, wäre ein übermäßiges Aufhäu-

Das Rathaus von Chersón

fen ähnlicher Eindrücke. Darum möchte ich nur noch zwei Besuche aus den fünf Jahren herauswählen. Da sei zuerst der Reise nach Cherson gedacht.

Der Doktor wäre jedenfalls kaum je nach Cherson gekommen, wenn ich ihm die Gefängnisse daselbst nicht immer wieder ans Herz gelegt hätte. Cherson lag in jenen Jahren ganz abseits vom Verkehr. Es hatte noch keine Bahnverbindung, und man konnte nur auf dem Dnjepr oder vom Meer aus dahin gelangen. Und doch war die sogenannte Stundistenbewegung vom Chersonschen Gouvernement ausgegangen.

Im Herbst 1893 ging denn auch der Doktor nach Cherson. Wir besuchten zunächst die Gefängnisse in Charkow, welche vielleicht mehr als alle anderen besucht wurden, da Charkow im Zentrum des Verkehrs des Südens liegt. Von da aus fuhren wir mit der Bahn nach der Stadt Alexandrowsk, von wo wir mit einem Dnjeprdampfer nach Cherson gingen. Noch am Abend unserer Ankunft machten wir unsere Besuche bei den Chefs der Gefängnisse, denen unsere Arbeit jedenfalls ganz unbekannt sein musste. Ich suchte den Doktor darauf zubereiten, dass wir auf eine starke Dosis Vorurteil und Verdacht stoßen könnten und deshalb den lieben Leuten viel Geduld entgegenbringen müssten.

Der Chef des Zuchthauses war ganz verlegen, nachdem wir uns ihm als Verbreiter des Evangeliums vorgestellt hatten. Auch die Vollmacht des Doktors von der Obergefängnisverwaltung, die er las und immer wieder las, hob nicht den Verdacht. Erst nachdem wir ihm allerlei Mitteilungen gemacht hatten, wie wir es in St. Petersburg, in Moskau, Odessa und anderen großen Städten gemacht und wie wir ganz Sibirien mit Gottes Hilfe durchzogen hätten, schien ihm die Sache nicht mehr so ganz unmöglich zu sein.

„Allerdings werde ich den Priester benachrichtigen, damit er zugegen ist, wenn Sie mit den Arrestanten sprechen und ihnen die Evangelien geben werden," – sagte er nachdrucksvoll.

Als wir unsere Zufriedenheit mit dieser Absicht aussprachen, schien ihm fast alles in Ordnung zu sein, und er wurde viel zutraulicher. Wir erfuhren nun, dass sein Gefängnis über 800 Mann beherberge. Die Mehrzahl unter ihnen bilden selbstverständlich die Russen, doch befanden sich auch Armenier, Polen und einige Deutsche unter ihnen.

Am nächsten Morgen erschienen wir mit unseren Büchern im Zuchthaus. Der Chef schien wieder sehr verlegen zu sein und war ganz unentschlossen, was anzufangen sei. Er bat, wir möchten ein wenig abwarten, bis der Priester kommen würde. Es war klar, dieser hatte ihn schwankend gemacht. Nach unseren Instruktionen hätten wir einfach fordern können, uns die Gefangenen vorzuführen, abgesehen davon, ob es dem Priester gefiel oder nicht, doch wir wünschten, das alle freiwillig bei der Sache wären, da nur so der Segen des Herrn erwartet werden konnte. Und es dauerte auch gar nicht lange, da kam der Priester.

„Sie sind gekommen, Evangelien in unserem Zuchthaus auszuteilen?" – Wandte er sich an uns. – „Das ist ganz schön, aber ich muss die Bücher sehen und untersuchen; wo haben Sie ihre Evangelien?"

Das zentrale Gefängnis der Stadt Chersón

„Bitte sehr, hier sind die geschlossenen Kisten mit denselben."

An Chef uns wendend, baten wir diesen, er möchte einen der Gefangenen mit Werkzeug kommen lassen, dass er die Kisten öffne.

Ehe ein solcher herbeigerufen war, sagte der Priester, sich gleichsam entschuldigend:

„Sehen Sie, in unserem Gouvernement werden viele falsche Neue Testamente, nämlich stundistische, verbreitet, und wir müssen darüber wachen, dass das nicht geschehe."

„Gibt es denn wirklich stundistische Testamente?" – fragte ich im großen Ernst, – „Ich habe hin und wieder dasselbe sagen hören und habe schon sehr gewünscht, im Besitzt eines solchen zu sein, habe aber gefunden, alle Testamente in Russland sind in der Petersburger Synode gedruckt. Könnten Sie mir nicht ein stundistisches Testament verschaffen?"

Er wurde ein wenig verlegen, sagte aber: „Wenn sie mir Zeit geben wollten, ich würde schon ein solches finden."

Natürlich bezweifelte ich das, denn die Regierung ließ kein unzensiertes Buch über die Grenze, druckte selbst keine stundistischen Testamente und die Stundisten selbst konnten das erst recht nicht.

Mittlerweile war der Mann mit den Werkzeugen gekommen und öffnete die große Kiste. Dr. Baedeker nahm zwei von den russischen Testamenten heraus und reichte eins dem Chef, das andere dem Priester.

„Das ist das Ihre!" – sagte er auf Russisch, er hatte diese Phrase auswendig gelernt.

Sofort schlugen beide das Buch auf, und als der Priester fand, es sei in der St. Petersburger „heiligen Synode" gedruckt, erhellte sich sein Gesicht. Nicht weniger freute es ihn, dass dieses Buch nun ihm gehöre, denn aller Wahrscheinlichkeit nach besaß er außer dem kirchenslavischen Testament kein solches in der Volkssprache. Wir nahmen noch andere Testamente heraus und verlangten, er möge sie alle prüfen, sie stammen alle aus der gleichen Quelle. Die deutschen, polnischen, armenischen, jüdischen und grusinischen Testamente, die wir ihm noch zeigten, hatte er vorher noch nie gesehen und musste bekennen, dass er sich nicht für zuständig hielt, diese zu prüfen. Indes verfehlte unsere ihm entgegengebrachte Zuvorkommenheit nicht ihre Wirkung. Jeder Verdacht und alle Hintergedanken verschwanden, und er wollte nun nur noch gern und schnell sehen, was wir mit den Arrestanten anfangen, wie wir mit ihnen sprechen und ihnen die Evangelien einhändigen würden.

Da wir gesehen hatten, welchen geräumigen Hof das Gefängnis besaß, baten wir den Chef, er möchte die Hälfte der Arrestanten, also 400 Mann, auf dem Hof im Viereck aufstellen. Während das geschah, trugen andere Gefangene unsere Kisten auf dem Hof. Nachdem alles vorbereitet war, stellten wir uns in die Mitte der einen Front auf, um von hier aus zu reden.

Der Herr gab dem Doktor ein gesalbtes Wort und mir die Gnade, es nicht vom Doktor, sondern von dem Herrn selber zu nehmen und es denen zu übergeben, die vor uns standen. Eine lautlose Stille herrschte, und eine gespannte Aufmerksamkeit bemächtigte sich aller. Dicht hinter uns standen der Chef und der Priester, die wir nicht sehen konnten. Nur bei einer kleinen, unwillkürlichen Wendung wurde ich gewahr, wie letzterer ganz unter der Wirkung des Wortes stand.

Der Doktor schloss mit der Aufforderung, das angebotene Heil heute, eben jetzt, anzunehmen. Damit sie alle sehen könnten, dass zu ihnen gesprochene Wort sei nicht unser, sondern unseres Herrn Wort, wollten wir jedem, der lesen könnte, dieses gedruckt in die Hand geben. Hierauf schritt er langsam nach rechts die Front entlang, die Evangelien verteilend, während ich nach links Mann für Mann durchnahm. Jeder musste ein ihm angezeigtes Wort lesen, an das ich noch ein ernstes Wort anknüpfte, besonders bei denen, die weinten oder irgend zeigten, dass ihr Herz gerührt worden war.

Der Priester war anfangs dem Doktor gefolgt, trug ihm Bücher zu und machte sich auf allerlei Weise nützlich. Dann und wann brachte er mir eine Anzahl Testamente, als er aber hörte, wie ich mit den Gefangenen redete, ging er nicht wieder fort, er wollte jedes Wort auffangen, das gesprochen wurde. Das war ein gutes Zeichen.

Nachdem wir auch die andere Hälfte der Gefangenen in gleicher Weise bedient hatten, glaubten wir, wir haben unser Werk getan, aber der Priester sagte:

„Meine Herren, da sind noch 30 bis 35 Mann an der Trittmühle, die das Korn für ihr Brot mahlen, die können doch nicht übersehen werden."

Er bat mich, den Doktor zu bitten, dass er doch nicht ablehnen möchte, zu diesen zu gehen und ihnen nicht nur Neue Testamente zu geben, sondern auch zu ihnen zu reden, wie zu den anderen geredet worden sei. Man merkte, er selbst wollte mehr hören, er hatte noch nicht genug.

Den Doktor zu bitten, zu diesen Leuten zu gehen, war nicht erst nötig, denn sobald er erfuhr, es seien irgendwo, wenn auch nur fünf Mann oder mehr, unbesucht geblieben oder irgendeiner im Karzer, dann musste er hin. Das sagte ich dem Priester. Hierauf bat er, er möchte doch dann zu ihnen über die Worte Jesu reden:

„Kommet her zu mir alle, die ihr arbeitet und beladen seid, ich will euch beruhigen" (russische Übersetzung).

Der Doktor willigte ein, und wir gingen zur Tretmühle.

Die Armen arbeiteten wirklich mit aller Kraft und waren wie im Schweiß gebadet, als wir zu ihnen kamen. Wir sahen einen Augenblick zu, dann luden wir sie ein, ein wenig zu pausieren. Hierauf kam der Doktor mit seiner Einladung zu Jesus. Er zeigte ihnen, dass diese Einladung gerade sie angehe. Sie hätten gerade so in der Sünde gearbeitet, wie in dieser Tretmühle, sie mussten sündigen, sie waren Arrestanten, noch ehe sie hierherkamen.

„Ihr wisst," – so sagte der Doktor, „dass es so mit euch steht, das brauche ich euch nicht erst sagen. Euer Herz ist manchmal beinahe geborsten. Aber das muss ich euch sagen, so wird es ewig bleiben. Jeder Sünder, der hier des Teufels Arbeit getan hat, wird dort ewig in seiner Trittmühle fortarbeiten und die Lasten seiner Schuld tragen, wenn er hier nicht vom Sündendienst frei wird. Doch obgleich es so mit solchen Arbeitenden und Beladenen steht, werden sie zu Jesus gerufen. Er hat durch die Jahrhunderte gerufen, Er ruft auch heute, Er ruft jeden unter euch. Kommt doch, ihr Lieben, kommt eben jetzt!"

Die hellen Tränen kollerten über die Wangen der meisten, die mit der flachen Hand oder mit dem Ärmel immer wieder wegwischten. Der Doktor hätte längst aufgehört, aber sie konnten sich nicht halten. Wer in den Angesichtern zu lesen verstand, der hätte aus den Blicken und Mienen jedes einzelnen unter ihnen tausendfältigen Dank herauslesen können. Wir durften sehen, was die Liebe vermag, die Liebe des Herrn. Froh nahmen sie ihre Testamente und gingen, als wir sie verließen, so vergnügt an ihre schwere Arbeit, als ob sie jemand reichlich belohnt hatte.

Genauso vergnügt war der Priester, aber er war noch lange nicht satt. Er bat uns, wir möchten ihm doch die Freude bereiten, wenigstens ein Glas Tee bei ihm trinken. Ich sagte es dem Doktor, der doch nichts davon wissen wollte, da noch ein zweites Gefängnis unser wartete. Der Priester merkte die Weigerung und vertrat uns bittend fast den Weg. Er ließ sich in keiner Weise abfertigen, bis endlich der Doktor nachgab. Wir gingen mit ihm. Auf dem Wege zu seiner

Wohnung nahm der Doktor eins von den allbekannten kleinen Büchlein ohne Worte aus seiner Tasche und schenkte es dem Priester. Dieser öffnete es, durchblätterte schnell die wenigen Seiten und fragte mich ganz erstaunt:

„Bitte, sagen Sie mir doch, was das zu bedeuten hat?"

Ich sagte ihm, das wäre ein Büchlein, das er lesen solle.

„Nein, nein, das kann ich nicht lesen, es ist ja nichts darin geschrieben", – sagte er.

„Warten Sie nur ein wenig," – erwiderte ich, – „vielleicht können wir es miteinander lesen."

Unterdes waren wir in die Wohnung eingetreten. Der uns entgegenkommenden Nichte befahl der Priester, schnell den Samowár aufzustellen und Tee zu bereiten. Dr. Baedeker gab auch ihr ein Büchlein ohne Worte. Dann brachte

Eine Männerrunde beim Teetrinken mit Samowár

ihm der Priester einen weichen Sessel und nötigte ihn, in demselben auszuruhen. Gemütlich nahm der Doktor Platz.

Der Priester kam indes schnell zu mir, zog sein Büchlein ohne Worte hervor und bat mich, dass ich es lesen möchte.

„Sie haben ja ein Testament," – sagte ich, – „nehmen Sie es zur Hand, wir müssen es mit Hilfe des Testaments lesen."

Auf der Rückseite des Einbandes dieses Büchleins waren für die verschiedenen Seiten desselben Schriftstellen verzeichnet.

„Sehen Sie," – sagte ich, – „diese Schriftstellen sollen uns sagen, was die Seiten der Blätter des Büchleins bedeuten. Schlagen sie nun die erste Seite des Büchleins auf."

Er schlug sie auf, sie war pechschwarz.

„Nun, die Schriftstelle für diese Seite steht in Römer 6, 23. Jetzt lesen Sie im Neuen Testamente, was da am Anfang des Verses steht." Er schlug auf und las:

„Der Tod ist der Sünden Sold."

„Die Sünde ist schwarz," – erklärte ich, – „schwarz wie die Nacht und der Tod und führt uns in die ewige Nacht und ewigen Tod hinein. Und nicht nur die Sünde ist so, so sind auch wir, die Sünder. Somit zeigt die erste Seite des Büchleins ohne Worte uns selbst und unseren Zustand."

Er saß und sann.

„Schlagen Sie die zweite Seite ihres Büchleins auf, sie ist rot. Die Schriftstelle dazu steht in Hebräer 9, 22."

„Ohne Blutvergießen geschieht keine Vergebung", – las er im Neuen Testament.

„Die zweite Stelle für die rote Seite steht in 1. Johannis 1, 7b", – erklärte ich weiter.

„Das Blut Jesu Christi, Seines Sohnes macht uns rein von aller Sünde", – las er.

„Sie sehen", – sagte ich, – „diese zweite, rote Seite, bedeutet nicht irgendwelch ein Blut, sondern das Blut Jesu Christi, das er auf Golgatha vergoss. Und dies Schriftwort sagt, es macht rein von der Sünde, nicht von irgendeiner, sondern von aller Sünde, und es macht uns rein. Haben Sie das verstanden?"

„Ja, ich verstehe", – sagte er.

„Nehmen Sie jetzt die dritte Seite ihres Büchleins, sie ist weiß. Das Schriftwort für sie steht in Psalm 51,9 und lautet in ihrer russischen Bibel: Besprenge mich mit Ysop und ich werde rein, wasche mich, und ich werde weißer denn Schnee.

Die vierte Seite Ihres Büchleins ist himmelblau oder von Gold, wie in dem Büchlein, das ihre Nichte erhielt. Die Schriftstellen für diese Seite stehen in Römer 8, 30b und Epheser 2, 6."

Er schlug die Stelle auf und las:

„Welche Er aber hat gerecht gemacht, die hat Er auch verherrlicht."

„Die himmlische Farbe oder das Gold", – erklärte ich, – „bezeugen die Verherrlichung, die Gott dem gerechtfertigten Sünder zueignet. Er kann, sobald er gerechtfertigt ist, wie der Schächer mit Jesus, in den Himmel eingehen."

Dann las er die zweite Stelle:

„Und hat uns in die Himmel mit Christus versetzt" (russ. Text).

„Beachten Sie," – erläuterte ich, – „der Apostel, der da schrieb, und die Epheser, denen er schrieb, waren selbstverständlich noch hier auf Erden als das geschah, und doch sah der Apostel sich und die Epheser in den Himmel versetzt. In der Tat ist es so mit allen denen, die von ihren Sünden durch das Blut Christi schneeweiß, das heißt, göttlich gerecht geworden sind."

Wir waren am Ende des Büchleins.

„Können Sie nun ihr Büchlein ohne Worte lesen?" – fragte ich ihn.

„Ja," – antwortete er froh, – „jetzt kann ich es lesen."

Dann aber schlug er schnell die himmelblaue Seite, die noch offen vor ihm lag, zu, blätterte bis zur ersten Seite zurück, zeigte mit dem Finger auf dieselbe und sagte:

„So schwarz ist die Sünde, so schwarz sind wir alle, so schwarz bin ich. Das ist war, aber mit all den folgenden Seiten weiß ich nichts anzufangen."

„Gut," – sagte ich, – „lassen wir die anderen Seiten des Büchleins vorläufig, nehmen wir die nächste, die blutrote, die, wie wir sahen, vom Blute Jesu Christi spricht."

Nach dem wir noch einige Bibelstellen hierzu gelesen hatten, sagte er:

„Ich sehe, Christus hat sein Blut vergossen, damit der Vater versöhnt werde und der Mensch von der Sünde gewaschen und schneeweiß würde. Das ist klar."

Hierauf kehrte er das nächste Blatt im kleinen Büchlein um, deckte die weiße Seite auf und fragte gleichsam herausfordernd:

„Wer aber kann dahin gelangen, dass er sagen kann, er ist gewaschen, er ist gerecht und er ist weißer denn Schnee?"

Ich weiß nicht, wie es gekommen war, dass ich ihm nicht schon gesagt hatte, wer dahin gelangen kann, aber ich stellte ihm die Gegenfrage:

„Wer meinen Sie wohl, könnte dahin gelangen?"

„Nur wer es verdient", – antwortete er sehr schnell.

„Gut," – sagte ich, – „wenn sie nun gerettet werden wollen, dann müssten sie erst das Blut Jesu Christi oder das Gewaschen werden durch dieses Blut verdienen, Ihre Gerechtigkeit wäre also eine verdiente, und doch sagten Sie mir noch draußen, als wir zu Ihnen gingen, Sie wollten aus Gnade selig werden."

„Ja, aus Gnaden, nicht anders, aber wir müssen der Gnade würdig werden," – rief er.

„Wie wollen Sie das anfangen, wie wollen Sie zur Würdigkeit gelangen," – fragte ich, – „wenn es so ist, wie Sie sagten: ,so schwarz ist die Sünde, so schwarz sind wir alle, so schwarz bin ich?' Hören Sie, was dieses Buch Römer 3, Vers 12 sagt: ,Sie sind alle abgewichen und allesamt untüchtig geworden; da ist nicht, der Gutes tue, auch nicht einer.' Sie würden indes dies Wort unwahr machen, sobald Sie würdig wären, denn dann wären Sie der Eine.

Noch eins: Gnade und Verdienst sind ganz unvereinbar, vor allem Gott gegenüber. Wenn Sie sich würdig machen können, dann muss Gott Ihnen nach Verdienst und Würdigkeit geben, Seine Gnade ist dann unnötig. Es ist dann nicht mehr die Ursache Ihrer Errettung, auch ein Erlöser ist überflüssig, Sie selbst sind der Urheber Ihres Heils. Wenn Gott aber aus Gnade rettet, dann wird die Gnade frei und umsonst solchen, die Ungnade, Zorn, Fluch und Verdammnis verdient haben. So steht auch geschrieben: ,Und werden ohne Verdienst gerecht aus seiner Gnade durch die Erlösung, so durch Christum Jesum geschehen ist' (Röm. 3, 24). Sie sehen aus diesem Wort, gerecht wird man ohne Verdienst, also ohne etwas von unserer Seite; aus Seiner Gnade, das ist Gottes Seite. Er gibt, Er schenkt, ohne etwas zu verlangen. Alles geschieht auf Kosten der Erlösung durch Jesus Christus, die vor fast zweitausend Jahren auf Golgatha vollbracht wurde. Ihm ist die Erlösung teuer zu stehen bekommen, uns wird sie frei und umsonst. Auch Sie sind damals schon erlöst worden, Ihre Erlösung braucht nicht erst noch zu geschehen, Sie haben sie jetzt nur anzunehmen. Gott gab den Sohn, und in ihm die ewige Errettung. Wie es damals war, so ist es noch heute: ‚Wie viele Ihn aber annahmen, die an Seinen Namen glauben, denen gab Er Macht, Gottes Kinder zu sein.‘ (Joh. 1, 12).“

Bis zu diesem Wort hat er gespannt zugehört, nun aber rief er ganz laut:

„O Gott, wie können sich doch die Begriffe verwirren in unserem Kopfe. Du hast uns; Dein Sohn hat uns ganz aus Gnaden erlöst, hat das längst getan, Du hast auch mich erlöst, ich habe es nur nicht gesehen. Ich bin errettet, ich bin erlöst, Preis sei Dir!“

Unser lieber Doktor war in seinem weichen Sessel sehr bald eingeschlafen, und unser lautes Gespräch hatte ihn nicht gestört. Jetzt aber bei diesem Jubelruf des Priesters, erwachte er und fragte hastig:

„Was ist geschehen? Was gibt es?“

Ich sagte ihm, es sei Freude im Himmel, unser Priester hier hätte soeben herausgefunden, dass er aus Gnaden durch Christum errettet sei, und er wäre nun überglücklich. Sofort wollte der Priester wissen, was ich dem Doktor gesagt und ob ich ihm von seinem Glück Mitteilung gemacht habe. Als ich das bejahte, rief er aus:

„Denken Sie nur, was Gott tut. Vom Ende der Erde, aus England (er meinte, wir wären beide von dort), lässt Er mir die Errettung in mein Haus bringen. Wären Sie nicht gekommen, ich wäre in meiner Unwissenheit und in meinen Sünden geblieben.“

„Gestern war mein schönster Tag,“ – fuhr er fort, – „es war mein Namenstag, und meine Arrestanten schenkten mir jene Kuchen. Diese Anerkennung meiner Arbeit an ihnen hat mich so glücklich gemacht, wie nie zuvor. Aber was ist das im Vergleich mit dem, was Gott mir heute gegeben hat. Ich weiß nicht, was ich anfangen soll."

Natürlich musste ich dem Doktor alles übersetzen, und als ich das getan hatte, sagte er:

„Ich werde ihnen sagen, was wir sollen, wir sollen danken, danken, danken!"

Das war gleichsam dem Priester vom Herzen gesprochen, denn ehe Baedeker noch das letzte Wort ausgesprochen hatte und es übersetzt worden war, war der Priester schon auf Knie gefallen, und ein Gebet entströmte seinen Lippen, wie ich es kaum wieder aus dem Munde eines soeben bekehrten Menschen habe hören dürfen. Wie sehr wir uns mit dem lieben Mann freuten, braucht wohl nicht erst gesagt werden.

Endlich kam auch der bestellte Tee. Er hatte sehr lange auf sich warten lassen, aber der Herr gab mir durch den langen Verzug eine beherzigenswerte Lehre, nämlich die, dass wir bei der Arbeit für Ihn hüten müssen, um nicht in ein ungezügeltes Vorwärtstreiben zu verfallen. Als der Priester beim Eintritt in seine Wohnung erst den Samowár bestellte, wäre ich fast bereit gewesen, dem Doktor zu sagen, dass wir unmöglich darauf eingehen könnten, solange zu warten, weil wir uns schon im anderen Gefängnis telefonisch hatten anmelden lassen. Wären wir davongegangen, so wäre diese Seele fernerhin in Nacht und Dunkel verblieben. Mir wurde klar: kann der Herr uns bei unserem Dienst für Ihn nicht zum Niedersitzen bringen, dann wird unsere Arbeit nur halbe Arbeit. Das mag auch der Grund sein, weshalb es so viele schöne Anfänge gegeben hat, die des Vorwärtsstürmens wegen nicht zur Entwicklung kamen und schließlich verwelkten.

Wir hielten uns beim Tee nicht lange auf, sondern eilten ins Gouvernementsgefängnis. Man hatte hier schon sehr auf uns gewartet und schien ungeduldig geworden zu sein, aber einige Worte der Liebe und freundlichen Entgegenkommens riefen bald eine herzliche Stimmung hervor.

Der Chef und alle Kanzleibeamten waren voll Erwartung der Dinge, die da kommen sollten, und da die Arbeitsstunden der meisten bald zu Ende gingen, begleiteten sie uns alle ohne Ausnahme ins Gefängnis. Auch die Aufseher und die Gefangenen waren gleichsam herzlich froh, dass wir doch noch gekommen waren. Es war, als sagten sie alle: da sind wir, bereit, entgegenzunehmen, was ihr uns zu geben habt.

Wenn der Herr so die Herzen zubereitet, dann stehen auch immer seine Vorratskammern für sie offen. Er gibt dann seinen Knechten ein freudiges Auftun des Mundes, so dass sie aus Seiner Fülle schöpfen und darreichen können. So ging es auch dem Doktor bei den freudigen und feierlichen Ansprachen, die er an die zwei Abteilungen, die hier geformt worden waren, hielt. Soviel das äußere Auge erkennen konnte, blieb keiner der Zuhörer unberührt. Das ernste Wort war mächtig, nicht minder das folgende Wort von der Liebe, die sich nach dem Verlorenen ausstreckt und bereit ist, zu heilen und völlig zu retten. Auch schließlich die Warnung in derselben Liebe: „Zittert, euch zu verspäten!" verfehlte ihre Wirkung nicht.

Inzwischen war Abend hereingebrochen, aber froh und gern wurde alles erleuchtet, und es war zu sehen, ein Wunsch erfüllte alle, wir möchten doch so lange bleiben, wie es nur möglich sei.

Der Chef und alle Beamten waren voll Dankes, als wir schieden. Sie hielten unseren Besuch für eine unschätzbare Wohltat, nicht nur für die Arrestanten, an die sonst niemand denkt, sondern auch besonders für sie selbst, denn sie hatten Wahrheiten zu hören bekommen, die sich als solche in ihrem Herzen erwiesen und sie nicht so bleiben ließen, wie sie bisher gewesen waren. So hatte uns der Herr in jener damals so entlegenen Ecke einen vollen, segenreichen Arbeitstag gegeben, dessen Früchte Er uns in vollem Masse sehen lassen wird, wenn einst alle Garben eingetragen sein werden.

Nur noch eine kurze Rast von einigen Stunden blieb uns, und um Mitternacht ging der Dampfer von Cherson ab, der uns nach Odessa bringen sollte, wo neue Arbeit in deutschen und russischen Versammlungen sowie in dem dortigen Gefängnis unser wartete.

Nach Transkaukasien

In den Jahren, die auf unsere sibirische Reise folgten, durfte ich Dr. Baedeker auch einige Mal nach dem Kaukasus begleiten. Der Herr hatte uns daselbst ein großes Arbeitsfeld erschlossen. Es war so umfassend, dass wir gewöhnlich während eines Besuches nur einen Teil berücksichtigen konnten, der andere Teil musste dann auf den nächsten Besuch warten.

Diesmal möchte ich nur von der letzten Reise, die ich in Begleitung des Doktors dorthin machte, einiges mitteilen, damit die lieben Leser eine Vorstellung davon bekommen, welche schwierigen Aufgaben wir manchmal zu erfüllen hatten. Das waren Aufgaben, von denen wir höchst selten, selbst in den engsten Kreisen, sprachen. Im Auslande darüber zu reden oder zu schreiben, hätte in jener Verfolgungszeit zur Folge gehabt, dass alle Türen für das Evangelium geschlossen und auch wir selbst hinter Schloss und Riegel gesetzt worden wären. Die große Regel, welcher die besten Arbeiter im Weinberge des Herrn in jenen Jahren folgten, war, aus allen Kräften zu arbeiten, aber jeden Rumor zu vermeiden. Einige, die meinten, sehr laut schreien zu müssen, waren wie das schnell aufflackernde Strohfeuer, das einen Augenblick aller Augen auf sich zieht, aber nichts ausrichtet und schnell von der Bildfläche verschwindet.

Obwohl wir die Besuche der Gefängnisse und die Evangelisation unter Russen, Deutschen und Armeniern auf dieser

Reise keinen Augenblick außer Acht ließen, so drängte den Doktor noch ein anderer Umstand, in die wilden Berge zu gehen. Verschiedene Gläubige waren in den einzelnen Gouvernements des Kaukasus verbannt, und etwas über zwanzig von ihnen waren in den entlegensten Flecken des Jelisavetpólschen Gouvernements verwiesen, wo ringsum Tataren und Armenier wohnten, deren Sprache sie nicht verstanden. Im Orte selbst war keine Arbeit, wodurch sie sich ihr Brot verdienen konnten. In einen anderen Ort zu gehen, war ihnen nicht erlaubt, auch waren sie fast untauglich für die dort vorkommenden Arbeiten, weil keiner von ihnen etwas vom Weinbau verstand. So kamen sie oft in Not, sodass sie Hunger zu leiden hatten und manchem die nötigsten Kleidungsstücke fehlten. Ihnen zu helfen war eine schwierige Aufgabe. Geldsendungen mit der Post wurden dem Absender oft zurückgesandt, die Armen erhielten es nicht, und der es gesandt hatte, kam unter polizeiliche Aufsicht oder wurde obrigkeitlich zur Rechenschaft gezogen als einer, der diejenigen unterstützt und ihnen beisteht, die sich gegen die Obrigkeit auflehnen. So wurde zum Beispiel ein Prediger, der hundert Rubel an verbannte Gläubige mit der Post abgesandt hatte, einfach des Landes verwiesen, da er deutscher Untertan war. Diesen Verbannten eine größere Unterstützung zu bringen, war der Hauptzweck dieser Reise.

Der Ort, wohin die Brüder als schlimmste Verbrecher geschickt worden waren, lag nahe am Araxus, wo die Grenzen Russlands, Persiens und der Türkei zusammenstoßen. Er hieß Girjusy und sollte eine Kreisstadt sein, ließ sich jedoch auf den Karten nicht auffinden. Doch wir gingen in der Hoffnung, im Kaukasus selbst die nötige Auskunft zu erhalten. Da es eine Kreisstadt war, musste unbedingt ein Gefängnis dort sein, und ein Besuch in demselben konnte unser Erscheinen an dem Ort gewissermaßen rechtfertigen.

Um Zeit zu gewinnen, fuhren wir mit der Bahn direkt nach Wladikawkas und von dort mit dem Omnibus auf der sogenannten grusinischen Militärstraße nach Tiflis. Über Girjusy konnten wir leider auch in Tiflis nichts Näheres erfahren. Die Gläubigen in Tiflis kannten mehrere der dorthin Verbannten, auch wussten sie manches von ihren Nöten und Bedürfnissen zu sagen. Briefe hatten sie von ihnen nicht erhalten, obwohl sie versprochen hatten, zu schreiben, als sie hier im Tifliser Gefängnis besucht wurden. Nur das erfuhren wir: Der Weg führte über die Kreisstadt Schuscha des Jelisavetpólschen Gouvernements.

Bevor wir uns nun dorthin auf den Weg machten, wünschte Dr. Baedeker erst noch nach einer der württembergischen Kolonien, nämlich nach Helenendorf, zu gehen. Sie lag in der Richtung unserer Reise, und ein Besuch daselbst ließ sich auf der Hinfahrt viel besser bewerkstelligen als auf der Rückreise. Der Doktor hatte in den vorhergehenden Jahren gelegentlich in Tiflis die Bekanntschaft eines lieben, gläubi-

Wladikawkas, Prospekt des Alexanders

gen Pastors Müller gemacht, der im Helenendorf seinen Sitz hatte und Oberpastor über alle württembergischen Kolonien im Kaukasus war. Auf Einladung dieses Pastors war der Doktor bereits in Helenendorf gewesen, wo ihm die Kirche offen stand, den dortigen Deutschen Christum, den Gekreuzigten zu verkündigen. Eine Gelegenheit, seinen Landsleuten die Botschaft von unser aller Heil zu bringen, ließ er sich nicht entgehen, und die Erinnerung an den bereits gehabten Eingang in jener Kolonie zog ihn gewaltig dorthin.

Wir kamen unverhofft nach Helenendorf, doch nicht ungelegen. Wir wurden von Pastor Müller und seiner lieben Frau wirklich mit offenen Armen aufgenommen. Aus den Unterredungen ging hervor, dass der Pastor nichts so heiß wünschte, als seine Gemeindeglieder wirklich zu Christo und zur Gewissheit der Erlösung zu führen. Es war ihm darum zu tun, dass dieselbe Wahrheit, die er verkündigte, auch aus anderer Zeugen Mund bekräftigt werde, damit auf irgendeine Weise Seelen gerettet werden.

Die Zeit war für die dortigen Landverhältnisse sehr passend. In den Weingärten war alle Arbeit besorgt, und die

Helenendorf zu der Zeit

Früchte der Felder waren in bester Entwicklung. So waren die Leute nicht so stark von der täglichen Arbeit ermüdet und ganz frei für die Abendversammlungen. Es wurde für den bevorstehenden Sonntag neben dem kirchlichen Vormittagsgottesdienst eine Nachmittagsversammlung und für die zwei oder drei ersten Tage der Woche Abendversammlungen anberaumt. Der Besuch war wie gewünscht und verminderte sich nicht, auch die Aufmerksamkeit war recht erfreulich. Der Herr ließ es nicht an Zeichen Seiner Gegenwart fehlen. Da und dort fanden sich einzelne Seelen, die ernst und in sich gekehrt wurden, aber nirgends kam es zu solchem Durchbruch, wie wir ihn ersehnten.

Was mich betrifft, so schien mir, ein viel längerer Aufenthalt als der unsrige wäre erwünscht gewesen, damit eine persönliche Annäherung zwischen den Predigern des Wortes und den Hörern desselben entstehen könnte. Die bloße offizielle Annäherung hat für jeden heilsamen Einfluss gewisse Grenzen, die erst durch die Vertraulichkeit weggeräumt werden. Kommt letztere in den Seelen zu ihren Führern zustande, dann folgen sie denselben schnell und zuversichtlich zu Christo. Diese segensreiche Vertraulichkeit kommt aber bei dem Deutschen, der verstandesgemäß und lange prüft, nicht so schnell zustande. Dieses und so mancherlei äußeres Wissen von der Wahrheit macht ihn manchmal zu einem viel härteren Boden für das Evangelium als andere Völker. Doch da bei Gott kein Ding unmöglich ist und wir immer wieder sehen, welche Triumphe Er auch bei unseren lieben Deutschen feiert, werden wir nicht müde, zu jeder offenen Tür mit dem Evangelium einzugehen. – Das Zeugnis Gottes war auch hier gebracht, das war unsere Aufgabe. Ihm, der uns das Zeugnis gegeben hatte, konnten wir auch die Folgen überlassen. Einander dem Herrn empfehlend, schieden wir von dem lieben Pastor und zogen weiter.

Unser nächstes Ziel war nun Schuscha. Zunächst konnten wir eine kleine Strecke mit der Bahn zurücklegen, dann

aber lagen 105 Kilometer vor uns, die wir mit dem bekannten Postkarren überwinden sollten. Wir waren am Morgen
auf der Poststation angekommen, und einige Armenier, die
ihr Gespann früher als wir bekommen hatten, sagte uns,
wir sollten alles dransetzen, was wir könnten, um bis zum
Abend in der Stadt zu sein, da die Straße sehr unsicher sei.
Wir konnten nachher beobachten, wie unsere Postkutscher
es so einrichteten, dass sie nicht einzeln fuhren, sondern
beisammen blieben. Wir erreichten Schuscha bald, nach
dem die Laternen in der großen Stadt angezündet worden
waren. Wie wohl tat uns ein leidlich reinliches Hotel nach
einer fast schlaflosen Nacht auf der Eisenbahn und der an-
strengenden Postfahrt während des ganzen Tages.

Schuscha, etwa 40.000 Einwohner zählend, musste unbedingt ein ziemlich großes Gefängnis haben, und wir hatten
eine kleine Kiste Neuer Testamente für dasselbe. Um in das

Gefängnis zu gelangen, musste wir zum Kreischef, dem wir
uns auszuweisen hatten. Am anderen Morgen besuchten
wir ihn. Er empfing uns außerordentlich zuvorkommend,

Schuscha, russischer Maler Wereschtschagin, 1865.

war aber sehr erstaunt, als er erfuhr, wir wären zu den Arrestanten mit dem Evangelium gekommen. Da der Doktor nicht Russisch sprach, vermutete er, dass er aus dem Auslande sei, und nachdem ich ihm mitgeteilt hatte, er komme aus England, rief er verwundert aus:

„Vom Ende der Welt kommen Sie zu uns? Wie konnten Sie dort an Schuscha denken, das so entlegen ist, dass man sagen könnte, es liege am anderen Ende der Erde?"

Der Doktor sagte ihm nun, er sei das vierte Mal in Transkaukasien, das Land sei ihm ziemlich bekannt, auch habe er hier bereits die meisten Gefängnisse besucht. Nur Schuscha war immer abseits geblieben, jetzt aber sei die Reihenfolge an dasselbe gekommen. Nach dem der Kreischef Einsicht in des Doktors Vollmacht genommen hatte, sagte er:

„Alle Türen stehen ihnen selbstverständlich offen."

Nach einigen Augenblicken fragte er:

„Und wohin gedenken Sie von uns zu gehen?"

„Von hier aus reisen wir nach Girjusy", lautete die Antwort.

Er schlug die Hände zusammen und fragte erstaunt:

„Einen solchen Weg gedenken Sie noch in Ihrem Alter zu unternehmen? Das ist ja zweimal so weit wie der, den Sie gestern von Jewlach zu uns zurücklegten. Und welch ein Weg, oft nichts als Steingeröll an schauerlichen Abhängen."

„Nun", sagte der Doktor, „so schwierig dürfte er doch nicht sein wie die vier- bis fünftausend Werst, die wir auf unserer Reise durch Sibirien im Tarantass zurücklegten."

„Durch Sibirien, durch ganz Sibirien", sagte er langsam und mit Nachdruck, als ob er sich klar machen wollte, was das heiße, „und im Tarantass! Was zwang sie nur dazu?"

„Das, was mich auch hierher brachte und nach Girjusy bringen wird: die ausgegossene Liebe Gottes zu den Armen in den Gefängnissen", lautete die Antwort Baedekers.

Dass ihm das unverständlich und ganz unbegreiflich sein musste, ist nicht schwer zu verstehen. Er schwieg und schaute staunend auf den Doktor. Dann, nach einigen Augenblicken, fragte er ganz besorgt:

„Sind sie denn auch gut bewaffnet? Auf dem ganzen Wege bis Girjusy werden Sie keinen Menschen, höchstens Banditen, begegnen. Sie können nicht ohne Bedeckung[10] reisen."

„Als wir unsere Reise durch Sibirien begannen", sagte der Doktor, „fragte man uns dort auch, ob wir jeder einen guten Revolver hätten. Ich antwortete damals und sage auch heute: Wir reisen unter der Protektion des Allerhöchsten, Er ist unsere Bedeckung."

„Das ist ja ganz richtig", sagte er, „Gott ist unser Beschützer, was Seine Seite betrifft, aber wir müssen, was uns betrifft, nicht fahrlässig sein. Solche Leute wie Sie dürfen wir nicht aus den Augen lassen. Denken Sie, man würde Sie im Bereiche meines Kreises umbringen. Selbst wenn man mich nicht für Sie verantwortlich machen würde, ich würde mich selbst verantwortlich machen. Ich werde dafür sorgen, dass Sie mit Bedeckung reisen."

Der Doktor bat ihn sehr, er möchte sich doch nicht die geringste Sorge machen, wir befänden uns in den besten Händen und wohl aufbewahrt. Hier brachen wir ab und besprachen nur noch, wie wir es im Gefängnis machen wollten. Er entschuldigte sich, dass er wegen der laufenden Geschäfte nicht mit uns ins Gefängnis gehen könnte, er gab uns aber einen Mann mit, der uns dem Leiter des Gefängnisses vorstellte.

---

10   Bedeckung = Schutz, Bewachung

Wie in allen in Transkaukasien abseits gelegenen Gefängnissen bildeten auch in diesem die Tataren und Armenier
die Mehrzahl. Russen fehlten ganz. In kurzen Sätzen und
einfachem Wort, wie es selbst der Mensch ohne Bildung
verstehen kann, wurde auch diesen Ärmsten die Wahrheit
verkündet von dem Verderben, dem sie entgegengehen und
von dem wunderbaren Weg der Erlösung durch Christum.
Das waren nie gehörte Worte in dieser finsteren Gegend.
Dass sie aber jeden Menschen angehen und das Herz eines
jeden treffen, wenn er ehrlich gegen sich selbst ist, konnten
wir auch an vielen dieser, man könnte meinen, rohen Ge-
müter bemerken. Das Wort kam nicht leer zurück, sondern
es richtete aus, wozu es gesandt war.

An nächsten Morgen brachen wir früh auf, um unsere Reise nach Girjusy fortzusetzen. Wir wollten an diesem Tage
eine ziemlich entfernte, uns aber als sicher empfohlene
Poststation erreichen, wo wir die Nacht über ruhen konnten. Nicht weit hinter der Stadt führte der Weg in das vor
uns liegende Gebirge des kleinen Kaukasus hinein. Welch
eine ganz verschiedene Formation, verglichen mit der des
großen Kaukasus. Wenn sich auch hier die aneinander
schließenden Berge hoch über uns erhoben, so fehlte es
doch an den gigantischen Bergriesen, die uns dort überall
zu erdrücken drohten. Aber diese wildromantischen Zer-
klüftungen, diese aufeinander gestürzten Felsblöcke, diese
kahlen, jeden Strauches oder Gräsleins baren, graufelsigen
Einöden, in die uns ein Blick gewährt wurde, sobald wir
eine gewisse Höhe erreichten, sagten uns, dass wir uns in einer der entlegensten Ecken der Welt befanden. Nichts über
uns, unter uns, um uns, bis in die weiten Fernen hinaus, in
die wir gelegentlich einen Blick werfen konnten, wies auf
ein Merkmal hin, das von der Anwesenheit eines menschlichen Wesens zeugte. Nur dieser, in die aneinander gereih-
ten, ausgebauchten Berge gehauene Weg, den wir befuhren,
gab Kunde davon, dass hier einst Menschenhände ein gro-

ßes Werk vollbracht hatten. Fast im Laufe des ganzen Tages umschrieben wir Halbkreis auf Halbkreis um die Bergseiten, auf denen sich unser Weg wie ein um sie gespannter Gürtel hinzog. Während der ganzen Zeit hatten wir zur Rechten die steil hinaufsteigenden Felsen, zur linken indes zog sich ein finsterer, bodenloser Abgrund hin. Oft war der Weg nur so breit, dass ein Wagen eben auf demselben dahinrollen konnte, und manchmal wollte es uns scheinen, unser schnell dahinjagender Postkarren komme dem Abhang so nahe, dass eine Katastrophe unvermeidlich sei. Wie wir einander ausweichen sollten, falls uns ein anderer Wagen entgegen kam, war eine Frage. Es wäre jedoch unnötig gewesen, wenn wir uns deswegen Sorgen gemacht hätten, denn tatsächlich begegnete uns bis Girjusy niemand.

Doch was war das? – Ungefähr zwei bis zweieinhalb Stunden, nachdem wir Schuscha verlassen hatten und aus einer Bergschlucht herausgekommen waren, erblickten wir in weiter Ferne vor uns einen Mann hoch zu Ross, er bog auf der anderen Seite des Berges in die vor uns liegende Schlucht. Wir konnten ihn nicht lange beobachten, da er in derselben bald verschwand. Von jetzt ab hörten wir nicht

Die Wege im Gebirge

auf, vorwärts und rückwärts zu schauen. Wir hatten uns nicht getäuscht, der vor uns reitende Mann musste, wenn er denselben Weg ritt, unbedingt aus der Schlucht heraus und auf der anderen Seite des nächsten Bergrückens erscheinen. So geschah es. Da wir ihm nun ein Beträchtliches näher waren, konnten wir genau seine in die Luft hinausragende Lanze unterscheiden. Leider vermochten wir rückwärts nicht so unausgesetzt den Weg zu überschauen, und doch sahen wir wenigstens einige Sekunden lang einen eben solchen Reiter. Aller Wahrscheinlichkeit nach hatte der Kreischef sein Wort gehalten: Es waren seine ihm zur Verfügung stehenden Lanzenreiter, die er uns zur Bedeckung ausgesandt hatte. Sie sollten sich uns jedenfalls so wenig wie möglich oder gar nicht zeigen, denn wenn sie in einer Lage waren, wo sie gesehen wurden, ritten sie immer so schnell wie möglich davon. Wir sahen sie nachher nicht wieder. Sie mögen uns bis an die Grenze des Schuschaer Kreises begleitet haben und dann umgekehrt sein.

Unter dem Schutze unseres Herrn gelangten wir wohlbehalten nach der „sicheren" Station. Die größere Hälfte des Weges lag hinter uns. Mit Lob und Dank schlossen wir den Tag, überaus froh, am Schluss desselben die müden Glieder ruhen zu lassen.

Erfrischt traten wir am nächsten Morgen unsere Weiterreise an. Die Gegend schien weniger wild, wir waren in den Ausläufern des Gebirges. Hier und da zogen wir durch bebautes Land und an einzelnen menschlichen Wohnstätten vorüber. Spät am Nachmittag gelangten wir an unser Ziel: Girjusy. Unterwegs hatten wir uns bei unserem Postkutscher erkundigt, wo wir absteigen könnten. Nichts, was einem Hotel ähnlich war, war in dem Flecken zu finden. Alles was dem Fremden geboten wurde, war eine Karawanserei. Das war ja schauerlich, in einer solchen zu logieren, doch wohl oder übel, wir ließen uns dahin fahren.

Alles machte große Augen, als wir eintraten. Solche Gäste hatte diese asiatische Herberge noch nicht gesehen, wir stachen als Europäer von all den anderen Gästen auffallend ab. Das Ganze bestand aus einem einzigen Raum, der acht bis neun Meter lang, ebenso breit und fast voller Menschen war. Ich wandte mich an den Wirt um eine Stätte für uns. Er wies uns eine etwa einen halben Fuß erhöhte Bretterlage, auf der bereits einige Gäste ihre Teppiche oder Filzdecken ausgebreitet hatten. Leider gab es keinen Platz mehr auf dieser Bretterlage, auch besaßen wir keine Teppiche, um einen Platz zu belegen, und wenn wir solche gehabt hätten, würden wir uns doch noch einmal bedacht haben, sie anzuwenden. Der schwarze, weiche Schmutz klebte zolldick auf der ganzen Lage. Wir stellten unsere Reisekoffer auf eine Ecke derselben und fragten den Wirt, ob unsere Sachen sicher wären, wenn wir uns entfernten. Er versicherte und garantierte uns, es werde nichts angetastet werden.

Als wir draußen waren, berieten wir, was zunächst zu tun sei. Wenn wir nur jemand von den verbannten Brüdern finden könnten, das war unser Wunsch. In den 15 bis 20 Häusern mochten sie irgendwo sein. Vorwärtsschreitend ge-

Gebirge in Armenien

langten wir auf einen großen Platz. Es sollte der Marktplatz sein, wie wir später erfuhren. Hier fielen wir einem Polizisten auf, und er schlich sofort hinter uns her. Ich machte Dr. Baedeker darauf aufmerksam. Nach kurzer Beratung wurden wir uns schlüssig, es sei das Beste, uns zuerst dem Kreischef vorzustellen, weil wir dann jedem Verdacht entgehen würden, denn nach 10 Minuten würde er ja schon selbst von unserer Ankunft unterrichtet sein. Wir verzögerten unseren Schritt, ließen den Polizisten an uns herankommen und fragten ihn nach der Wohnung des Kreischefs.

„Wollten Sie zu ihm?", fragte er neugierig. „Ich führe sie gern, wenn Sie es erlauben."

Wir hatten nichts dagegen, und sehr bald standen wir vor dem Hause des Kreischefs.

„Was führt Sie, meine Herren", fragte dieser verwundert, „in unsere entlegene Gegend?"

Dr. Baedeker teilte ihm hierauf mit, wie er bereits zum fünften Male im Kaukasus sei. Sein Reisezweck sei, die Gefangenen zu besuchen, und so wären auch die meisten Gefängnisse von ihm bereits besucht worden, während doch Girjusy bisher abseits geblieben sei. Er sei nun froh, endlich hier zu sein. Damit überreichte er ihm die Vollmacht.

Der Kreischef, ein Oberst, war ganz zufrieden. Dann aber kam die Frage:

„Wann sind sie angekommen?"

„Vor etwa einer halben Stunde", lautete die Antwort.

„Wo sind sie abgestiegen?", war die nächste Frage.

„Bis wir etwas Besseres finden". sagte der Doktor, „in der Karawanserei."

„Das ist ja unmöglich", rief er aus, „das kann ich nicht zulassen! Wenn Sie so weit zu uns gekommen sind und zu solchem Zweck, dann sind Sie meine Gäste. Ich lade Sie hiermit freundlichst ein."

Der Doktor machte verschiedene Einwendungen, aber der Oberst wurde in seinem Bitten fast zudringlich. Wenn wir nicht selbst seine Freundlichkeit in Groll verwandeln wollten, so gab es keinen anderen Weg, als dankend anzunehmen.

Wir waren nun gut aufgehoben, aber das passte nicht zu unserer Absicht. Wie sollten wir jetzt dahin gelangen, mit den verbannten Brüdern zusammenzukommen? Wir waren Tag und Nacht unter polizeilicher Aufsicht, eigentlich Gefangene. Unser Wunsch war zunächst, nur Zeit zu gewinnen. Wir beteten und flehten zum Herrn, den Weg zu bahnen und uns die rechte Weisheit für alles, was geschehen sollte, zu geben.

Am Abend bei Tische war unser Gastgeber besonders liebenswürdig. Er erzählte uns von seinem Militärdienst in St. Petersburg und wie er nach und nach bis zum Oberst in der Garde aufgerückt sei. Auch teilte er uns mit, dass er kein Christ sei, sondern sich zur mohammedanischen Religion bekenne, aber niemanden seines Glaubens wegen verachte oder geringschätze. Auch unser Besuch bei den Arrestanten interessierte ihn, er möchte demselben gern beiwohnen, doch habe er morgen, am Freitag, keine Zeit. Wenn wir denselben einen oder zwei Tage verschieben wollten, wäre es ihm sehr angenehm. Schließlich kamen wir soweit, den Besuch des Gefängnisses bis Sonntag zu verschieben, dann würden noch viele seiner Bekannten frei sein, und es wäre auch noch feierlicher.

Das der Herr die Herzen lenkt wie Wasserbäche, das wurde uns schon an diesem Abend wieder klar. Unser Wunsch, Zeit zu gewinnen, war ohne Zutun von unserer Seite bereits erfüllt. Wir hatten jetzt den Freitag und den Sonnabend vor uns. In diesen beiden Tagen mussten wir eine Zusammenkunft mit den verbannten Brüdern zustande bringen. Da der Kreischef am Tage geschäftlich sehr in Anspruch genommen war, bat er uns, dass wir die Abende für ihn reservieren möchten. Am Tage sahen wir ihn nur am Mittagstisch. Unsere Zusammenkunft mit den Brüdern musste also am Tage stattfinden.

Am Freitag gingen wir viel spazieren, in der Hoffnung, jemandem von den Brüdern zu begegnen. Wo sich die Fremden so stark von den Eingeborenen unterschieden und überhaupt nur eine Handvoll Einwohner vorhanden waren, konnte das nicht so schwierig sein. Bald nach dem Frühstück gingen wir über den Marktplatz nach dem anderen Ende des Fleckens. Auf dem Platze abseits saßen auf einigen Balken mehrere Männer, andere standen, das waren keine Eingeborenen. Als sie unser ansichtig wurden, richteten sie ihre Blicke unverwandt auf uns, obgleich wir in beträchtlicher Entfernung von ihnen gingen. Ein wenig später hatte einer von ihnen uns umgangen und kam uns nun entgegen.

„Wir haben Sie beide erkannt, und unsere Freude ist groß!", rief er uns zu.

„Wir freuen uns, bis zu euch durchgedrungen zu sein", sagten wir, „aber jetzt müssen wir jedes Aufsehen meiden, sonst wird uns jede Möglichkeit abgeschnitten, mit euch zusammenzukommen. Wir werden diesen Weg weiter verfolgen. Gehen Sie auf einem Umwege dorthin, bis wir aus dem Bereich der Aufsicht sind, und wenn die Luft rein ist, nahen Sie sich zu uns."

Sofort verließ uns der Bruder, und wir setzten unseren Spaziergang fort.

Wie verabredet, so geschah es. Da, weit von dem Komplex der anderen Häuser, führte unser Weg an ein paar kleinen Häuschen vorbei. Als wir bis an dieselben gelangt waren, bemerkten wir im Vorraum eines Häuschens einen Mann. Er winkte uns, wir traten näher und erkannten in ihm denselben Bruder, der uns begegnet war. Rundum und die ganze Straße entlang war kein Mensch, der uns sehen konnte. Wir traten ein in das Häuschen, in dem einer der Verbannten zur Miete wohnte.

Hier machten wir nun den Bruder mit unserer Absicht bekannt, sie irgendwo alle, zu welcher Denomination sie auch gehören mögen, beisammen zu sehen, wenn das möglich wäre. Es müsste aber unbemerkt und am Tage geschehen. Er glaubte, das ginge einzurichten. Sie versammelten sich am Sonntag, das wäre ihnen nicht verboten. Wir erklärten indes, dass wir sie nur am Sonnabend sehen könnten, da wir am Sonntag den Gefängnisbesuch vor uns hätten und jedenfalls von vielen Bekannten des Oberst und von ihm selbst sehr in Anspruch genommen sein würden. So bestimmten wir, uns sonnabendnachmittags gegen 4 Uhr zu treffen.

Dann baten wir, die Brüder möchten darüber beraten, sich aber in keiner Weise äußern, dass wir da wären, auch davon nichts sagen, dass wir auf der anberaumten Versammlung zugegen sein würden. Zu der Versammlung sollten sie möglichst einzeln kommen, um Aufsehen zu vermeiden. Der Bruder wies uns dann noch den Weg an, den wir morgen wählen sollten, weil wir dort am wenigsten bemerkt werden könnten.

Hierauf erkundigten wir uns über ihre Lage. Sie waren alle auf fünf Jahre verbannt, manche herausgerissen aus ihrer Familie, von ihrem Geschäft und aus der Gemeinschaft mit den Kindern Gottes in ihrer Heimat. Der briefliche Verkehr sei kläglich. Sie könnten den Ihren nicht schreiben, was sie gern möchten, da ihre Briefe dann nicht zu ihnen gelangten. So wäre es auch mit den Briefen, die sie von den Ihrigen erhielten.

„Schreibt jemand ein Wort, das der Obrigkeit hier nicht gefällt, so müssen wir das bald fühlen", sagte der Bruder.

Das Schwerste hier ist, dass sie keine Arbeit bekommen.

„Am Ort hat uns niemand nötig", berichtete der Bruder, „außerhalb des Ortes zu sein, haben wir nicht das Recht, und auch dort findet sich nichts für uns zu tun. Einem Bruder gab der Kreischef die Erlaubnis, einen Dienst auf der Poststation anzunehmen, er hatte sich diese Stelle vorher besorgt. Wer nicht nachweisen kann, dass er bleibende Arbeit hat und, von wem man nicht überzeugt ist, er werde die Erlaubnis, außerhalb Girjusy zu weilen, nicht zur Flucht benutzen, bekommt solche Erlaubnis nicht. Wir können uns

Ein weitentlegener Ort Girjusy

kein Stückchen Brot, nichts für Kleidung und Obdach verdienen. Was manche von unsren Angehörigen an Geld und Kleidung schicken, lässt man oft nicht an uns gelangen, und so mangelt es uns oft am Nötigsten. Arbeitslosigkeit wirkt demoralisierend, auch auf uns."

Vom Kreischef sprach der Bruder sehr gut.

„Er ist der Beste von allen, die wir bisher hatten,, sagte er, „die rechtgläubigen[11] Beamten bedrücken uns oft schwer, hier und in anderen Orten."

Er erzählte von einzelnen, die, weil sie am Schluss ihrer fünf Jahre für nicht gebessert befunden wurden, von neuem zu weiteren fünf Jahren verurteilt waren.

Auch der geistliche Zustand unter den Brüdern war nicht, wie er sein sollte.

„Ein Leben in beständiger Gemeinschaft mit dem Herrn", so teilte der Bruder mit, „hatte man in der Heimat noch nicht gelernt. Jetzt, unter dem großen Druck, sollte es hoffentlich kommen. Nun, in der Anfangszeit, wo es auf dem Wege hierher aus Gefängnis in Gefängnis ging, wo jeder Tag neue Schmach und Leiden brachte, war der Herr der Einzige, bei dem man Zuflucht suchte. Als aber der größte Druck überstanden war und man sich mit den anderen der neuen Lage angepasst, ja, sich an sie gewöhnt hatte, kehrte wieder mehr Gleichgültigkeit gegen den Herrn ein."

„Dann", fuhr er fort, „sind die Streitigkeiten über die verschiedenen Ansichten eine schwere Krankheit unter uns. Wir sind hier etliche zwanzig Verbannte. Die meisten sind Baptisten, andere Stundisten, noch andere Sabbatisten und Molokanen. Sobald die einen mit den anderen zusammentreffen, gibt es Zwist, und oft so, dass einer den anderen nicht sehen möchte. Sogar die aus Liebe uns zugesandten Unterstützungen werden Ursachen des Unfriedens bei der Verteilung", so schloss er.

Wir empfingen auf diese Weise ein Bild von dem inneren Leben der Gesamtheit. Wie schade, dass es keine Möglich-

---

11   Gemeint sind damit die orthodoxen Beamten

keit gab, mit jedem einzelnen näher zu verkehren und der Gesamtheit solch Treiben im Lichte Gottes zu zeigen.

Wir kehrten dann, wie wir glaubten, von niemandem beobachtet, in unser gastliches Haus zurück. Während der Mittagstafel sahen wir unseren Gast nur sehr kurz. Am Abend aber konnten wir es ihm abfühlen, wie er sich in unserer Gesellschaft in einer freieren Atmosphäre befinde als in seinen Komiteesitzungen, und wie er ganz ausruhe. Ganz von selbst kam er auf die um ihres Glaubens willen Verbannten. Er wunderte sich, dass man so große Strenge gegen sie gebrauche, da sie doch ganz harmlose Leute wären. Falls wir mit ihnen sprechen wollten, wäre es nicht nötig, sie aufzusuchen, er würde jeden, den wir zu sehen wünschten, hierher kommen lassen. Selbstverständlich war es uns nicht um solch ein offizielles Begegnen mit ihnen zu tun, der Doktor sagte ihm jedoch, dass wir überall, wo wir in Russland jemand von ihnen im Gefängnis vorgefunden hätten, in Untersuchungshaft oder verurteilt, ganz ungehindert mit ihnen hätten sprechen dürfen, und wenn sie es gewünscht hätten, mit uns allein zu sein, wäre es ihnen überall erlaubt worden. Von unserer Absicht für morgen schwiegen wir.

So kam der Sonnabend. Auf unserem Spaziergang in der verabredeten Richtung trafen wir bald den gestrigen Bruder. Er berichtete uns, dass die wenigen, die von unserem Kommen wüssten, sehr erfreut seien, alles werde so geschehen, wie wir es gewollt hätten, und alles sei zu 4 Uhr eingeladen. Dann bezeichnete er uns, wo ungefähr das Haus lag, wohin wir kommen sollten.

Am Nachmittag gingen wir bald nach 3 Uhr aus, spazierten hinaus vor den Flecken, kamen von draußen pünktlich zur verabredeten Zeit am bezeichneten Hause vorbei und wurden zu den versammelten Brüdern geführt. Man stellte uns den Versammelten vor, und die Freude aller war überschwänglich.

Dr. Baedeker teilte ihnen mit, wie die Liebe ihn gedrängt habe, sie hier aufzusuchen und in welcher Lage wir nun wären. Es sei unseren Gastgebern wohl nicht angenehm, dass wir sie hier so versammelt vor uns hätten, da er wahrscheinlich strenge Vorschrift habe, sie isoliert zu halten. Wir hätten nur bis zur Dämmerung Zeit, darum müssten wir uns kurz fassen.

Zuerst sprach er dann von ihren Leiden um Christi willen und zeigte ihnen, welche Früchte es hervorbringen müsse, wenn es ihnen zum Besten dienen soll. Ob ihre Leiden sie verwandeln in Jesu Bild, das müssen sie alle selbst wissen, aber auch alle anderen müssten es an ihnen wahrnehmen können.

Dann begann er alles zu rügen, was wir von ihnen wussten. Es schnitt tief, denn es war das Gegenteil von dem, was die Gnade Gottes hätte hervorbringen können und was vorher ihnen gezeigt worden war. Sie staunten, dass wir, aus Russland kommend, doch wussten, wie es mit ihnen stand, aber keiner stritt ab, dass dem so wäre.

Hierauf teilte er ihnen mit, dass die Kinder Gottes im Westen in großer Liebe ihrer gedächten, für sie beteten und viele voller Mitleid bereit wären, ihr schweres Los erträglicher zu machen. Überall habe man ihm Liebesgaben für sie gegeben, die er mitgebracht habe und bereit sei, auszuteilen. Er fragte sie, ob denn alle Verbannten hier seien. Da stellte es sich heraus, dass man nur den Baptisten die Einladung hatte zukommen lassen, von den anderen war niemand da. Das war ein harter Schlag, ein Beweis der Lieblosigkeit gegen Kinder Gottes, die anderer Ansicht sind, bewies ihnen der Doktor. Sie entschuldigten jedoch ihr Verfahren damit, dass die anderen nicht stillschwiegen, sondern die Versammlung überall ausposaunt hätten.

Dr. Baedeker schlug nun vor, man möchte ihm die nennen, die Frau und Kinder bei sich hätten, diese müssten zuerst berücksichtigt werden, dann jene, die vom Hause nichts empfingen, dann die, welche hier und da Unterstützungen erhielten und schließlich jene, die keiner Unterstützung bedurften, da sie daheim wohlhabend seien. Er selbst werde dann für jeden festsetzen, welche Unterstützung ihm zukäme, damit mit voller Gerechtigkeit die Liebesgaben in die Hände der Verfolgten gelangen und nicht so, dass solche, die sich selbst und noch andere Verbannte leicht unterhalten könnten, von der Steuer der Heiligen etwas bekämen, wie das geschehen wäre.

Solch ein Vorschlag kam unerwartet und rügte gleichzeitig das frühere Verhalten. Man sträubte sich dagegen und bat, der Doktor möge ihnen nur einhändigen, was er ihnen mitgebracht habe, sie würden das schon unter sich in offener Beratung recht verteilen. Der Doktor sagte ihnen, er fürchte, wenn wir erst weg sein würden, würden sie es machen wie früher. Für alle die, die nicht Baptisten sind, werde er sofort festsetzen, was sie bekommen sollen.

Es war nahe am Dunkelwerden, und wir mussten uns beeilen. In diesem Augenblick trat der Bruder ein, der hinter der Tür Wache hielt, und teilte mit, ein Polizist sei da und frage nach uns beiden. Wir gaben dem Bruder Bescheid, er solle nur sagen, wir wären hier und würden bald heimkehren.

Jetzt mussten wir schnell zum Schlusse kommen. Da war keine Möglichkeit mehr, selbst zu verteilen. Aber der Doktor stellte den Brüdern entschieden die Bedingung, so zu verteilen, wie er es wollte, sonst müsste er einen anderen Weg einschlagen. Wir verhandelten noch, als zwei andere Polizisten eintraten und uns vom Kreischef die Nachricht brachten, dass er schon lange auf uns warte, wir möchten doch kommen. Wir ließen ihnen sagen, dass wir nur noch zum Schluss beten wollten, und dann kämen wir schnell zurück. Der Doktor händigte den Brüdern die mitgebrachte Summe ein, wir empfahlen einander im Gebet, und so schieden wir.

Als wir in die Wohnung unseres Gastgebers traten und bald darauf mit ihm zusammentrafen, zeigte es sich, dass er keineswegs aufgeregt war, wie wir erwartet hatten, aber sein gemessenes Verhalten offenbarte, er lege sich Zwang an, uns nicht wehe zu tun. Dass wir ihm wehe getan hatten, das fühlten wir, und ich glaube, der Doktor rang ebenso wie ich danach, dies zu bekennen und gewissermaßen zu lindern.

„Sie haben durch ihre Untergebenen erfahren" begann Dr. Baedeker, „dass sie, als sie uns suchten, uns bei den um des Glaubens willen Verbannten fanden."

„Ja", sagte der Kreischef, „es tut mir leid, nachdem ich Ihnen doch selbst den Vorschlag machte, sie zu Ihnen kommen zu lassen."

„Ihr freundliches Anerbieten", erwiderte der Doktor, „tat uns sehr wohl, und wir fühlen, dass wir Ihnen wehe getan haben, indem wir einen anderen Weg einschlugen. Wie sich das gut machen lässt, weiß ich nicht, aber Sie erlauben wohl, Ihnen darzulegen, wie wir dazu kamen. Einmal bis Girjusy gelangt, wollten wir auf jeden Fall diese Verbannten sehen und mit ihnen sprechen wie mit den anderen Arrestanten, da uns das nirgends verwehrt wird. Und da dieselben sich nicht im Gefängnis befinden, sondern sich frei bewegen, schien es uns, dass sie höchstens unter strenger Aufsicht sein könnten wegen etwaiger Propaganda und damit sie nicht entlaufen. Eine Begegnung zwischen uns und ihnen hat weder Bezug auf das eine noch auf das andere. Ihr freundlicher Vorschlag zeigte uns klar, dass auch Sie eine Begegnung mit diesen Verbannten für gut hielten und grundsätzlich nichts dagegen hatten. Das hat uns in der Seele gefreut. Wir sagten jedoch nichts, weil wir uns klar werden wollten, wie sich nach Ihrem freundlichen Vorschlag die Sache machen würde. Wir haben viel darüber nachgedacht und uns leuchtete bald ein, schon die bloße polizeiliche Aufforderung müsste bei jedem der Verbannten einen beunruhigenden Eindruck hervorrufen, den wir aber stets zu vermeiden suchen, um den Leuten besser ans Herz zu kommen.

Weiter müsste, wenn wir sie so einzeln zitieren ließen, das bei ihnen den Eindruck erwecken, wir wollten uns ihnen gegenüber als große Herren, als ihre Vorgesetzten zeigen und sie fühlen lassen, sie wären doch nur Arrestanten. Uns wurde klar, auf diese Weise ließe sich kein wohltuendes Wort mit ihnen reden. Wir wären gern zu jedem einzelnen der Verbannten gegangen, aber dazu fehlte uns wieder die Zeit. Auf unserem Herzen war ein Wort der Ermahnung an alle, auch wollten wir gemeinsam mit ihnen beten. Da sie hier und da zu diesem Zweck zusammenkommen, ohne gehindert zu werden, glaubten wir nicht unrecht zu handeln, wenn wir sie baten, so still wie möglich zusammenzukommen, damit wir ihnen sagen könnten, was auf unserem Herzen war.

Wir waren überzeugt, dass es uns nur so gelingen würde, jede Verletzung Ihrer Freundlichkeit und Güte zu vermeiden, wenn wir eine oder anderthalb Stunden mit ihnen zusammenwären, ohne dass es jemand wüsste. Wenn Ihre Leute uns nicht gesucht und entdeckt hätten, wären wir jetzt zueinander wie gestern und vorgestern. Es tut uns leid, dass es anders gekommen ist. Hoffentlich erwächst Ihnen keine Unannehmlichkeit durch diesen Vorfall, Sie vergessen ihn und machen einen Strich durch das Ganze, und zwar noch heute Abend."

Er hatte den Doktor ruhig und aufmerksam angehört und jedenfalls herausgefunden, dass bei uns keine unlautere Absicht vorgelegen habe. Viel war geglättet, wenn auch die Verstimmung nicht ganz gewichen war. Nicht ein Wort sprach er weiter über den Vorfall, nicht die geringste Beschuldigung erhob er gegen uns, aber über die verbannten Brüder hatte er mancherlei zu beklagen.

„Ich", sagte er, „suche ihr Los, soviel in meiner Macht liegt, zu erleichtern. Sie sollen hier im Flecken bleiben, das ist Vorschrift, doch gab ich einem auf meine Gefahr die Erlaubnis, an einem anderen Ort eine Stelle anzunehmen, ebenso einem zweiten, damit sie sich etwas verdienen können. Ich würde noch anderen solche Erlaubnis geben, wenn sie in der Nähe Arbeit fänden. Wenn sie aber weit fort wollen, wo sie ganz aus dem Bereich meiner Aufsicht verschwinden, muss ich das ablehnen. Sie haben viel mehr Freiheit, als sie haben dürfen, aber sie sind immer unzufrieden. Ich muss ihre Briefe lesen, oder von anderen Gefangenen lesen lassen. Nun, diese sind von allerlei Klagen und Anklagen, und das oft mit Unrecht. Ich schaue auf meine Untergebenen und rüge diese, wenn ich irgendwo finde, sie sind grob oder unkorrekt gewesen. Aber ich meine, ein Christ muss auch leiden können und etwas über sich ergehen lassen, nicht immer murren und in allen Menschen Feinde sehen. Ich weiß sehr gut, er muss Böses mit Gutem vergelten und allen gern vergeben."

Wir hörten mit Staunen, welche wahren und klaren Ansichten er von dem Verhalten eines Christen hatte, obwohl er nicht verbarg, dass er selbst keiner sei. Überhaupt machte sein ruhiges Verhalten gegen uns nach diesem Vorgang einen tiefen Eindruck auf uns. Wie manchem gläubigen Christen ist nach einem ähnlichen Vorfall kaum zu nahen, und oft muss bei einem solchen viel Mühe daran gewandt werden, dass er einen überhaupt anhört. Wir empfanden, er hatte schon auf diese Weise unsere Liebe gewonnen.

Der Doktor sagte ihm noch, dass wir mit den Versammelten kein Wort über ihn und seine Untergebenen gesprochen hätten, einer aber sei auch auf ihn, ihren jetzigen Kreischef, zu sprechen gekommen und habe erklärt, er sei der Beste von allen, die sie bis dahin gehabt hätten. Es gäbe ja unter ihnen einzelne auf niedriger Stufe Stehende, erklärte der

Doktor und bat den Kreischef, er möchte doch mit ihnen Nachsicht haben, da ihnen die nötige Einsicht fehle.

Nach dieser Aussprache hatten wir einen guten Grund, Gott von ganzem Herzen zu danken, und wir konnten mit gewisser Ruhe dem Sonntag entgegengehen, an dem wir den Gefangenen das Wort des Herrn bringen sollten.

Im Gefängnis befanden sich nicht mehr als 50 Arrestanten. Es war nur klein, und nachdem wir es am Sonntagmorgen gesehen hatten, schlug der Doktor vor, alle heraus zu führen und sowohl die Ansprache als auch die Verteilung der Evangelien im Freien vorzunehmen. Dieser Vorschlag gefiel dem Kreischef ungemein. Er hatte eine ganze Anzahl Komiteemitglieder zu dieser Versammlung eingeladen, die erst am Nachmittag stattfinden sollte, und wusste nicht gut, wo und wie sie alle im Gefängnis Platz finden sollten. Unter freiem Himmel jedoch konnten noch viel mehr zuhören, als eingeladen waren.

Als wir dann um halb vier Uhr mit dem Kreischef vom Hause gingen, stand bereits eine große Anzahl von Menschen, die der Dinge warteten, die da kommen sollten. Und es kamen immer mehr, da sich die Kunde von unserem Vorhaben bis zur letzten Hütte Bahn gebrochen hatte.

Da das Gefängnis eigentlich nur ein einzeln stehendes Haus ohne umfassende Mauer oder Palisadenzaun war, standen die herausgeführten Arrestanten, eine ziemliche Strecke von ihrem Hause aufgestellt, auf freiem Felde. Kaum waren wir zu ihnen gekommen, da nahte auch die Menschenmasse und umstellte uns in weitem Umkreis, so dass wir fast ringsum eingeschlossen waren. Unser lieber Wirt, der den Sonntag für diese Arbeit vorgeschlagen hatte, damit es recht feierlich würde, schien recht befriedigt zu sein, denn feierlicher konnte es, was das Äußere betrifft, schon nicht mehr werden, als es bereits war.

Zuerst suchten wir nach Dolmetschern für die Armenier und Tataren. Für erstere fanden wir sogleich einen unter den Arrestanten, doch für die letzteren war es schwer. Doch da stellten die tatarischen Arrestanten selbst einen heraus, der sich geschämt hatte, sich zu melden. Er war Offizier gewesen und konnte seine Muttersprache sehr gut, wie der Kreischef sagte, der selbst tatarisch verstand.

Mit großer Freudigkeit sprach Baedeker in erster Linie zu den Arrestanten, aber immer wieder bezugnehmend auf die uns umstehende Menge. Jeder einzelne konnte seine Stellung als Sünder und darum als Verlorener herausfinden. Ebenso klar wurde Gott, der Heilige und Gerechte, allen klar vor Augen gestellt. Dann kam die Darstellung des von Gott selbst gebahnten Weges zur Errettung aller, die da wollen, schließlich die Einladung des Herrn, der in keiner Weise den Tod des Sünders wolle. Da wir nicht nötig hatten, uns zu beeilen, nahm der Doktor diese Gelegenheit wahr und sprach recht lange. Selten haben wir aufmerksamere Zuhörer gehabt als an diesem denkwürdigen Sonntag in Girjusy. Soviel wir mit unseren Augen sehen konnten, schien keiner von den Arrestanten sowie von den umstehenden Zuhörern auch nur ein Wort zu verlieren. Der Schluss kam ihnen allen viel zu früh.

Erst nach der Verteilung der Testamente brach die Menge ihr Schweigen. Langsam auseinandergehend sprachen alle laut über das, was sie gesehen, aber noch viel mehr über das, was sie gehört hatten, wie man uns später mitteilte. So war es des Herrn Wohlgefallen gewesen, in diesem entlegensten Winkel unseres enormen Reiches die Tür für sein Wort über alles Erwarten und Verstehen aufzutun. Vielleicht war es das einzige Mal, aber auch dafür sei Ihm Dank, Preis und Anbetung.

Für den Abend hatte unser Gastgeber noch mehrere Herren zu sich geladen. Es war unser letzter Abend bei ihm. Alle interessierten sich für unser Werk. Viel konnte mitgeteilt werden, und es konnte gezeugt werden von der Gnade Gottes, die uns überall begleitet hatte. So wurden uns die Tage, die wir dort zugebracht hatten, unvergesslich, es sind Tage für Ihn und mit Ihm gewesen.

Nur noch eine Station war diesmal auf unserem Reiseplan. Es war Schemacha.

Am nächsten Morgen verabschiedeten wir uns von unserem liebenswürdigen Wirt. Wir konnten ihm wirklich vom Herzen danken für die genossene Aufnahme und sein freundliches Entgegenkommen in jeglicher Beziehung. Unser Abschied war wirklich herzlich, und jede Verstimmung war geschwunden. Wir hatten nur den einen Wunsch, ihn einst droben wiederzusehen.

Um nach Schemacha zu gelangen, mussten wir denselben Weg zurück bis zur Eisenbahn, dann mit der Bahn bis zur Station Kurdamir und hierauf noch eine Tagesreise mit der Post fahren. Das kostete uns vier Tage, ohne auszuruhen.

Schemacha war damals eine Stadt von 20.000 Einwohnern, hauptsächlich Armeniern und Tataren. Sie liegt im Bakuschen Gouvernement und wäre ebenso bekannt wie andere Städte in Transkaukasien, wenn sie nicht auf vulkanischem Boden läge und von Zeit zu Zeit durch Erdbeben verheert würde. Seit unserem Besuch hat sie zweimal schwer gelitten, das eine Mal wurde sie fast ganz zerstört.

Hier hatte der Herr sich eine kleine Schar teuer erkaufter Seelen zu seinem Eigentum berufen. Es waren dies Armenier, unter welchem Volke das Evangelium seit einigen Jahren hier und da Eingang gefunden hatte. Nur langsam brach es sich Bahn, denn nur einzelne gaben dem Herrn Raum. Dr. Baedeker war in dem kleinen Kreise der armenischen Brüder in Baku immer ein gern gesehener Gast. Dort hatten ihn einige Brüder aus Schemacha kennen gelernt und nach ihrer Stadt eingeladen. Jetzt, als wir kamen, war das allerdings nicht der erste Besuch, sondern der Doktor hatte hier schon vor Jahren guten Samen ausgestreut. Diesmal löste er ein gegebenes Versprechen ein, mehrere Tage zu verweilen.

Da es Wochentage waren, wurden nur an den Abenden Versammlungen abgehalten. Es waren gesegnete Stunden. Die Zuhörer, wirklich alle hungrig und durstig nach dem Wort, schienen alle Brocken aufzusammeln, und da viele schon mit der Bibel bekannt waren, war ihnen leichter zu predigen, sie verstanden viel schneller und konnten den Ausführungen gut folgen. Als der Doktor, zu den Gläubigen sprechend, einzelne Wahrheiten berührte, die manchen noch neu und unbekannt waren, gab es hinterher noch Fragen und Erörterungen, die im Geiste geführt wurden und zur Erbauung und zum Segen gereichten. Was das Äußere aller dieser Versammlungen betraf, so wurden wir jedes Mal an die Versammlungen in den Tagen des Herrn erinnert. Alle Zuhörer, nur mit ganz wenigen Ausnahmen, saßen auf dem Boden zu unseren Füßen, während wir vor ihnen standen. Leider musste auch hier zweimal übersetzt werden, erst aus dem Deutschen ins Russische und aus diesem erst ins Armenische. Die Beschwerlichkeit dieser Wiedergabe des Wortes wurde besonders an den Abenden empfunden, an denen die Verkündigung kürzer bemessen sein sollte. Ein zweimaliges Übersetzen nahm selbstverständlich mehr Zeit in Anspruch. Doch hier konnten wir so recht sehen, wie genügsam und froh Seelen sind, die noch nicht satt geworden sind, sie konnten nicht ermüdet werden. Um sie doch einigermaßen zu befriedigen, musste der Doktor sich entschließen, einen Sonntag zuzugeben. Er hatte gehofft, an diesem Sonntag wieder in Tiflis zu sein, dann aber wäre der Besuch hier wieder so flüchtig wie der frühere gewesen, während der Doktor doch gekommen war, um das Frühere gut zu machen. Und das Bleiben wurde, wie wir erfuhren, zum großen Segen, weil es außer der Wortverkündigung noch zu wertvollen Besprechungen kam. Wir sehen, wie gut es ist, wenn unsere Pläne bei der Arbeit für den Herrn nicht wie die Gesetze der Meder und Perser sind, sondern, wenn erforderlich, nach dem Willen des Herrn geändert werden können.

Am Montag brachen wir auf und trafen Mittwoch in Tiflis ein, wo wir noch einmal vier Tage lang alle Hände voll köstlicher Arbeit hatten, besonders am letzten Tage, einem Sonntag. Ich hatte nicht die geringste Ahnung davon, dass dies meine letzte Reise mit Dr. Baedeker sein sollte, aber so war es. Dort in Tiflis, im Hotel „London", kam es zu dem ersten Anstoß, der sich im Laufe einiger Monate zu der heiß ersehnten Tatsache entwickelte, dass mir persönlich ganz so die Türen zu allen Gefängnissen Russlands und Sibiriens erschlossen wurden, wie sie es für Dr. Baedeker waren. Er setzte noch zehn Jahre seine Evangelisations- und Gefängnisreisen fort, während mir der Herr erlaubte, neben ihm die noch nach Hunderten zählenden nie oder höchst selten besuchten Gefängnisse zu bereisen.

Von Tiflis aus nahmen wir unseren Rückweg über Batumi und Sewastopol. In letzterer Stadt wollte der Doktor eine gläubige Familie besuchen. Ich beabsichtigte, meine Reise von hier aus allein fortzusetzen, da mir nicht ganz wohl war. Er hielt mich dennoch fest, denn er wollte mit mir zusammen noch das große Transportgefängnis in Moskau besuchen.

In Moskau angekommen, fanden wir das Gefängnis übervoll, wie es der Doktor vorher vermutet hatte. Es waren lauter neue Gefangene, fast alle ohne Neue Testamente. Meine Fahrkarte war bis Petersburg gelöst, ich konnte jedoch meine Fahrt anderthalb Tage unterbrechen. Diese Unterbrechung hoffte der Doktor gut ausnützen zu können. Mittlerweile aber fühlte ich mich täglich unwohler, und die Temperatur stieg bedenklich. Wenn wir in dieser Zeit alle Gefangenen durchnehmen wollten, dann musste man uns Partien zu 600 Mann auf einmal geben, denn es befanden sich über 4000 Insassen im Gefängnis. Das aber war eine

Riesenarbeit, mussten sie doch in eine Länge von 70 bis 80 Schritt aufgestellt und dann so laut zu ihnen gesprochen werden, dass sie jedes Wort hören konnten. Dazu gehörte große Anstrengung. Mit Anspannung aller Kräfte hatten wir am ersten Tage fünf Partien bewältigt, es blieben für den nächsten halben Tag noch etwa halb so viel. Ich glaubte, ich würde während der Nacht kein Auge schließen, doch der Herr half, ich konnte einigermaßen ruhen, aber meine Kräfte waren nicht hergestellt.

„Ich weiß nicht wie das kommt", sagte der Doktor an diesem Morgen zu mir, „wenn Sie meine Worte den Gefangenen übersetzen, dann wirken sie auf die Leute, ich sehe es auf ihren Gesichtern, und das ruft ganze Ströme neuer, köstlicher Gedanken in mir hervor, die ich gleichsam gezwungen werde, auszusprechen. Wenn ich mir für diese übriggebliebenen anderthalb Tausend Mann einen anderen Dolmetscher suchen soll, dann sinkt mir der Mut. Sie müssen mir bis zum Abgang Ihres Zuges noch helfen."

So fuhren wir ins Gefängnis. Es war wie ein Feldzug, den wir unternommen hatten und der unaufhaltsam siegreich vorwärts drang. Das Wort schlug ein unter den aufgestellten Kolonnen. Das waren nicht wir, die da sprachen, sondern der Herr und Sein Geist. Die Mehrzahl bestand aus starken, hochgewachsenen Männern. Es waren fast alles Verbrecher, die zur Zwangsarbeit verurteilt waren, und manche darunter, die zum zweiten Male nach Sibirien gingen, harte Leute, nicht leicht zu bewegen. Und doch, sie wurden augenscheinlich gezwungen, aufzumerken, das Wort an sich kommen zu lassen und zu erzittern. Manche hielten eine Zeitlang unbeweglich stand, dann aber war es, als ob die Kraft Gottes zu stark wurde, sie wurden leichenblass und sahen bekümmert drein, als ob sie fragen wollten: Was sollen wir anfangen, gibt es noch einen Ausweg? Wenn dann Er, der Gerechte, der für sie Ungerechten dahingegeben ist, gezeigt wurde, konnte man in denselben Gesichtern lesen, wie sich Strahlen der Hoffnung in die Herzen Bahn brachen, man sah, wie die Herzen weich wurden und wie die starken Männer sich nicht mehr ihrer Tränen erwehren konnten. Ich glaube, der Herr nahm sich in diesen Tagen eine ganze Anzahl von den „Starken" zur Beute.

Was den lieben Doktor betraf, so war er gar nicht mehr er selbst. Bei den Ansprachen kamen schließlich die Worte, als wären sie inspiriert. Jeder neue Satz war ein überraschender Lichtstrahl, den man unbedingt auffangen musste. Oft hatte ich den letzten Satz noch nicht zur Hälfte im Russischen wiedergegeben, wenn er schon einen neuen, ebenso köstlichen aussprach. Wiederholt musste ich ihn unterbrechen. Dann zeigte es sich, dass die Geister der Propheten den Propheten untertan sind, aber nur solange, bis er sich wieder vergaß. Anderseits kam es so, dass er nicht aufhören wollte, es sah aus, als könnte er es nicht. Und doch war unsere Zeit sehr bemessen. Wiederholt zeigte ich ihm meine Uhr, da er vergaß, auf die seinige zu schauen. Bei der letzten Gruppe, die wir wegen der Kürze der Zeit nur in Eile bedienen konnten, musste ich ihn auf diese Weise zweimal aufhalten. Das erste Mal tröstete er mich:

„Lieber Bruder, ich fahre sie selbst mit dem besten Wagen zur Bahn und setze Sie in ihr Abteil."

Dann fuhr er fort und konnte nicht zu Ende kommen, bis ich ihn zum zweiten Mal aufhielt. Er sah nun selbst, dass es mehr als höchste Zeit war. Das Verteilen der Testamente musste schon über die Maßen schnell geschehen. Wir schlossen mit dem Empfinden, eine heilige Weihe erfüllte den Korridor, hatte sich über alle uns Umgebenden gebreitet und wir selbst standen unter ihrem beseligenden Bann.

Die erste Kalesche, die wir fanden, brachte uns nach dem Petersburger Bahnhof. Als der Träger, der meine Koffer trug, erfuhr, mit welchem Zuge ich fahren wollte, fing er an zu laufen, und wir mussten dasselbe tun. Es gelang uns,

den Koffer in den Wagen zu schieben, während ich aber
meinen Fuß auf das Trittbrett setzte, bewegte sich der Zug
bereits. Wir konnten uns nur durch eine Handbewegung
verabschieden. Der Doktor blieb dann noch für einige Zeit
in Moskau.

Damit schloss meine zehnjährige gesegnete Schulzeit auf
dem Gebiet dieses großen Zweiges der Mission. Der Herr
hat mich viel sehen und lernen lassen. Zunächst das, wie
die Liebe zum Herrn und zu einer verlorenen Welt, die Bereitschaft, uns brauchen zu lassen, wann und wo Er will,
und ein zuversichtliches Vorwärtsschreiten in Seinem Namen alle Türen öffnet. Dazu auch, dass diese, von der Welt
Aufgegebenen und Verworfenen, nicht der härteste Boden,
sondern ganz so erreichbar sind, wie andere und ich es waren. Vor allem aber lernte ich das wie nie vorher, dass alle,
ohne Ausnahme, Gegenstand jener Liebe Gottes sind, die
ihres eingeborenen Sohnes nicht verschonte, sondern Ihn
für alle hingab. Sollten sie nun, so hieß es in meinem Herzen, nicht auch Gegenstand meiner Liebe sein? Ja, sie waren
es, denn die Liebe Gottes war ja ausgegossen in mein Herz
durch den Heiligen Geist. Deshalb gab es nur einen heißen
Wunsch für mich, nämlich, so bald wie möglich überall dahin, wohin Er mich senden würde, diesen Verlorenen nach-
zugehen.

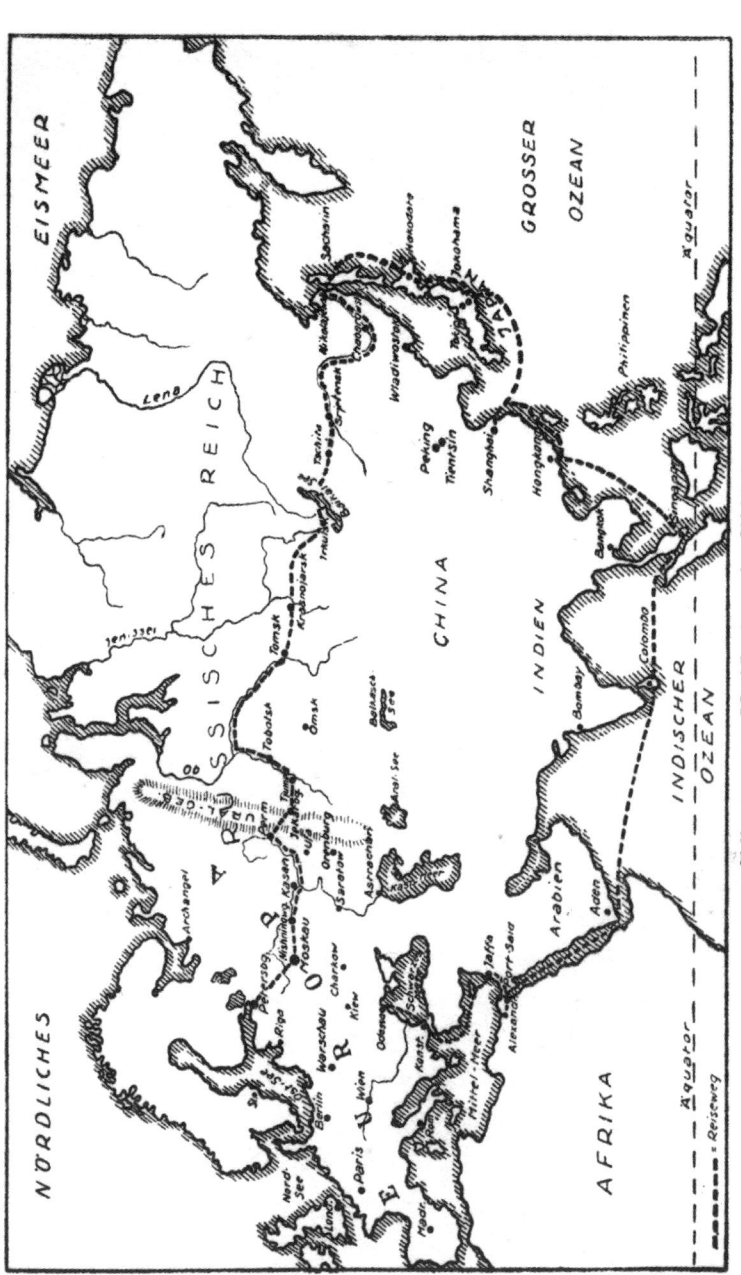

Skizze zur Reise durch Sibirien